JN296130

現場技術者が教える「施工」の本 〈躯体編〉

監修 江口 清
共著 石井雄輔
　　 角陸純一
　　 小早川 敏
　　 佐々木晴夫
　　 佐藤孝一
　　 杉本浩一
　　 宗 永芳
　　 中込 昭
　　 藤原 智
　　 持田 悟

建築技術

推 薦 の 言 葉

　建築工事は設計者が作成した設計図書に基づいて行う。しかし，施工者が工事計画や管理の過程において，仮設計画，工法の選定，さらにはVE改善提案など，積極的にその知識や技術を発揮することによって，さらによい建築物を生み出すことができる。このため，工事の品質や生産性は施工に携わる総合工事業，専門工事業，建築材料・メーカーそれぞれが有する「ものつくり」の総合的な知識や技術に大きく左右されると言っても過言ではない。

　工事の品質，コスト，労働安全，近隣環境，工期を所期の目的通り達成し得るか否かは，工事を計画し管理する技術者に負うところが大きい。計画や管理の業務は，建築における「ものつくり」を正しく理解し，各施工方法の特徴と制約，利点と限界，施工手順，さらには管理の要点を自らの知識・技術・技能として持つことから始めなければならない。

　本書は，建築施工における地下および地上の躯体について，実際の工事現場で行われている工法や作業の内容を，写真，イラストさらには実務資料を数多く掲載し，その計画や管理の要点をわかりやすく，かつ詳細に解説している。本書は，建築を「ものつくり」という視点で捉え，その難し

さと正しい知識を伝えようとする著者らの気持ちが溢れている。また，数多くの参考書をそれぞれの章に付与し，さらに深い知識を得ようとする読者に対して貴重な道しるべを与えている。

　学生，若手技術者，設計関係者，さらには工事監理の業務に就く方々に，是非とも本書をお薦めしたい。

　本書を通じて，いかにして建築物をつくるかという実感を感じ取ってほしい。これには，多くの写真やイラストが役に立つと思う。建築における「ものつくり」においては，不具合のない品質，安全な作業，高い生産性，近隣環境に配慮した工事を達成することが必要である。このことがいかに難しくかつ楽しいことであるかを，少しでも本書から感じ取り，実務にその知識を役立ててほしい。

　建築工事の計画やその運営，さらには工事監理の業務を習得するには，工事現場における実務経験が欠かせない。本書は，地下および地上の躯体工事について習得しなければならない基礎的知識を要領よく一冊の書籍にまとめている。現場経験だけでは学べない俯瞰的知識と考え方を，本書から学べると思う。

嘉納成男
早稲田大学理工学術院建築学科教授

まえがき

　本書を手に取って下さった皆さん，本書は以下のような読者を想定しています。大学院や学部で建築施工ないしは建築生産システムなどを勉強しようという皆さん，あるいは社会に出たばかりの建築技術者，建築の施工に興味がある方々です。

　本書の発端は，仕上編監修の野平修氏から躯体編のとりまとめを提案されたことでした。それから各講10名の方にお願いし，分担してご執筆いただきました。執筆した方々は，いずれも各分野の第一線でご活躍している専門家です。多忙な実務の合間に，お願いした量の約2倍もの原稿を書いていただきました。誠にありがとうございました。その原稿を，切って切って切りまくった結果が本書です。元の原稿を何とか活かす方法を，出版元の建築技術にお願いしている次第です。

　この本を上梓する真の動機の1つは，私たちの世代が皆さんと話をしていて，あるいは大学で講義をしていて，施工の話をしてもなかなか理解してもらえないことです。原因の一端は，皆さんが現場で職人さんたちが働く姿を見る機会がないことではないでしょうか。大工さんが墨を打つ，鋸で切る，鑿でホゾをつくる，左官屋さんが漆喰やモルタルをこ

ねる,壁を塗るなどは,私たちが子どもの頃,誰もが見ていたごく普通の風景でした。そこで,本書は図や写真をなるべく多くして,わかりやすくすることを心がけました。極端に言えば,読者の皆さんから「文章は読まなくても内容はほぼわかる」と言ってもらえたら最高に嬉しいのです。

　各講の記述に温度差があるのは,全面的に監修者である私の無精によります。また,第1講およびコラムは「です・ます」調とし,ほかは「である」調としたのは,内容の性質上,やむを得ずそうしたものです。第1講のやさしいイントロから最終講の鉄骨工事まで,躯体の施工を知るうえで必要な最低限のことは,漏れなく網羅しているつもりです。学校を卒業したばかりの実務初心者の方は,どこから読み始めてもらってもかまいません。当面は,担当する工事から読み始めて下さい。必ず役に立つ情報があるはずです。

　最後に,株式会社建築技術代表取締役の橋戸幹彦氏と,編集を担当いただいた建築技術編集部の後藤由希子さんに,手際の悪い私を煽りつつ叱咤激励するという見事な手腕に感心しつつ,感謝致します。

江口　清
前田建設工業株式会社ものづくりセンター
2006年9月吉日

目　次

推薦の言葉──嘉納成男……………………………02
まえがき──江口 清………………………………04

第1講 建設現場の運営管理 ……………………………11

建設業の特徴 ………………………12
　建設業と現場技術者………………12
　現場技術者のやり甲斐……………13

建設事業とは ………………………16
　建設事業のフロー…………………16
　建設事業のはじまり………………16

建設工事と現場運営 ………………18
　作業所の編成………………………18
　本店や支店の機能…………………19
　建築物ができるまで………………19
　建築物のコスト……………………26

現場技術者の役割 …………………27
　現場運営と現場管理………………27
　施工計画……………………………27
　日常の施工サイクル………………32

現場技術者に求められる能力 ……33
　建設現場での役割…………………33
　マネジメント能力…………………33
　人間関係の構築……………………34
　まとめ………………………………35

第2講 地業・杭工事 ……………………………37

基礎の概要 …………………………38
　基礎とは……………………………38
　直接基礎の種類……………………39
　地盤改良の種類……………………41
　杭基礎の種類………………………42

地業工事 ……………………………43
　地盤改良地業工事…………………43
　砂・砂利および地肌地業工事……45
　捨てコンクリート地業工事………46

杭工事 ………………………………47
　杭に用いる材料と取扱い…………47
　杭工法の種類………………………48
　打込み杭工法………………………49
　埋込み杭工法………………………51
　回転貫入杭工法……………………53
　場所打ちコンクリート杭工法……54
　継手処理……………………………61
　杭頭処理……………………………63

第3講 根切り・山留め工事 ……… 65

概要 ……… 66
- 根切り・山留めとは ……… 66
- 山留め架構の概要 ……… 66

工法の種類と選定 ……… 67
- 根切り・山留め工法の種類と選定 ……… 67
- 山留め壁の種類と選定 ……… 70
- 支保工の種類と選定 ……… 70

施工管理 ……… 73
- 施工計画 ……… 73
- 掘削・埋戻し ……… 74
- 山留め壁 ……… 76
- 支保工・乗入れ構台 ……… 76
- 地下水処理 ……… 81
- 逆打ち工法 ……… 83

計測管理 ……… 85
- 計測項目 ……… 85
- 監視・観察 ……… 85
- 計器計測 ……… 87
- 計測管理 ……… 87

第4講 鉄筋コンクリート工事 ……… 89

鉄筋コンクリートの歴史 ……… 90

鉄筋コンクリート工事の流れ ……… 92
- 鉄筋コンクリート工事の基本的なサイクル ……… 92
- 鉄筋コンクリート工事の全体的な手順 ……… 99

型枠工事 ……… 106
- 概説 ……… 106
- 施工計画の要点 ……… 114
- 施工管理 ……… 121
- 管理・検査 ……… 124
- 型枠工事の変革 ……… 124

鉄筋工事 ……… 126
- はじめに ……… 126
- 鉄筋材料と部材構成 ……… 126
- 鉄筋工事の計画 ……… 129
- 配筋工事 ……… 131
- 鉄筋工事での留意点 ……… 133
- 鉄筋継手 ……… 140
- 鉄筋工事の品質管理 ……… 146

コンクリート工事 ……… 150
- コンクリート工事の特徴 ……… 150
- コンクリートの材料 ……… 150
- コンクリートの調合 ……… 152
- コンクリートの製造・発注 ……… 157
- コンクリートの試し練り ……… 159
- コンクリートの打設計画 ……… 160
- コンクリートの運搬 ……… 164
- コンクリートの打込み ……… 165
- 養生 ……… 169
- 型枠の取外し ……… 170
- コンクリートの品質管理 ……… 170

第5講 プレキャストコンクリート工事 ……………………………………………… 175

プレキャストコンクリート工法概説 …………………………… 176
- PCa工法の歴史 ……………………………… 176
- 各種PCa工法 ………………………………… 177
- PCa工法の特性 ……………………………… 179

PCa工事概要 …………………………………… 183
- 工法選定から施工までの業務全体の流れ ……………………… 183
- 部材および接合部の設計 …………………… 183
- 部材の製造 …………………………………… 184
- 部材の組立ておよび接合 …………………… 186

施工計画 ………………………………………… 188
- PCa工事における施工計画のポイント ……………………… 188
- 部材の製造および運搬計画 ………………… 189
- 仮設計画 ……………………………………… 191
- 部材の組立ておよび接合計画 ……………… 192
- 安全計画 ……………………………………… 194
- 品質管理計画 ………………………………… 194

施工管理と品質管理 …………………………… 196
- PCa工事における施工管理と品質管理のポイント ……………… 196
- 施工管理 ……………………………………… 196
- 部材製造の管理 ……………………………… 197
- 運搬および受入れの管理 …………………… 199
- 部材の組立ておよび接合の管理 …………… 200

第6講 鉄骨工事 ……………………………………………………………………… 205

共通事項 ………………………………………… 206
- 鉄骨構造の特徴 ……………………………… 206
- 工事の流れ …………………………………… 208
- 鉄骨の種類・特徴 …………………………… 209
- 鉄骨製作工場の選定 ………………………… 210
- 鋼材流通経路 ………………………………… 210
- 鋼材発注および購買の検討 ………………… 210

鉄骨の製作 ……………………………………… 214
- 鋼材材質の検査 ……………………………… 214
- 部材の溶接接合 ……………………………… 215
- 部材の高力ボルト接合 ……………………… 218
- 製品検査 ……………………………………… 220
- 鉄骨製作作業のチェック …………………… 225

事務所ビル ……………………………………… 228
- 建方計画の概要 ……………………………… 228
- 工事内容の把握 ……………………………… 229
- 建方方法の決定 ……………………………… 231
- 行政への届出内容 …………………………… 235
- 工事施工における工事の流れ ……………… 236
- 事務所ビル鉄骨の建入れ直し ……………… 239
- 事務所ビル鉄骨のレベル調整 ……………… 241
- 事務所ビルの工程検討 ……………………… 242

大空間建築 ……………………………………… 246
- 概説 …………………………………………… 246
- 建方計画 ……………………………………… 247
- 施工概要 ……………………………………… 256
- 特殊な屋根構造の施工 ……………………… 259

Columun

1. JASSって何？ ……………………………… 15
2. タワークレーンは自力で伸びる！ ……………………… 21
3. 屋上のタワークレーンはどうやって解体するの？ ……………… 25
4. 土質柱状図の読み方 ……………………………… 40
5. 液状化って何？ ……………………………… 42
6. 圧密って何？ ……………………………… 45
7. 杭孔はどうやって掘るの？ ……………………… 59
8. 根切り・山留めの語源 ……………………………… 67
9. 逆打ち工法って何？ ……………………………… 72
10. 遺跡を保存した放送局 ……………………………… 75
11. 汚泥って何？ ……………………………… 76
12. 除去式地盤アンカー ……………………………… 83
13. 鉄筋コンクリート構造は合理的な構造 ………………… 97
14. 『RC』造，『SRC』造とは？ ……………………… 104
15. 施工図とは？ ……………………………… 111
16. コンクリート表面の凹みは何？ ………………… 113
17. 型枠のパンクは冬に多い？ ………………………… 121
18. 駄目（ダメ）—ダメ工事，ダメ穴とは？ ……………… 127
19. 丸鋼と異型鉄筋 ……………………………… 145
20. 鉄筋の形状 ……………………………… 149
21. コンクリートのいろいろ ………………………… 173
22. 部材製造方式のいろいろ ………………………… 187
23. 揚重の合理化 ……………………………… 195
24. 部材コンクリートの強度管理 ……………………… 202
25. 鋼材の規格証明書（ミルシート）って何？ …………… 211
26. 溶接の表し方 ……………………………… 217
27. 5分のボルト ヤードポンド単位の名残 ………………… 222
28. 今は使われない接合工法「リベット」って何？ ……… 223
29. 超音波探傷試験って何？ ………………………… 224
30. 兵庫県南部地震の教訓 ………………………… 234
31. 「むくり」とは ……………………………… 235
32. 柱脚って何？ ……………………………… 237
33. 梁溶接部の食違い ……………………………… 245
34. 張弦梁構造の張力導入工法 ……………………… 263

執筆者略歴 ……………………………… 266

執筆分担

第 1 講：宗 永芳＋江口 清

第 2 講：持田 悟

第 3 講：石井雄輔

第 4 講
鉄筋コンクリートの歴史：中込 昭
鉄筋コンクリート工事の流れ：中込 昭
型枠工事：佐々木晴夫
鉄筋工事：角陸純一
コンクリート工事：佐藤孝一

第 5 講：小早川 敏

第 6 講
共通事項：杉本浩一＋藤原 智＋江口 清
事務所ビル：杉本浩一＋江口 清
大空間建築：藤原 智

第1講 建設現場の運営管理

　建設工事はほとんどが屋外での単品受注生産であるため，建設会社は生産設備を持たず，労務も持っていません。持っているのは技術者だけ，つまり良否を判断する知識と管理技術，施工ノウハウです。したがって，建設業の売っている商品は，「技術」そのものといえます。

　本講では，建設工事の流れを概説するとともに現場技術者にスポットを当て，仕事のやりがいや役割，現場を運営していくうえで求められる能力などについて解説します。

建設業の特徴

建設業と現場技術者

1)「技術を売る」仕事

　建設会社が売る商品は何でしょうか。一般の製造業と同様に，つくった建造物を売っているのでしょうか。そういう見方もできますが，本当にそうなのでしょうか。

　鉄骨や鉄筋，エレベータや内装建材など，使用する材料はすべてメーカーがつくったものであり，加工や取付けもすべて専門工事業者が行います。作業に必要な仮設足場材やクレーンなど，機械器具もリース会社のものです。これらを使って，1つの建造物として完成させているのが建設会社です。

　建設会社は生産設備を持たず，労務も持たない。持っているのは技術者だけ，つまり良否を判断する知識と管理技術，施工ノウハウです。ということは建設業の売っている商品は，「技術」そのものであるといえます。

2)「指揮・監督する」立場にある

　建設業の現場での仕事を他業種と比べた場合に，根本的に異なっている点が1つあります。それは，現場技術者は新入社員でも指揮・監督する立場にあるということです。

　建設業は，時間と場所，規模によって，仕事の質や量が変動するという悩みがあります。そこで，一般に作業者の数を極力少なくするため，外注という形をとるなどして，仕事の変動に応じられるように弾力性ある組織になっています。いわゆる工事を管理する会社（建設会社）と工事を実際に行う会社（専門工事業者）に役割が分かれていることで，より細分化，専門化されているのです。したがって，建設会社では，たとえ新入社員であっても，外注先や作業員の先頭に立って指揮をする立場に立ち，人に指示をしたり，人と折衝するという仕事，つまり「監督」をしなければなりません。もちろん右も左もわからない新入社員が，いきなり指揮・監督できるわけではありません。先輩に教えてもらい，会社で教育を受け，自分で勉強し実力を付けるのですが，他業種と比べて早期に，より知恵と汗が要求されるのです。

　また，建設業はどんなに大きい会社に入社しても，1つの職場（建設現場）では，建設会社の社員は数人，多くても数十人です。これは，建設現場が各所に点在しており，それらの1つ1つが独立して建設会社の社員が建設

現場を担当し，指揮監督しているからです。

3)「バラエティーに富む」職場

　建設現場の仕事は，何十年を経たとしても，また，同じような作業を繰り返しているように見えていても，同じ仕事，同じ状態には行き当たりません。工事は毎日一歩ずつ前進しますし，取り組む建築物の用途，規模，工期，立地条件，人間関係などの組合せも，必ず異なるからです。工事現場の朝は，いつも新鮮です。仕事に飽きることなどはあり得ませんし，多くの人と関わりを持たなければなりません。それだけに現場技術者は得るものも多く，経験を重ねるごとに人間性が豊かになっていきます。

現場技術者のやり甲斐

　建築物は，金額や造形のスケールの面から，手づくりの大型商品といえます。大型商品ならではの達成感があります。設計図には完成させる建築物が示されていますが，プラモデルのようにつくり方は書いてありません。したがって，まずは「どうつくる」という計画が必要です。ここで現場技術者に，「計画のつくり込み」という知的作業が求められます。例えば，地下の掘削はどんな工事をするのか，クレーンはどこに設置するのか，移動式と定置式のどちらがよいか，スラブ型枠は在来の合板かデッキプレートか，プレキャストコンクリート（PCa）版かなど，現場の敷地や工期などの条件に応じながら，経験と知識，工夫により，さまざまなアイディアを駆使して計画し，施工するところに現場技術者の醍醐味があります。

　多くの困難が伴う施工管理を行った後，完成が近づいて，建築物を覆っていた外部足場やシートが外され，ピカピカのビルが現れる。通行人がそれを見上げるといったように，完成が迫ってくると，プラモデルとはまったくスケールの違う大きな達成感が味わえます。何年も通ってゼロ（さら地）からつくり上げた建築物，解決法がわからず，本を調べたり，先輩に聞いたりして，ようやくできた仕事には，苦労が多ければ多いほど，思い入れが強ければ強いほど，達成感が大きくなります。まさに，これが建設業に携わる技術者のやり甲斐です。

　オフィスビル，公会堂，図書館，学校，工場，マンションなど，出来上がった建築物は，社会や人びとの生活の中で，長い間使われ続けます。その建築物を目にするたびに，「この建築物は自分がつくったんだ」という満足感が一生涯続く仕事です。

写真 1-1 杭打ち状況

写真 1-2 掘削状況

写真 1-3 基礎施工状況

写真 1-4 1階床施工状況

写真 1-5 地上階施工状況 1

写真 1-6 地上階施工状況 2

写真 1-7 外部足場解体状況

写真 1-8 外部工事完了

写真 1-1 ～ 1-8 さら地から建物の完成まで

Column 1
JASSって何？

JASS（ジャス）とは，(社)日本建築学会が発行している「建築工事標準仕様書」のことです。「Japanese Architectural Standard Specification」の頭文字を取って，JASSと略されています。

JASSは建築工事の各工種ごとに番号を併記して，例えばJASS 5は「鉄筋コンクリート工事」，JASS 10は「プレキャスト鉄筋コンクリート工事」というように解説付きで刊行されています。種類は1から26までと101-103の27工種があります。一般共通事項から，仮設工事，躯体工事，仕上工事，電気設備工事の各工種を網羅しています。

JASSは建築の質的向上と合理化を図るという目的で，合理的で経済的な施工の一定標準を定めたもので，技術の進展や材料の進歩，法改正などに対応して改訂されており，地域性などにかかわらず，構造種別による建築物に適応する標準仕様書として国内で広く採用されています。

具体的な内容を紹介すると，JASS 5「鉄筋コンクリート工事」では，水セメント比の最大値や単位水量の最大値など，コンクリートの調合に関する各種規準値，型枠設計用コンクリート側圧の算定方法，コンクリート仕上りの平坦さの標準値などが示されています。いずれも施工精度や施工品質を規定する標準的な仕様として，運用されています。

このような標準仕様書は，ほかにも(社)公共建築協会が刊行している「公共建築工事標準仕様書」（国土交通省大臣官房庁営繕部監修，主に公共工事や自社で標準仕様書をつくっていない多くの設計事務所などで採用されている）や，都市再生機構（UR），大手設計事務所，大手建設会社，開発会社などが独自に定めたものがあります。これらの内容もJASSと大きな違いがあることは，少ないようです。

JASSと間違われやすい略号に，JAS（ジャス）があります。こちらは，JIS（ジス）と同様の国家規格です。「Japanese Agricultural Standard」すなわち日本農林規格の略です。建築関係では，木材などの製品基準が定められています。

JISやJASなどの国家規格とJASSのような標準仕様書の違いはどこにあるのでしょうか。簡単にいうと，国家規格は違反すると法的な責任が問われます。つまり強制力があります。一方JASSのような標準仕様書には，強制力はありません。しかし，発行元が持つ権威あるいは信用によって，その内容が保証されており，説得力を持っています。JASSに従って工事をすれば，一定の品質を持つ建築物をつくることができるという共通認識が得られることになります。

建設事業とは

建設事業のフロー

　建築物をつくるときは，工事に着手する前にもさまざまな手順（フロー）があります。建設事業は，おおまかには図1-1に示すような流れになっています。一般的な工事請負契約において，建設会社は図1-1に示す見積りからアフターサービスまで受け持ちます。この場合，建設会社の現場は予算作成から引渡しまでの部分を担います。設計施工一貫契約の場合，設計も建設会社が行いますが，さらに事業計画を行う場合もあります。

　本講では，以下断りが無い限り，設計行為を含まない工事請負契約を前提に説明します。

建設事業のはじまり

　では，建設事業はどのように始まるのでしょうか。まず，建築主は事業計画を立て，設計事務所と建築設計監理業務を委託する契約を結びます。設計作業が始まり，設計図が完成すると行政（建築主事，民間検査機関を含む）に構造強度や耐火性能，避難経路などについて，建築基準法に則った建築物であるかどうかを審査する「建築確認」を申請します。

　設計図や仕様書（両方を合わせて「設計図書」といいます）が，ほぼ決まった段階で，建築主はこれまでの取引関係や施工能力，技術力，信頼度などから，いくつかの建設会社を候補として選定し，見積りを取ります。建設会社は図面や仕様に基づき積算し，見積金額を提示します。

　積算とは，一定の基準に従って工事種類ごとに細かく金額を足し算していく（積もり上がり）ことです。積算は，基本的には会社によって大きな差はありません。一方，見積りは積算結果に基づき，半ば経験的な判断から金額を算出することを意味します。例えば，積算結果で坪単価140万円になっても，経験的に坪単価115万円で工事可能と判断して，値引きをすることがあります。

　建築主（発注者）は金額を含めた総合的判断によって，建設会社を決定して工事請負契約を結びます。前述した行政などによる建築確認がなされた後，設計事務所の監理のもと，図1-2に示す契約関係で工事が着工します。一般に建設会社は，工事一式を請け負う「単品受注生産」で受注し，定められた敷地に定められた品質，コスト，工期で，かつ無事故で建築物

を完成する責任を負います。

　ここで工事監理とは，建築主と監理業務委託契約を結んだ設計事務所が，建築の素人である建築主に代って，設計図書では十分に表現することができない事項などについて決定し，建設会社に指示することです。工事の開始前から，最後の引渡しの検査まで，建築主の代理者としての行為です。

　わが国では通常，設計を行った設計事務所と，同一の設計事務所が監理しますが，まったく別の事務所などが監理をすることもあります。

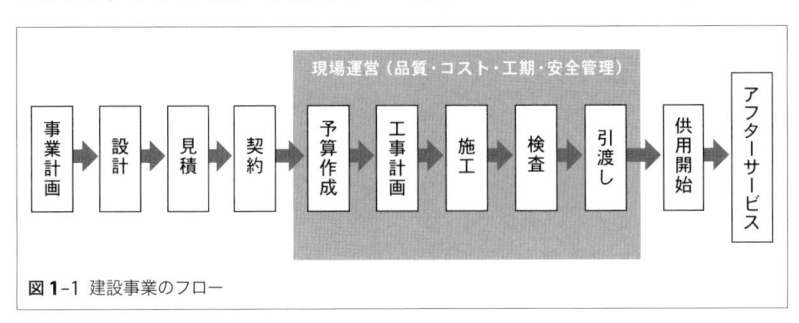

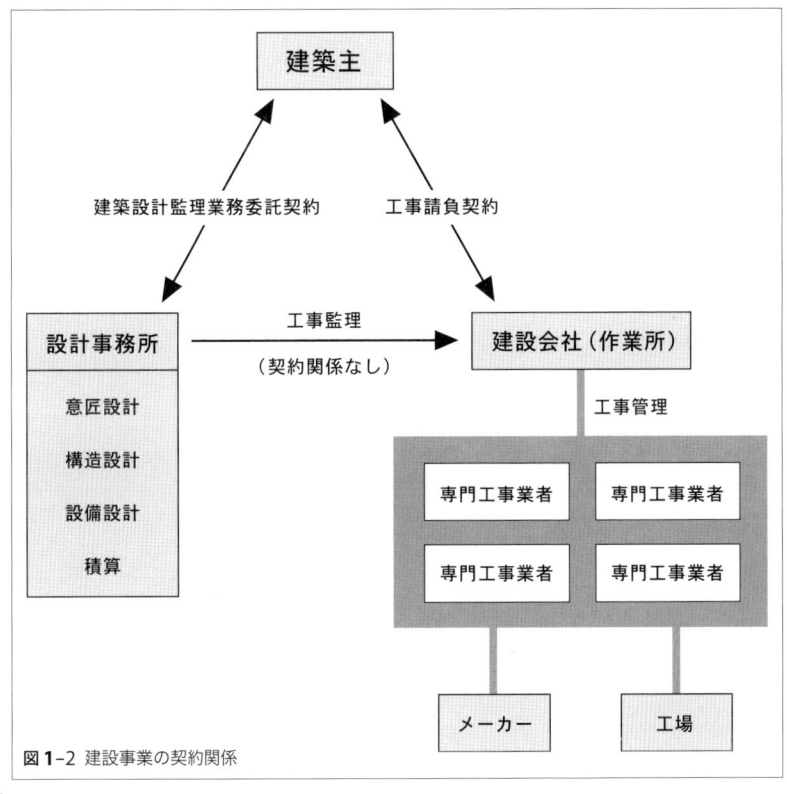

図1-1 建設事業のフロー

事業計画 → 設計 → 見積 → 契約 → 予算作成 → 工事計画 → 施工 → 検査 → 引渡し → 供用開始 → アフターサービス

現場運営（品質・コスト・工期・安全管理）：予算作成〜引渡し

図1-2 建設事業の契約関係

建築主 — 建築設計監理業務委託契約 — 設計事務所（意匠設計／構造設計／設備設計／積算）

建築主 — 工事請負契約 — 建設会社（作業所）

設計事務所 — 工事監理（契約関係なし） → 建設会社（作業所）

建設会社 — 工事管理 — 専門工事業者（4社） — メーカー／工場

第1講　建設現場の運営管理

建設工事と現場運営

作業所の編成

　　建設会社が行う施工は，建築物が単品受注生産ですから，現場（現地）での仕事が主になります。建設現場は，本店や支店から遠く離れて各所に点在します。本社や支店では，直接細部まで立ち入った指揮や管理はできません。そこで，建設現場には，「作業所」と呼ばれる工事事務所を組織します。作業所では，図1-3で示すように，作業所長のもと，技術者やスタッフが配置・編成され施工体制を整えます。

　　作業所は製造業における工場と同様に，材料や施工施設を整え，労務者を動かして正しい品質，納期，目標原価，安全性などの確保を目指した生産活動の場となります。

　　作業所長は現場代理人とも呼ばれます。作業所長には工事における全責任がある一方で，大幅な権限が与えられています。作業所長は，担当者ごとの業務分担，工種ごとに専門工事業者の選定，契約などを行い，各担当者が立案した施工計画に基づいて，全体調整しながら工事を進めます。

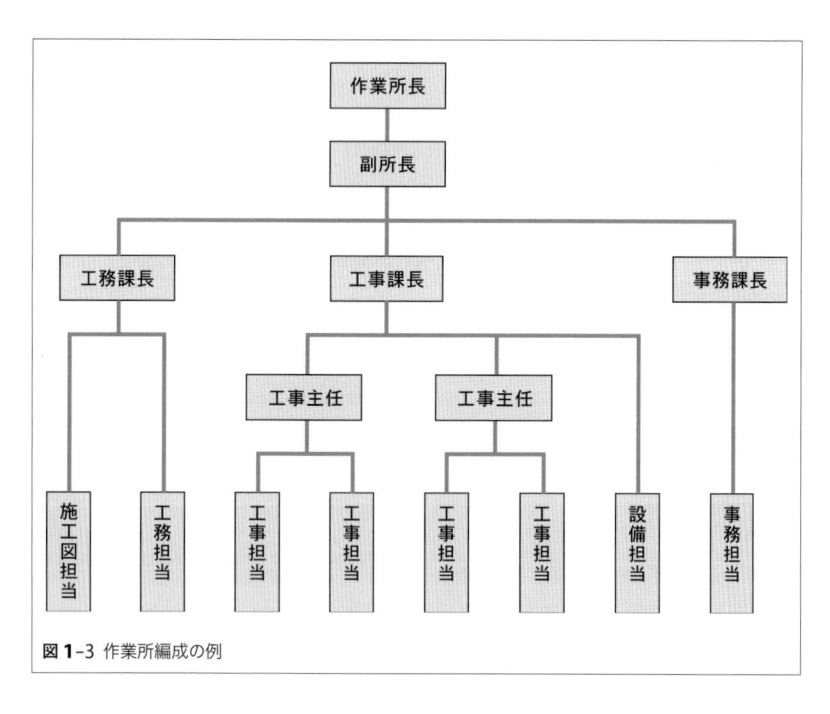

図1-3 作業所編成の例

本社や支店の機能

現場の施工は，基本的に作業所が中心になりますが，作業所と本社や支店の連携も重要です。施工計画のアドバイスや品質，安全パトロールの実施，トラブル発生時の支援など，多岐にわたる場面で本社や支店は現場に関わります。本社や支店には技術部や設計部，技術研究所などがあり，専門の技術スタッフが配置されています。困ったことや現場で解決できないことなどは，相談して解決します。

建築物ができるまで

建築物ができるまでの流れを，順を追って説明します。

1）着工・準備工事

❶ 敷地を仮囲いで囲い，工事車両用のゲートを設けて，仮設の工事事務所（作業所）を建て，工事用の給水，電力を引き込みます（**写真 1-9**）。

❷ 測量を行い，建築物の位置と高さの基準を定めます。

❸ 敷地内および周辺の埋設物調査を行います。

❹ 隣地建築物については，工事中に不具合が出た場合に備えて，工事への影響の有無を判断するため，施工前の状態を確認する近隣建築物調査を行います。

❺ 工事関係者が一堂に会し，工事の安全と守護を祈願する安全祈願の式典を行います（**写真 1-10**）。

写真 1-9 仮囲い，ゲート設置状況

写真 1-10 安全祈願の式典

2）杭打ち

❶ 大きな重機が持ち込まれ，支持地盤まで建築物の基礎となる杭を打ちます（**写真 1-11**，**1-12**）。

写真 1-11 杭打ち工事施工状況 1

第1講 建設現場の運営管理

❷ 地下を掘削する時には，周辺地盤を保持するために山留めを行います。

3) 掘削
❶ 基礎の躯体を施工するための掘削が行われ，残土は場外へ搬出します。現場に余裕があれば場内に仮置きします（**写真 1-13**）。
❷ 掘削が深くなる場合は，山留め壁の崩壊を防ぐために「切梁」（**写真 1-14**）と呼ばれる突っ張り材を設置します。
❸ 敷地に余裕がない場合は，重機や車両乗入れのために，仮設の構台（乗入れ構台）を設置します。
❹ 地下水がある場合は，遮水性のある山留め壁を用いたり，ポンプで汲み上げたりします。

写真 1-12 杭打ち工事施工状況 2

写真 1-13 掘削状況

写真 1-14 切梁，構台設置状況

4) 基礎・地下躯体工事
❶ 建築物の基礎や地中梁といった基礎工事が施工されます（**写真 1-15**）。
❷ 地下階がある場合は，切梁を解体しながら地下の躯体を構築した後，埋戻し（**写真 1-16**）を行います。
❸ 定置式クレーンを設置する場合は，クレーンを設置用の基礎を施工します。

写真 1-15 基礎地中梁施工

5) 土間（1 階スラブ）
❶ 周囲の埋戻し後，1 階のスラブとなる土間の配筋を行い，コンク

写真 1-16 基礎躯体を構築後，埋戻し

リートが打設されます。
❷ この後，地上階を施工するための外部足場を1階分組み立てます。
❸ 定置式クレーンを使用する場合は，1階スラブと同一レベルにクレーンを設置します。

写真1-17 鉄骨建方状況1

6) 鉄骨建方
❶ 鉄骨造や鉄骨鉄筋コンクリート造の場合は，現場に加工した鉄骨を搬入し，所定の位置で組立て（**写真1-17**，**1-18**）を行い，柱と梁の骨組み（フレーム）をつくります。これを「建方」と呼んでいます。

写真1-18 鉄骨建方状況2

Column 2
タワークレーンは自力で伸びる！

　タワークレーンが自立できる高さには限界があります。建物が高くなるに従って，建物自体から支持を取りながら，タワークレーンも高くしていきます。

　その方法は機種によっていろいろあります。下図のように自力でマストを継ぎ足していき，尺取り虫のように「クライミング」していくものもあります。

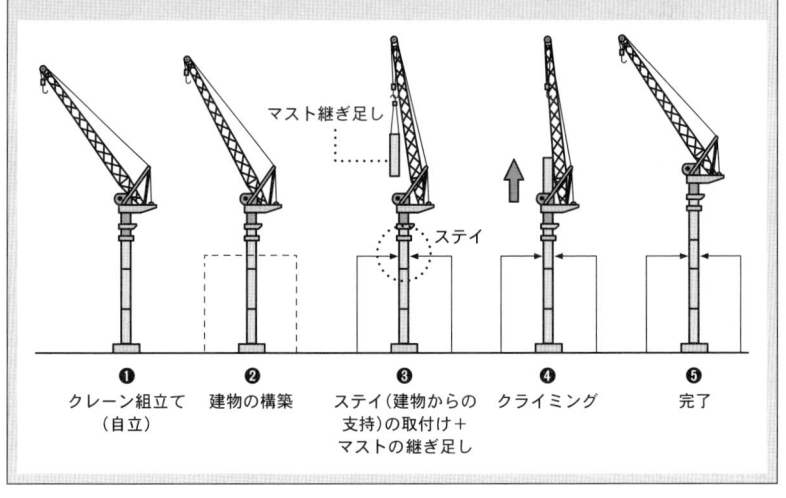

❶ クレーン組立て（自立）
❷ 建物の構築
❸ ステイ（建物からの支持）の取付け＋マストの継ぎ足し
❹ クライミング
❺ 完了

7) 地上躯体工事

❶ 地上階の躯体は**図1-4**に示す「立上り」という単位で鉄筋や型枠を組み立て，コンクリートを打設し，最上階まで順次構築していきます（**写真1-20〜1-27**）。

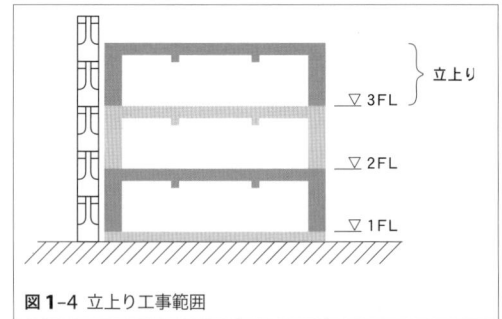

図1-4 立上り工事範囲

❷ 外壁を施工するための外部足場は，施工階に先行して組み立てます。また，飛散防止のための養生シートを張ります。

❸ 3階ほどまで施工されたら，工事中の揚重設備となる仮設エレベータ（**写真1-19**）を設置します。

8) 内部仕上工事および設備工事

❶ 型枠を解体し搬出した後は，サッシを取り付けます。それから設備配管を設置し，間仕切壁や床，天井の下地をつくった後，表面の仕上工事を行います（**写真1-28〜1-35**）。

9) 外壁仕上工事

❶ 躯体の不陸（微妙な凹凸）や目違い（若干の段差）などを処理し，タイル張りなどの外壁仕上げを行います（**写真1-36，1-37**）。

10) 外部足場解体

❶ 定置式クレーンや仮設エレベー

写真1-19 クレーンと仮設エレベータ

写真1-20 柱配筋，外壁型枠建込み

写真1-21 壁配筋状況

写真 1-22 型枠組立状況

写真 1-23 スラブ型枠上げ

写真 1-24 梁配筋状況

写真 1-25 スラブ配筋状況

写真 1-26 コンクリート打設状況 1

写真 1-27 コンクリート打設状況 2

写真 1-28 型枠解体後の状況

写真 1-29 サッシ取付け状況

写真 1-30 設備配管状況

写真 1-31 間仕切壁の軸組

第1講　建設現場の運営管理

写真1-32　間仕切壁のボード張り

写真1-33　クロス張り

写真1-34　住宅内装状況

写真1-35　ロビー内装状況

写真1-36　外壁のタイル張り

写真1-37　外壁の塗装

写真1-38　外部足場の解体

写真1-39　クレーンの解体

写真1-40　歩道インターロッキングブロック設置工事

写真1-41　側溝，フェンス基礎工事

タ，外部足場などを解体します（**写真 1**-38，**1**-39）。

11）外構工事

❶ 仮囲いを撤去し，建物まわりの植栽や舗装，排水構設置などの外構工事を行います（**写真 1**-40，**1**-41）。

12）検査・引渡し

❶ 行政などの各種検査を受け，指摘事項を修正し，建築物を引き渡します。

Column 3
屋上のクレーンはどうやって解体するの？

　誰もが一度は疑問に思ったことがあるのではないでしょうか。道路などから大きなクレーンを使って解体できるときはいいのですが，建築物が高層だったり，道路から届かないときは，一般的に次のようにします。ここでは，少し規模の大きい事例を紹介します。

❶ 大型のタワークレーンを4基使用して建築物をつくります。

❷ まず，4基のうちのクレーン1基を使って別のクレーンを解体・荷降ろしします。そして，中型のクレーンを新たに吊り上げ，組み立てます。

❸ その中型クレーンを使って，残りの大型クレーン1基を解体・荷降ろしします。そして，今度はより小型のクレーンを新たに吊り上げ，組み立てます。

❹ その小型クレーンを使って，先ほど使用した中型のクレーンを解体・荷降ろしします。そして，さらに小型のクレーンを新たに吊り上げ，組み立てます。

❺ さらにその小型のクレーンを使って，先ほど使用した小型のクレーンを解体・荷降ろしします。

❻ さて，いよいよ最後です。もうここまでくると残りは"人力"しかありません。最後のクレーンは人力で解体・搬出ができるものを選定します。言い換えれば「人力で搬出できるまで小さく解体できるもの」となります。
そして，新築建築物のエレベータなどで何回かに分けて降ろします。

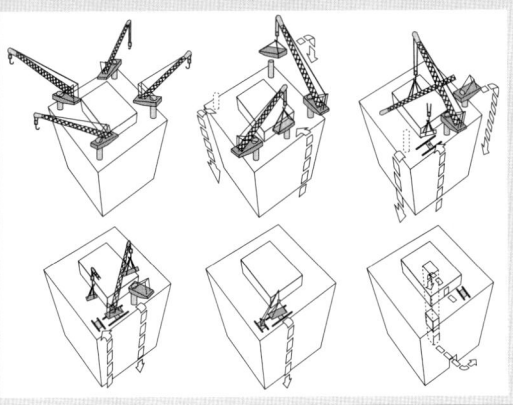

建築物のコスト

　建築物のコストは用途，規模，構造などとともに杭や地下の有無，仕上げなどのグレードなどにより異なります。また，建設する時期や地域でも変動するので一概にいうのは難しいのですが，工事利益を除いた工事原価の構成比，鉄骨造事務所ビルと鉄筋コンクリート造集合住宅のおのおのの一例を**図1-5**, **1-6** に示します。

　作業所では設計図書に示された仕様の材料を，廉価で購買することが求められます。このため，各現場で共通の材料を支店の購買部でまとめて購入したり，価格の変動が大きい材料は市況をにらみながら購買部が購入する，などといった工夫も行われます。一方，現場技術者は材料だけでなく施工法などによって合理化したり，日常作業での無駄を排除するなどの工夫が必要になります。さらに，新しい技術によって工期を短縮することなども，コストの低減に大きく寄与するのです。

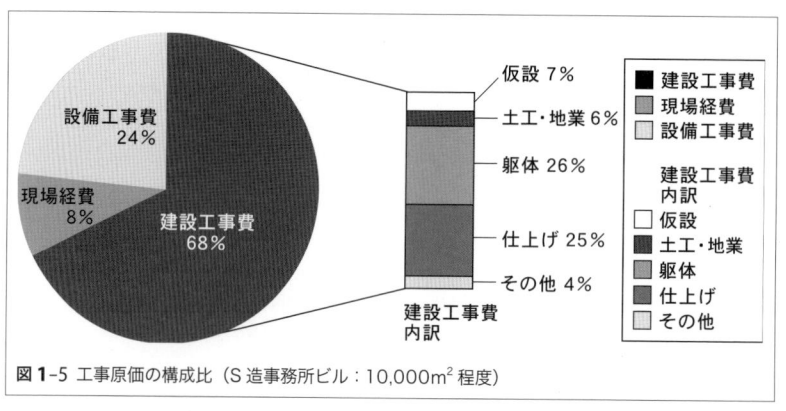

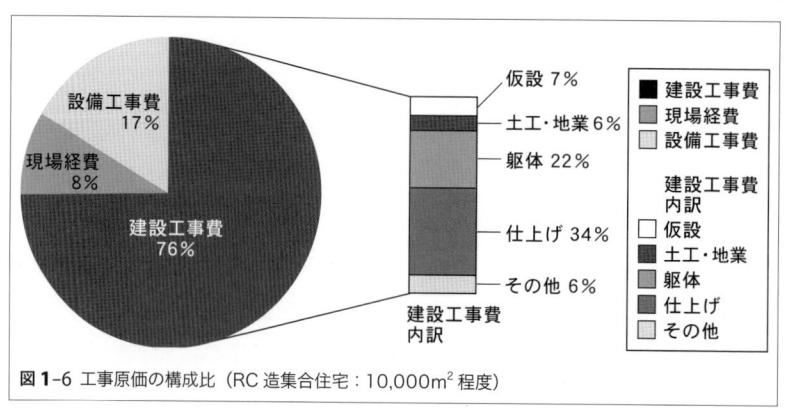

図1-5 工事原価の構成比（S造事務所ビル：10,000m^2程度）

- 建設工事費 68%
- 現場経費 8%
- 設備工事費 24%

建設工事費内訳
- 仮設 7%
- 土工・地業 6%
- 躯体 26%
- 仕上げ 25%
- その他 4%

図1-6 工事原価の構成比（RC造集合住宅：10,000m^2程度）

- 建設工事費 76%
- 現場経費 8%
- 設備工事費 17%

建設工事費内訳
- 仮設 7%
- 土工・地業 6%
- 躯体 22%
- 仕上げ 34%
- その他 6%

現場技術者の役割

現場運営と現場管理

「現場運営」とは，建築主（発注者），設計者，監理者，専門工事業者，近隣関係者などの人間関係を良好に保ちながら，現場を管理することです。「現場管理」とは所定の品質を確保しながら，技術，費用，時間，安全，環境などの面で満足するように現場を進捗させることです。刻々と変化する現場で輻輳する作業をタイムリーに整理して専門工事業者に作業指示を行い，施工品質が確保されているか，工程の遅れがないかなどを確認します。天候の影響や納期の遅れなどで工程に遅れが生じた場合は，すぐに手順変更などの対策を検討し，後工程への影響を最小限にとどめるような処置を講じます。

では，実際の建設現場において現場技術者はどのような業務をするのでしょうか。基本的な業務に言い換えれば，図1-7に示すような「施工計画」「工事管理」「対外折衝」を行います。

請負契約の範囲内で，どのような材料を，どのような工法や機械を使って，どのような順番で施工するのか，綿密な計画を立てるのが「施工計画」です。施工計画に基づいて工事全体のプロセスを管理し，専門工事業者に対する品質管理，予算管理，工程管理，安全管理までを一貫して行うのが「工事管理」です。また，「対外折衝」とは，設計図書*だけではわからない事項の質疑応答や設計変更，使用材料の承認や検査への対応など，発注者や監理者との折衝，近隣住民への対応，官公庁への各種申請，検査などのさまざまな対社外との折衝業務を行うことです。また，工事管理の一環として，工事に携わる作業員の災害防止以外にも，近隣への騒音，粉塵，水質汚濁などの公害防止，通行人などが巻き込まれる第三者災害の防止を図るように，安全計画や設備の設置を行います。

*指示事項，設計図書などの優先順位は，❶現場指示事項，❷質疑応答書，設計図書（❸特記仕様書，❹設計図），❺標準（共通）仕様書などの順です。

施工計画

1）施工計画

建築工事は，毎日の作業を積み重ねて完成するものですが，結果の良し悪しのほとんどは，最初に立てた計画で決まると言っても過言ではありま

せん。粗雑な準備で実行すれば，よい結果が生まれるはずはありませんし，途中で欠陥に気づいても修正がほとんどできず，工期遅延，重大災害，品質不良，予算割れといった致命傷になりかねません。建築工事は，素朴でラフな仕事のようにも見えます。しかし，実際は多様な手法の中から，与えられた条件や制約を踏まえ，知識と経験を生かして最善の手法を選定し

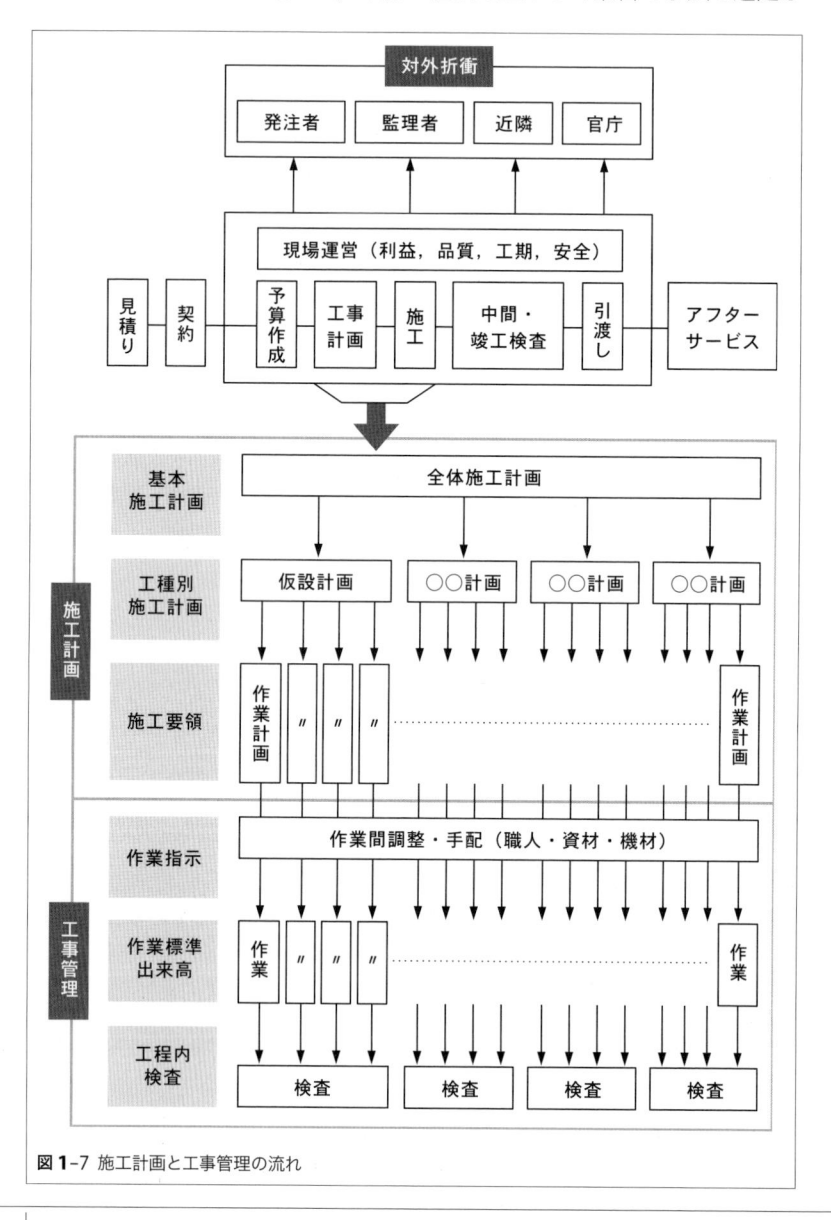

図1-7 施工計画と工事管理の流れ

なければなりません。計画段階では、あらゆる状況を想定して、綿密な計算をしたうえで、計画を練り上げることが大切です。もちろん、計画は着工時に限らず、日常の諸作業すべてに必要なものです。

施工計画の概念を**図1-8**に示します。まず、どんな建築物をつくるのか設計図をしっかりと読み込み、敷地条件を確認して工事をイメージしながら施工計画を立案します。施工計画は、着工前に工事の手順や工法など、工事全体の基本方針を定める「全体施工計画」と各工種着手前に個別に日程や労務人数、品質管理値などを定める「工種別施工計画」の2つに大別できます。施工計画は、工事の成果を決定づける知的作業の繰返しです。現場技術者として非常に重要な役割となります。

全体施工計画のアウトプットとしては、**図1-9**、**1-10**に示す「総合仮設計画図」と「全体工程表」が、工種別施工計画のアウトプットとしては「○○工事施工計画書」が作成されます。

2) 仮設計画

仮設計画は、施工計画を立案するうえで重要です。仮設とは、仮囲いやゲート、外部足場などです。最終的に建築物としては残らないものの、工

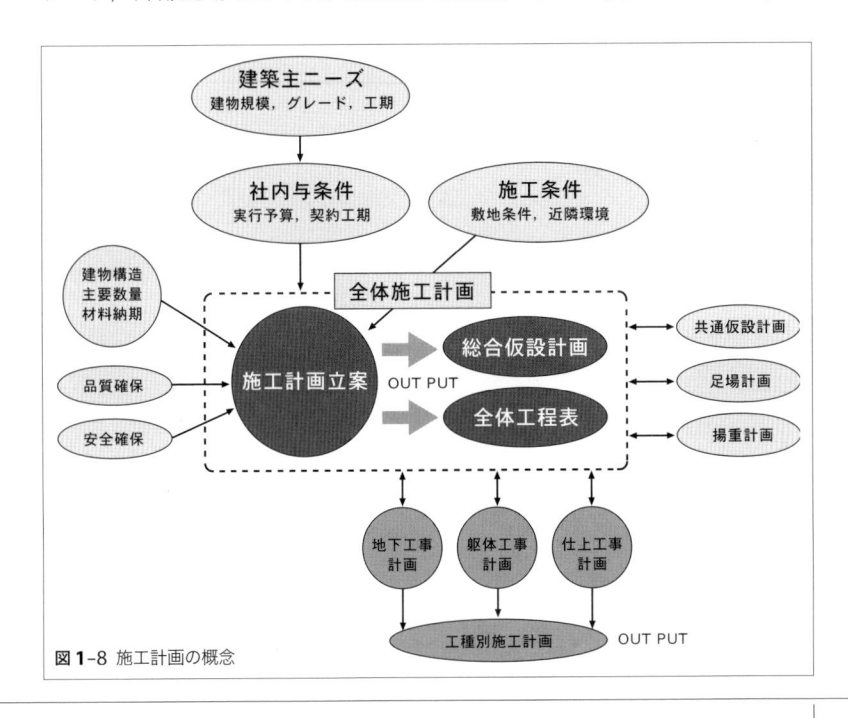

図1-8 施工計画の概念

事を進めるときに「よいものを，安く，早く，安全に建設する」ために，仮に設置するものです。

　仮設物は目的や範囲が非常に広いために，通常は全工事を通じて共通して必要となる仮設事務所や足場，揚重機械類と，地下工事における山留めや，コンクリート工事における型枠，支保工のような単独の工事に必要とされるものとに分類され，施工計画とともに検討されます。

　仮設をどのように設置するかは，品質や安全に大きく関わります。また，コスト的にも全体工事費の約1割弱を占めます。仮設物は転用などを考慮し，なるべくコストを低く（労務や資材の投入を少なく），合理的に考えて，採用する工法を選定する必要があります。

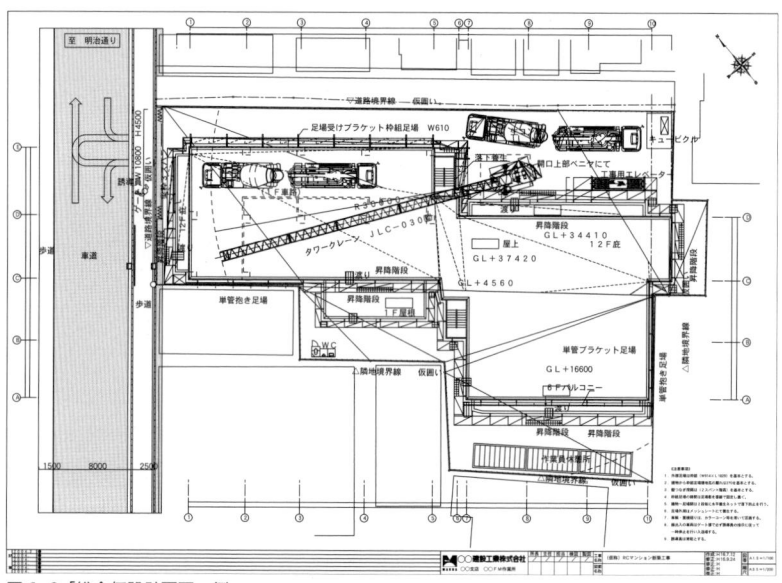

図1-9「総合仮設計画図」例

写真1-42 施工計画をしている様子

図1-10 「全体工程表」例

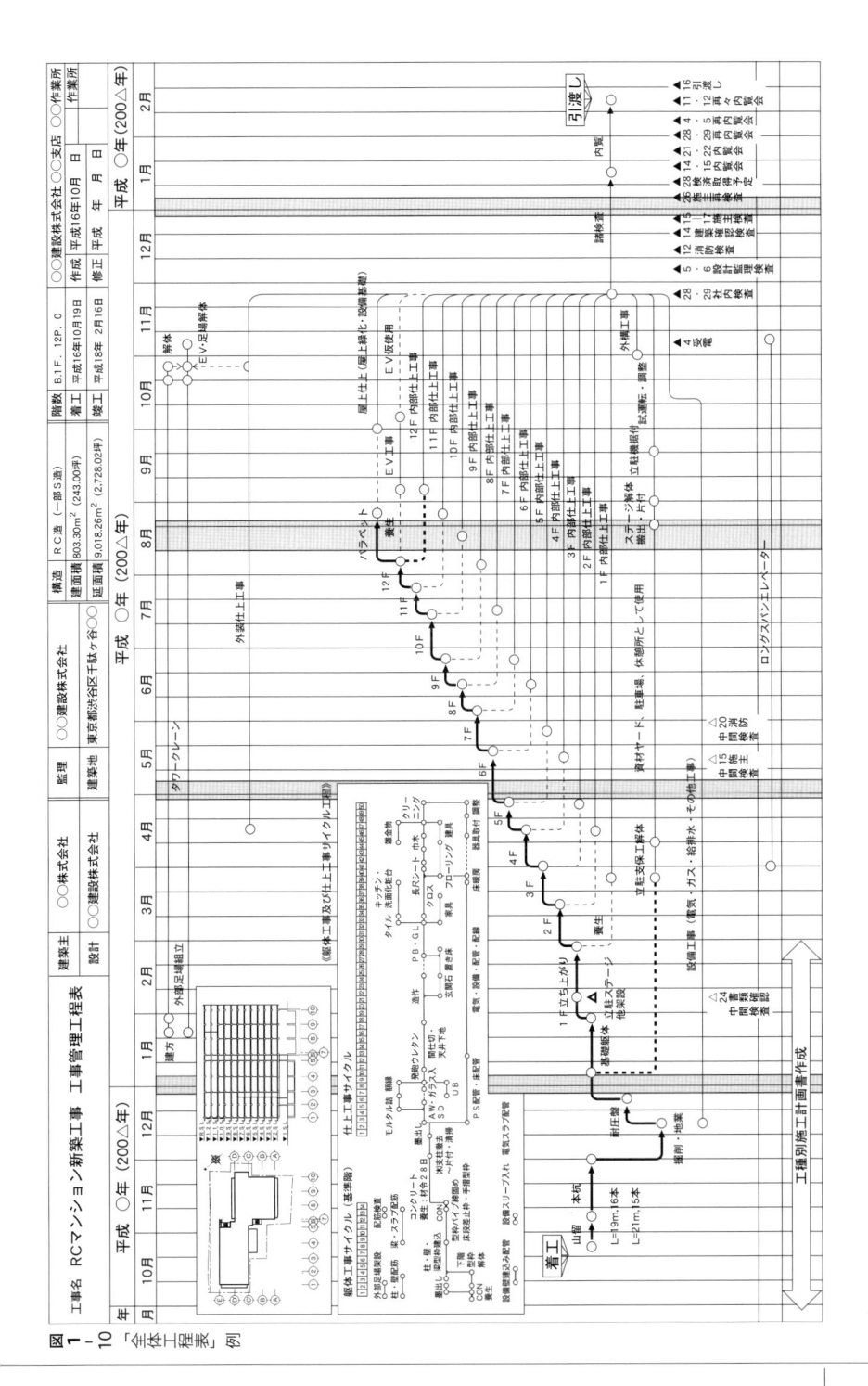

第1講 建設現場の運営管理

日常の施工サイクル

　施工現場となる作業所の一日ごと，一週間ごと，一か月ごとのおのおのの会議や確認事項など，日常的な工事を管理するうえで必要な項目の流れの一例を**図 1**-11 に示します。

　工事を進めていくためには，技術などの専門知識や現場経験のほかに，その場の状況に合わせたタイムリーな対応や処置が必要になります。現場は常に動いている，状況が変わっているという認識で，問題を先送りせず，例えば明日予定している作業が予定どおり始められるか，来週予定しているコンクリートが打設できるか，資機材は揃っているか，といった見方で，現場を巡視することが重要です。また，天気予報などの情報には常に注意し，急激な天候の変化，例えば，雷雨などの大雨，台風などの強風が予想される場合には，その備えができているかの点検が必要です。

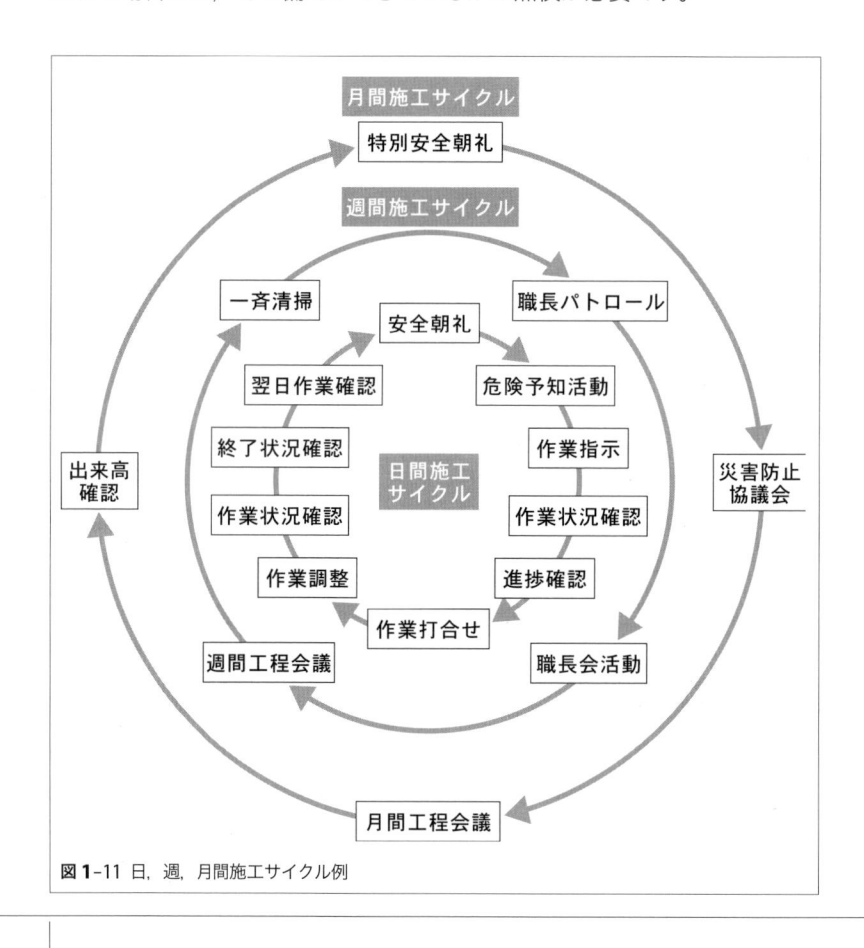

図 1-11 日，週，月間施工サイクル例

現場技術者に求められる能力

建設現場での役割

　　建設現場では厳しさ，泥臭さ，人を動かす難しさや人を説得する難しさなどを体験しなければ，理解できない面がたくさんあります。現場技術者はそんな現場の全体工程を管理しながら，会社（作業所）が定めた工事運営方針に基づいて，必要な資機材の手配と複数の専門工事業者間の調整，作業指示を行います。

　　これらについて品質と安全を確保しながら工事をコントロールするには，基本となる知識と技術をベースにした「エンジニアリング能力」と，対外折衝を含めた現場を運営管理する「マネジメント能力」が求められます。特に建設現場では，携わる現場技術者自身が修得し，身につけている知識や技術だけでなく，建設会社は組織として蓄積しているノウハウ，データ，実績，開発技術などが総合され，建設現場を間接的に支えています。これらを含めて，マネジメントしなければなりません。

　　また，建設現場は覆い隠すことができません。毎日の仕事ぶり，進捗具合は大勢の人の目にさらされます。整然とした施工，目を見張る進捗ぶり，規律ある現場管理などは高い評価が得られます。一方，遅々として進まない工程，雑然とした現場，下手な施工段取り，ルーズな作業員などは信用失墜の宣伝をするようなものです。世間は，現場の状況を建設会社の能力や姿勢として受け取ります。『現場＝会社の容姿』です。このような観点での現場運営も重要です。

マネジメント能力

　　基本的な技術や一般的な管理のポイントなどは，各建設会社でマニュアルや要領書などとして標準化されています。しかし，屋外での単品受注生産である建設現場では，実際に工事を行う作業環境がそれぞれ異なります。日常業務では，急な設計変更やトラブル，材料の入手難など，次々と問題が発生します。また，悪天候，交通渋滞などの外的要因に伴う突発的な状況も発生し，処置判断に苦しむ場面にも迫られます。

　　これらの状況に臨機応変に対応する技術力や創意工夫するマネジメント力こそが，現場技術者の力量といえます。さらにベテランになれば，経験を生かして，困難に向かっていく実行力や応用力，精神力が備わってきます。

まずは，各作業の確認時に最も気を配り，品質のつくり込みの仕方や出来映えを入念にチェックすること，同じ失敗や手戻りを繰り返さないこと，現場では自分の目と耳，手足を研ぎ澄まして，自分の担当以外でも「これでいいのか」「この後どう納まるのか」というように常に問題意識を持って現場を見ること，わからないことは上司や先輩に聞くことなどが重要です。

人間関係の構築

建設工事は，単品受注生産なので，新しい現場ごとに新しい発注者や設計事務所，新しい上司や部下，新しい専門工事業者など，千差万別の人間関係が構成されます。自分の力量や技術レベルを知ったうえで，相手の性格や技術力を自分なりに把握し，相手に合った対応をすることで，自分自身が仕事のしやすい環境をつくっていくことが重要です。

また，工事を進めるうえで発生するさまざまな問題点や課題は決して一人で抱えたり先送りせず，上司や先輩に相談したり，本社や支店の技術スタッフ，同期入社の仲間などの社内ネットワークを使って，積極的により早い解決をするよう日頃から人間関係を築くことが重要です。以下に，主だった人間関係についてのポイントを示します。

1) 職長や作業員との人間関係

建設現場の品質は，直接作業に従事する専門工事業者，作業員の気持ち次第で大きく変わります。特に，若手技術者は年長で経験のある職長（作業員のまとめ役）や作業員との人間関係について，いろいろな問題や悩みに直面するでしょう。積極的に会話をして，交流を深め，信頼関係を築くことが，品質のよい建築物をつくる第一歩だと心得てください。特に，作業指示は目的をはっきりさせること，自分も納得できる指示内容であることが必須です。無理を押し付けずに筋を通し，その結果を確認することが大事です。

2) 近隣との人間関係

現場の近隣住民にとっては，建設工事は周辺環境を一変させる行為で決して好まれないものです。しかし，一方では，どんなものがどのように出来上がっていくのか興味があるのも事実です。まずは近隣住民の立場に立って考え，頻繁にコミュニケーションをとり，誠意を持って対応し信頼関係を築くことが重要です。特に，問題となりやすい作業時間や車両の搬

入時間，動線などはルールを決めて作業員や運送会社に徹底します。近隣住民には事前に説明して，了解を得ておくことが第一です。

　また，相手は建築のことをまったく知らないと，考えなければならない場合がほとんどです。専門用語を避け，わかりやすく説明することに心がけます。無理難題については，一度どのような方針で回答すべきか，本社や支店を交えた社内で協議しておき，できるできないをハッキリさせてトコトン付き合っていくしかありません。

3）設計者や監理者との人間関係

　若手技術者にとって，同じ専門分野で自分よりも年上，かつ経験豊富な設計者や監理者と対応することは，なかなか大変です。技術面でも知識不足を感じる面が多いと思いますが，虚勢を張ってはいけません。自分がわからないことを聞かれたり，指示されたときは「わかりませんので，よく調べてから返事をさせてください」とハッキリ答えましょう。無理に背伸びをしない対応を心がけることです。若くて経験不足であっても，相手もそれなりの立場の人であれば，人を見る目がある程度は備わっています。まずは，誠意ある対応を心がけ，一歩一歩焦らずに技術，知識の習得や資格取得といった技術力向上に励むことです。

4）上司や先輩との人間関係

　同じ作業所のスタッフは，目的を同じくした運命共同体です。報告・連絡・相談に努め，わからないことは積極的に聞きましょう。また，余裕があれば自分の担当業務，担当工種以外にも常に関心を持ち，ノウハウを盗み取るつもりで現場を見ましょう。

　悪い情報は伝えにくいものです。施工ミスやトラブルは隠そうとしても，そのままうまくおさまることはほとんどありません。報告や相談を先延ばしにした結果，傷口が広がり重大な問題となって，作業所では処理しきれなくなるばかりでなく，会社全体の信頼喪失につながる例も多くあります。悪い情報を隠さずに報告し，その都度早い決断と機敏な処置ができるように，普段から作業所内での活発なコミュニケーションに努めましょう。

まとめ

　これまでの施工の本には，あまり触れて無かったことですが，現場技術者

に，必要な心構え，やり甲斐などについて述べてきました。現場技術者には，広い知識と高度な技術力が求められるうえに，豊かな人間性も必要であることが理解できたのではないかと思います。昨今の一連の耐震偽装事件を持ち出すまでもなく，現場技術者には技術力，知識の他に高いモラルが求められ，場合によっては会社を代表し自分の意見を説明し設計者，監理者などと議論し合うことも必要です。

　ここまで読んだ方はどうでしょうか？「そんなにやり甲斐があって面白いなら，僕（私）も是非やってみよう！」と思ったでしょうか。そうであれば，筆者としては大成功です。反対に，「やっぱり忙しそうで，しかも責任は重い，大変そうだから，止めておこう！」と思ったでしょうか。でも，ちょっと考えてみてください。時間が短くて気楽で，しかもやり甲斐のある仕事があるでしょうか。大変な仕事だからこそ，やり甲斐もあるのではないでしょうか。まず，近くの建設現場を覗いて見てください。生き生きと働く現場技術者や作業員を，必ず見付けることができます。第2講以降に読み進み，建設技術者の奥深さと魅力に触れてみてください。

【引用文献】

1) 川崎一雄イラスト，建築業協会関西支部編集「イラスト『建築施工』」建築業協会関西支部，2005年
2) 「建築技術者のための施工Q&A『現場の悩みおまかせ下さい』」(社)建築業協会関西支部，2003年
3) 「現場技術者管理マニュアル」建築技術2001年8月号
4) 「若手技術者のための現場運営必読マニュアル」建築技術2003年8月号

【参考になる本】

- 中村秀樹他「建設業『新入社員読本』〜建設マンを目指す君たちへ」(改訂版) 日本コンサルタントグループ，2005年
- 黒田早苗「図解Q&A　建築現場管理ノウハウ」井上書院，1989年
- 黒田早苗，黒瀬哲也「図解Q&A　総合仮設計画」井上書院，1992年
- 伊東貞夫「建築の現場管理システム　実践と評価のために」学芸出版社，1998年
- 彰国社編「建築施工管理の現場教本—今日の仕事・明日の指針」彰国社，1990年
- 横山誠一「建築とつきあう—建築の作法・設計の作法・人間関係の作法」建築技術，1997年

第2講 地業・杭工事

建築物を安全に支える基礎および地盤は，上部躯体と同様に重要な役割を担う部分です。地業工事は基礎を載せるために適した状態に地盤を整える作業であり，杭工事は軟弱な地盤上に建築物を載せるために適した基礎をつくる作業です。

本講では，それらの工事の最新技術を紹介するとともに，現場で知っておくと役に立つ施工管理方法のポイントを解説します。目に見えない地盤の中に施工される基礎の部分の品質は施工管理の良し悪しに左右されるので，実務では本書を十分に活用されることを願う次第です。

基礎の概要

基礎とは

基礎は，建築物と地盤をつなぐ部分である。建築物が沈下あるいは傾くことなく建つかどうかは，その基礎の品質や性能が左右する重要な部分である。基礎または基礎構造という用語は，基礎スラブと地業を総称したものと定義され，それより上方は上部構造と呼ばれる（**図2-1**）。

基礎スラブとは，上部構造の荷重を地盤または地業に伝えるために設けられた構造部分であり，フーチングやべた基礎のスラブと呼ばれる部位である。

また地業とは，基礎スラブを支えるために，それより下に砂利や砂（昔は割栗を使用していた）を敷き詰めたり，杭などを設けた部分である。杭の部分は従来から杭地業という言葉で表現されてきたが，最近は地業から除外する考え方もある。

基礎はその形式によって，大きく3つに分類される。

1）直接基礎

上部構造から基礎スラブに伝達された荷重を，地盤に直接伝える形式の基礎であり，建築物を比較的良質な地盤に支持させる場合に用いられる。

2）杭基礎

基礎スラブからの荷重を杭を介して地盤に伝える形式の基礎をいい，非常に硬い支持層まで軟弱な地盤が厚く堆積する地盤に用いられる。

3）併用基礎

1つの建築物に直接基礎と杭基礎を併用して採用する形式の基礎をいい，使い方により異種基礎とパイルド・ラフト基礎に分類される。異種基礎とは，平面的に直接基礎の領域と杭基礎の領域を持つ建築物の基礎形式をいう。パイルド・ラフト基礎とは，直接基礎と杭基礎が混在する基礎形式をいい，両方の支持力を同時に見込む基礎形式をいう。

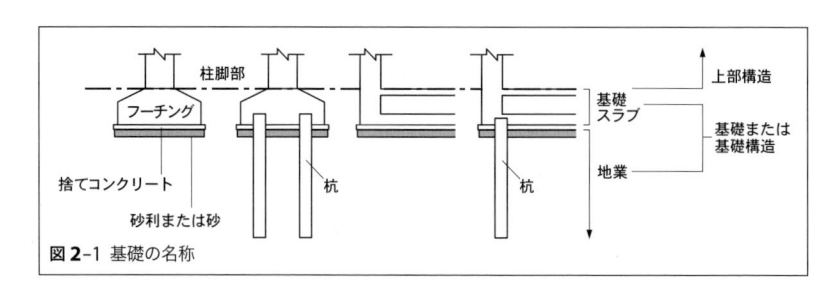

図2-1 基礎の名称

直接基礎の種類

　直接基礎は，**図 2**-2 に示すように分類される。また，各基礎の形状を**図 2**-3 に示す。独立フーチング基礎は各柱の下におのおのフーチングを設けたもので，複合フーチング基礎は 2 本以上の柱をまとめて 1 つのフーチングで支持させるものである。連続フーチング基礎（布基礎と呼ばれることもある）は複数の柱を連続した帯状のフーチングで支持させるものをいう。また，建築物全体を 1 つの基礎スラブで支持する形式はべた基礎という。

　どの形式を選定するかは，建築物の構造特性，支持地盤の条件，敷地状況，施工性および経済性などの要因を考慮する必要がある。例えば，赤土と呼ばれる関東ローム層でべた基礎を採用した場合，鉄筋コンクリート造ならば 5 階建までが目安となる。

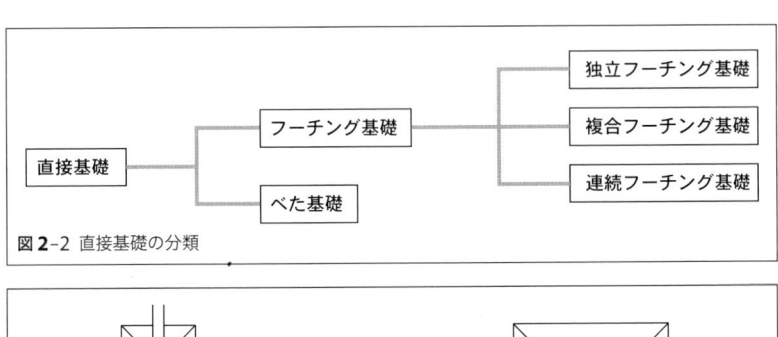

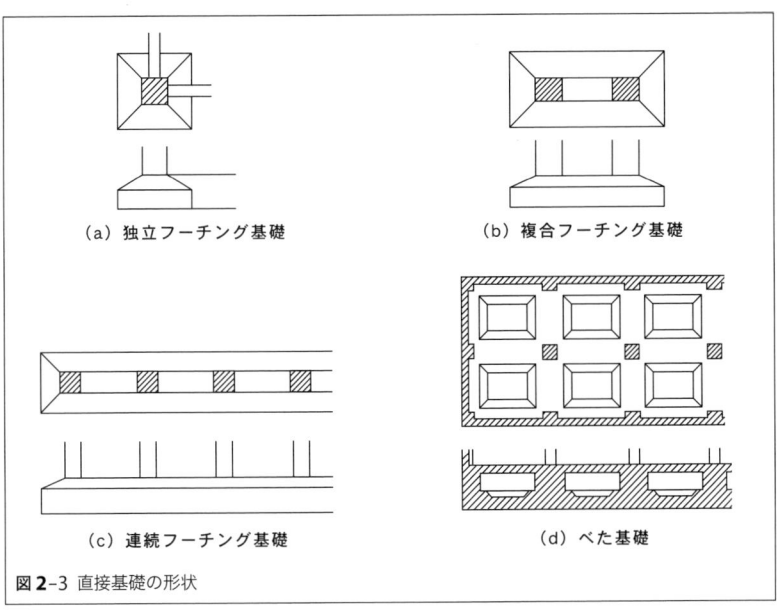

図 2-2 直接基礎の分類

図 2-3 直接基礎の形状

Column 4
土質柱状図の読み方

基礎に関わる仕事に携わるときは，必ずと言っていいほど「土質柱状図」が現れます。知っておくと役に立つ，その内容の読み方を以下に紹介します。

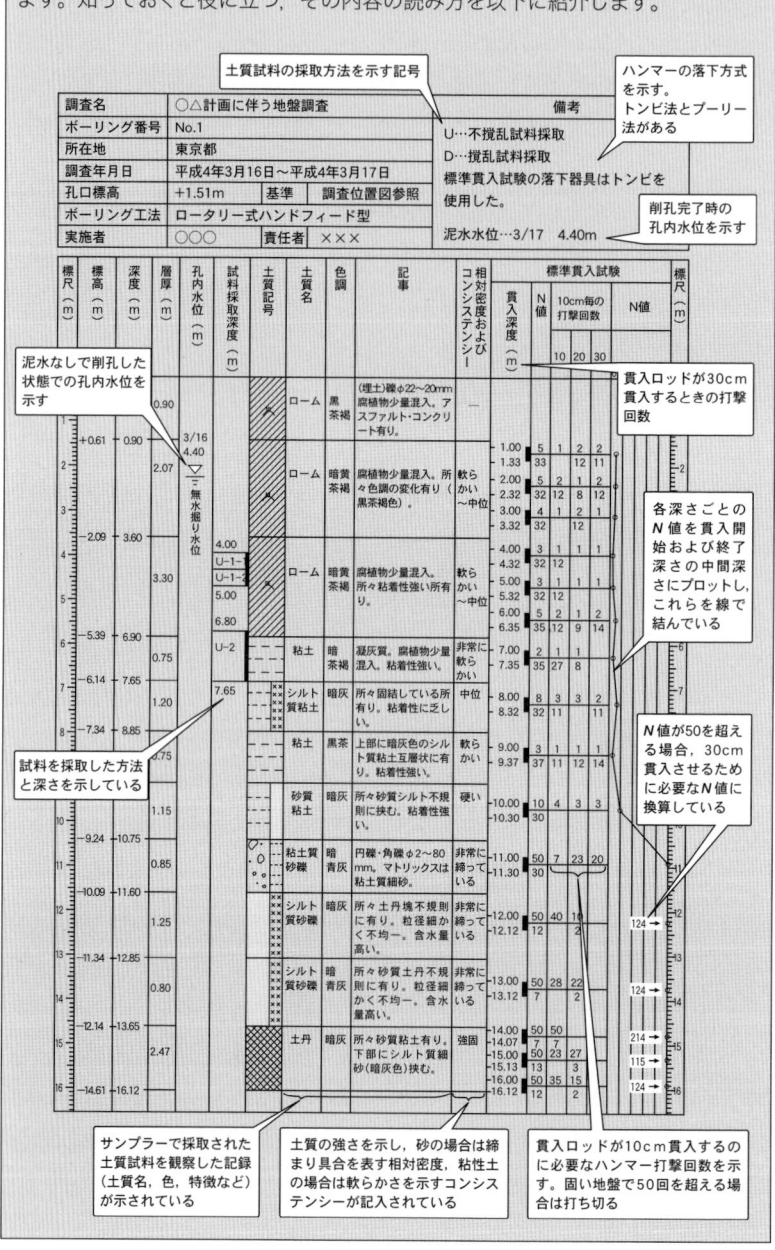

調査票ヘッダー:
- 調査名：○△計画に伴う地盤調査
- ボーリング番号：No.1
- 所在地：東京都
- 調査年月日：平成4年3月16日～平成4年3月17日
- 孔口標高：+1.51m
- 基準：調査位置図参照
- ボーリング工法：ロータリー式ハンドフィード型
- 実施者：○○○　責任者：×××
- 泥水水位…3/17　4.4m

注釈（引き出し線）:
- 土質試料の採取方法を示す記号
  - U…不攪乱試料採取
  - D…攪乱試料採取
  - 標準貫入試験の落下器具はトンビを使用した。
- ハンマーの落下方式を示す。トンビ法とプーリー法がある。
- 削孔完了時の孔内水位を示す
- 泥水なしで削孔した状態での孔内水位を示す
- 試料を採取した方法と深さを示している
- 貫入ロッドが30cm貫入するときの打撃回数
- 各深さごとのN値を貫入開始および終了深さの中間深さにプロットし，これらを線で結んでいる
- N値が50を超える場合，30cm貫入させるために必要なN値に換算している
- サンプラーで採取された土質試料を観察した記録（土質名，色，特徴など）が示されている
- 土質の強さを示し，砂の場合は締まり具合を表す相対密度，粘性土の場合は軟らかさを示すコンシステンシーが記入されている
- 貫入ロッドが10cm貫入するのに必要なハンマー打撃回数を示す。固い地盤で50回を超える場合は打ち切る

柱状図カラム見出し: 標尺(m)、標高(m)、深度(m)、層厚(m)、孔内水位(m)、試料採取深度(m)、土質記号、土質名、色調、記事、相対密度およびコンシステンシー、標準貫入試験（貫入深度(m)、N値、10cm毎の打撃回数、N値）、標尺(m)

主な層序データ（抜粋）:
- ローム 黒茶褐：（埋土）礫φ22～20mm、腐植物少量混入。アスファルト・コンクリート有り。
- ローム 暗黄茶褐：腐植物少量混入。所々色調の変化有り（黒茶褐色）。軟らかい～中位
- ローム 暗黄茶褐：腐植物少量混入。所々粘着性強い所有り。軟らかい～中位
- 粘土 暗茶褐：凝灰質。腐植物少量混入。粘着性強い。非常に軟らかい
- シルト質粘土 暗灰：所々固結している所有り。粘着性に乏しい。中位
- 粘土 黒茶：上部に暗灰色のシルト質粘土互層状に有り。粘着性強い。軟らかい
- 砂質粘土 暗灰：所々砂質シルト不規則に挟む。粘着性強い。硬い
- 粘土質砂礫 暗青灰：円礫・角礫φ2～80mm、マトリックスは粘土質砂。非常に締っている
- シルト質砂礫 暗灰：所々土丹塊不規則に有り。粒径細かく不均一。含水量高い。非常に締っている
- シルト質砂礫 暗青灰：所々砂質土丹不規則に有り。粒径細かく不均一。含水量高い。非常に締っている
- 土丹 暗灰：所々砂質粘土有り。下部にシルト質細砂（暗灰色）挟む。強固

地盤改良の種類

　地盤改良とは，軟弱地盤の強度を増大させたり，地盤を圧縮されにくくするために土を振動や圧力により締め固めたり，セメントなどで固化処理を行うことである。

　地盤改良の目的は，砂地盤の液状化防止，支持地盤の造成，圧密沈下の防止，掘削地盤の安全確保，基礎の補強などである。

　地盤改良工法は，原理によって**図2-4**に示すように分類される。置換工法と脱水工法は粘性土を対象とするもので，圧密沈下の防止や地盤の強度増加が期待できる。締固め工法は主に砂質土を対象とするもので，地盤の強度増加や液状化防止効果が期待できる。固化工法のうち，混合は粘性土を，注入は砂質土を対象とする。

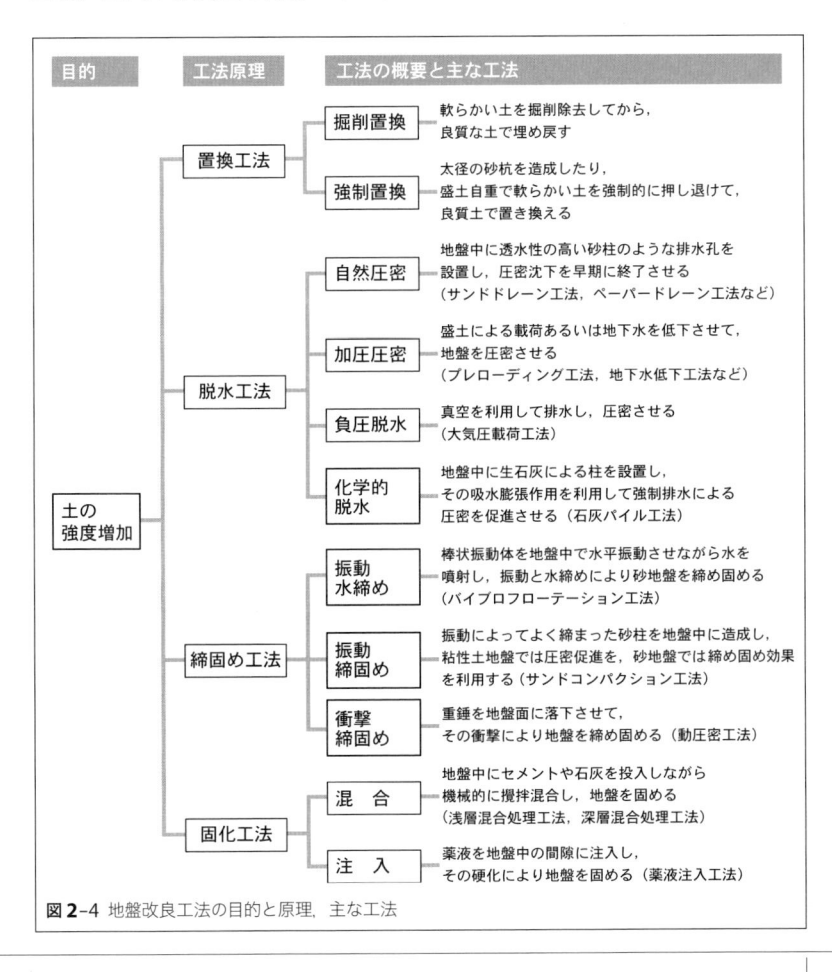

目的	工法原理	工法の概要と主な工法	
土の強度増加	置換工法	掘削置換	軟らかい土を掘削除去してから，良質な土で埋め戻す
		強制置換	太径の砂杭を造成したり，盛土自重で軟らかい土を強制的に押し退けて，良質土で置き換える
	脱水工法	自然圧密	地盤中に透水性の高い砂柱のような排水孔を設置し，圧密沈下を早期に終了させる（サンドドレーン工法，ペーパードレーン工法など）
		加圧圧密	盛土による載荷あるいは地下水を低下させて，地盤を圧密させる（プレローディング工法，地下水低下工法など）
		負圧脱水	真空を利用して排水し，圧密させる（大気圧載荷工法）
		化学的脱水	地盤中に生石灰による柱を設置し，その吸水膨張作用を利用して強制排水による圧密を促進させる（石灰パイル工法）
	締固め工法	振動水締め	棒状振動体を地盤中で水平振動させながら水を噴射し，振動と水締めにより砂地盤を締め固める（バイブロフローテーション工法）
		振動締固め	振動によってよく締まった砂柱を地盤中に造成し，粘性土地盤では圧密促進，砂地盤では締め固め効果を利用する（サンドコンパクション工法）
		衝撃締固め	重錘を地盤面に落下させて，その衝撃により地盤を締め固める（動圧密工法）
	固化工法	混合	地盤中にセメントや石灰を投入しながら機械的に撹拌混合し，地盤を固める（浅層混合処理工法，深層混合処理工法）
		注入	薬液を地盤中の間隙に注入し，その硬化により地盤を固める（薬液注入工法）

図2-4　地盤改良工法の目的と原理，主な工法

杭基礎の種類

　杭は，基礎スラブからの荷重を地盤に伝えるために，基礎スラブ下の地盤中に設ける柱状の構造部材であり，材料としてコンクリート，鋼材，木材などを使用する。施工法としては，地中に孔を掘ってコンクリートを流し込んだり，工場で製作された杭を地中に打ち込んだり，埋め込んだりしてつくるものがある。

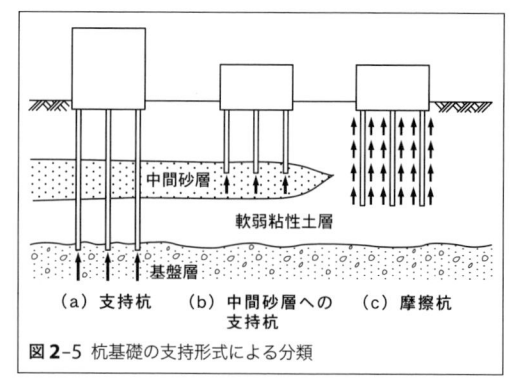

図2-5 杭基礎の支持形式による分類

(a) 支持杭　(b) 中間砂層への支持杭　(c) 摩擦杭

　建築物から杭に伝えられる鉛直荷重を支持する仕組みによって杭を分類すると，支持杭と摩擦杭に分類される。

1）支持杭

　図2-5 (a)(b) に示すように杭先端を基盤層あるいは中間層に設置し，主として杭先端部の支持力によって支持する形式のものをいう。(a) の支持杭は大型建築物のように柱軸力が大きく，かつ沈下を小さくしたい場合に採用され，(b) の中間砂層への支持杭は比較的軽い建築物の基礎に採用される。

2）摩擦杭

　図2-5 (c) に示すように，杭全長の周面摩擦力で支持する形式のものをいう。この杭は支持杭のように支持力を大きく見込むことができないこと，沈下量も無視することができないことが特徴で，工場やショッピングセンターなどの軽微な建築物に採用される。

Column 5
液状化って何？

　緩く詰められた乾燥した砂を振動させると，砂は締まって密になろうとします。ところが，砂が水中にあると，振動に伴い砂の粒子間に存在する水の圧力が高まり，上昇水流が生じるために密になることが妨げられます。このような現象から砂の粒子が浮遊状態になり，粒子間のせん断抵抗力が失われることを液状化といいます。地震後に見られる噴砂は，ここで発生した上昇水流によって地上に吹き出た跡です。

噴砂の様子

地業工事

　地業とは，直接基礎，杭基礎の基礎スラブ，地中梁および土間コンクリートを支えるために，下部に地盤改良，敷砂利や捨てコンクリートなどを設けた部分をいう。地盤を固めて地の形をつくる技術が語源と考えられている。

　地業工事には，地盤改良地業，砂・砂利・地肌地業および捨てコンクリート地業がある。捨てコンクリート地業は，砂・砂利および地肌地業を施工した上に行う。

地盤改良地業工事

1）置換工法

　置換工法の目的は，建築物の支持力確保や沈下の抑制である。置換材料には砂や砕石などが用いられるが，残土処理を少なくしたい場合には，セメント系の固化材を攪拌混合して置換材料とすることもある。施工管理のポイントは次のとおりである。

❶ 土に添加するセメント系固化材の量は，置換する対象土を用いた室内配合試験により圧縮強度を確認して設計仕様を決定する。

2）脱水工法

　軟弱な粘性土地盤内に鉛直方向に砂，生石灰，プラスチック材などのドレン材で柱状の排水溝を多数設け，地盤中から水を強制的に排水することにより，粘性土地盤の圧密時間を短縮させて沈下を速める工法である。緩い砂地盤に砕石を使用する工法（グラベルドレーン工法）は，液状化防止対策にも効果がある。施工管理のポイントは次のとおりである。

❶ 大きな地盤沈下が発生する場合，排水溝が切断される可能性が高いので，効果確認のために沈下計測を行うことが必要である。

❷ ドレン材としては，透水性が高く，目詰まりが生じにくい材料を選定する。

3）締固め工法（サンドコンパクション工法）

　緩い砂地盤内に振動を用いて砂を圧入し，直径が大きく圧縮された砂杭を造成して地盤の強度を高めることで，地盤の安定を図る工法である。液状化防止に有効である。図2-6に，その施工手順を示す。施工管理のポイントは次のとおりである。

❶ 適用する土質に注意する必要がある。振動で強度が低下しやすい粘性土では，逆効果になるおそれがある。

❷ 騒音・振動による周辺への影響が大きい工法であるため，周辺地盤の沈下や水平移動などの変状や騒音レベルなどに注意して，施工する必要がある。

4）固化工法（浅層混合処理工法，深層混合処理工法）

　セメント，石灰などの固化材を原位置の土に添加し，攪拌混合して地盤を固めた改良体を造成する工法である。表層のみを攪拌混合する工法は，浅層混合処理工法，地盤中を深く攪拌混合する工法は深層混合処理工法という。図2-7に，深層混合処理工法の施工手順を示す。施工管理のポイントは次のとおりである。

❶ 改良体の品質は固化材の添加量や攪拌度合に影響されるため，攪拌回

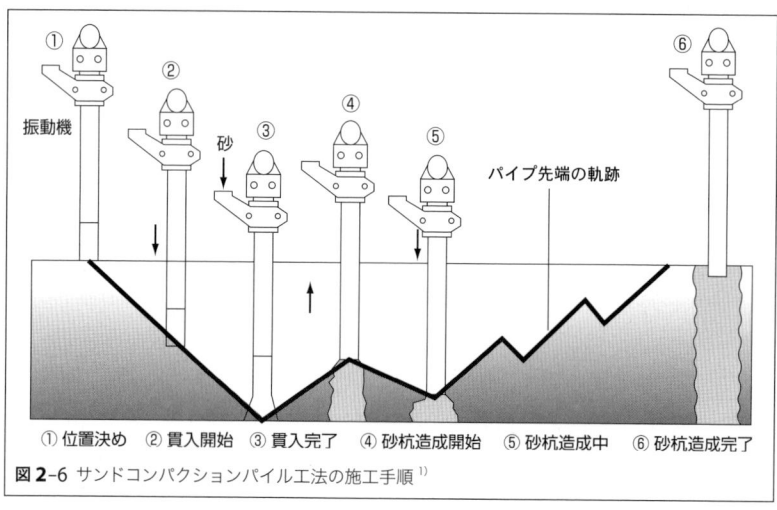

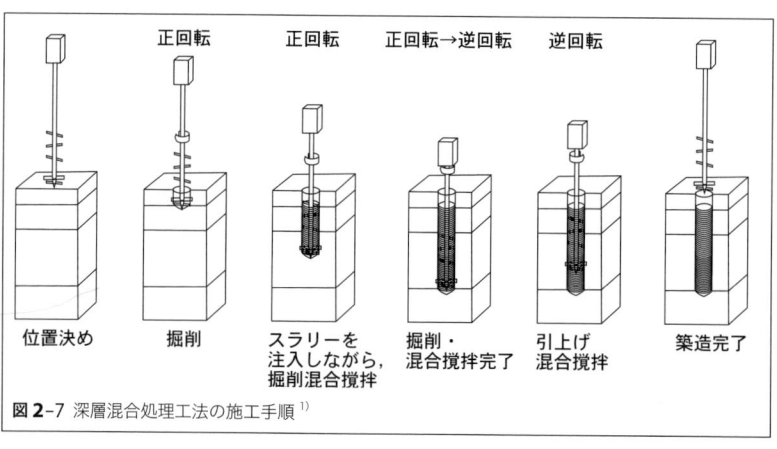

図2-6 サンドコンパクションパイル工法の施工手順[1]
① 位置決め　② 貫入開始　③ 貫入完了　④ 砂杭造成開始　⑤ 砂杭造成中　⑥ 砂杭造成完了

図2-7 深層混合処理工法の施工手順[1]
位置決め　掘削　スラリーを注入しながら，掘削混合攪拌　掘削・混合攪拌完了　引上げ混合攪拌　築造完了
正回転　正回転　正回転→逆回転　逆回転

数や引上げ速度を計測管理する。
❷ 造成された改良体からコアサンプルを採取して，圧縮試験強度が設計基準強度を確保しているかを確認する。
❸ セメント系固化材に含まれる人体に有害な六価クロムが溶出しやすいと考えられる地盤，特に関東ロームなどの火山灰質粘性土を対象とする場合は，事前に六価クロム溶出試験を行い，その可能性を確認しておくことが必要である。試験で有害と判定された場合は，固化材として高炉セメントや六価クロムの溶出量が少ない対策品を選定する。

砂・砂利および地肌地業工事

砂・砂利および地肌地業工事は，基礎を載せるために適した状態に地盤を整える作業である。具体的には下記に示す3項目を目的として行われる。
❶ 掘削作業で発生する地盤面の乱れや緩みをなくす。
❷ 捨てコンクリート地業の下地をつくる。

Column 6
圧密って何？

小さな孔を開けたビニール袋に水をたっぷり含んだ粘土の塊を入れ，手で握り締めると，水がじわじわと浸み出ます。孔の数を増やすほど浸み出る水の量は増えます。粘土は細かい土の粒子からできていて，粒子間に水をたっぷり貯えています。この水が外側からの圧力によって時間をかけてゆっくりと抜け出します。水が抜けると，土の体積が減少するために圧縮します。この現象を圧密といいます。そのメカニズムを模式図で示します。建築物を建設したり，盛土をしたときに圧密現象が生じ，時間の経過とともに沈下が進行することを圧密沈下といいます。

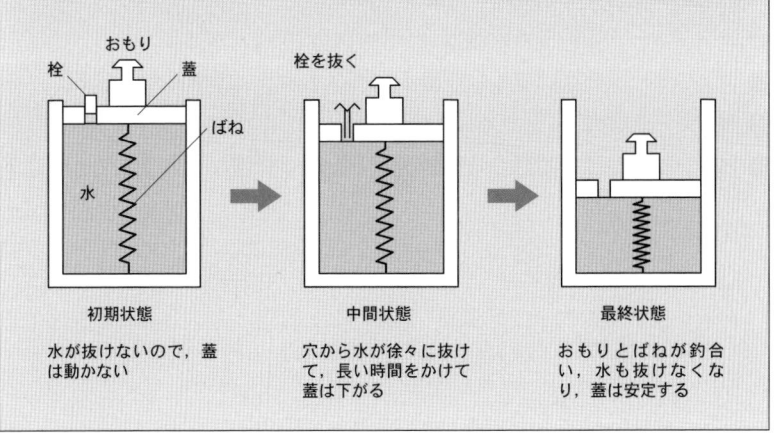

初期状態	中間状態	最終状態
水が抜けないので，蓋は動かない	穴から水が徐々に抜けて，長い時間をかけて蓋は下がる	おもりとばねが釣合い，水も抜けなくなり，蓋は安定する

❸ 打設される躯体コンクリートが固まるまでの自重を支える。

　砂・砂利地業で使用する砂利は、硬質な切込み砂利または切込み砕石を使用する。

　かつては割ぐり・玉石地業と呼ばれた方法が必ずといっていいほど用いられていたが、最近は硬質な割ぐり石や玉石の入手が困難になったことや敷設に手間を要することなどから、現在はほとんど用いられなくなっている。

　地肌地業とは、支持地盤面が関東ロームのように比較的堅固で良質な場合に、床付け地盤上に直接捨てコンクリートを打設する地業をいう。このような地盤で砂・砂利地業を行うと、むしろ床付け面を乱してしまうといわれている。施工管理のポイントは次のとおりである。

❶ 砂利の最大粒径は45mm程度として5～20cm厚に敷き均し、タンパーや振動コンパクターなどの振動転圧機で十分に締め固める。

❷ 地肌地業では、丁寧な掘削作業によって鋤取りし、その後の作業で床付け面を乱さないように注意する。

捨てコンクリート地業工事

　捨てコンクリート地業工事（略して「捨てコン」という）は、下記に示す3項目を目的として行われる。

・建築物の位置を正しく定める。捨てコンの表面に、基礎や柱位置の基準となる墨出しが行われる。
・掘削底面の安定化を図る。
・基礎スラブや基礎梁のコンクリートペーストの流失や脱水を防止する。
　施工管理のポイントは次のとおりである。

❶ コンクリートの設計基準強度は15N/mm^{2}以上とする。

❷ コンクリート表面は墨出しが確実に行えるよう、平坦に仕上げる。

❸ 厚さは一般的に5～10cmとする。

❹ コンクリートの打設は、降雨や排水の影響を受けないよう速やかに行う。

杭工事

杭に用いる材料と取扱い

杭は使用する材料によって，**図2-8**に示すように分類される。

既製コンクリート杭は，回転による遠心力を利用して製作される。設計基準強度は80N/mm² 以上で，杭径は300〜1,200mmである。

既製コンクリート杭は，ひび割れが発生しやすいため，次のように取り扱う。

❶ 杭の積み卸しは，クレーンやフォークリフトなどによって行われる。このとき，杭の両端から約1/5の2点を水平に吊り，衝撃を与えないように取り扱う。

❷ 杭の輸送時には，杭に損傷を与えないように適切な位置に強固なまくら材を敷き，荷崩れしないように縛り，杭の移動を止めるくさびを施す。積み段数は4段以下にする。

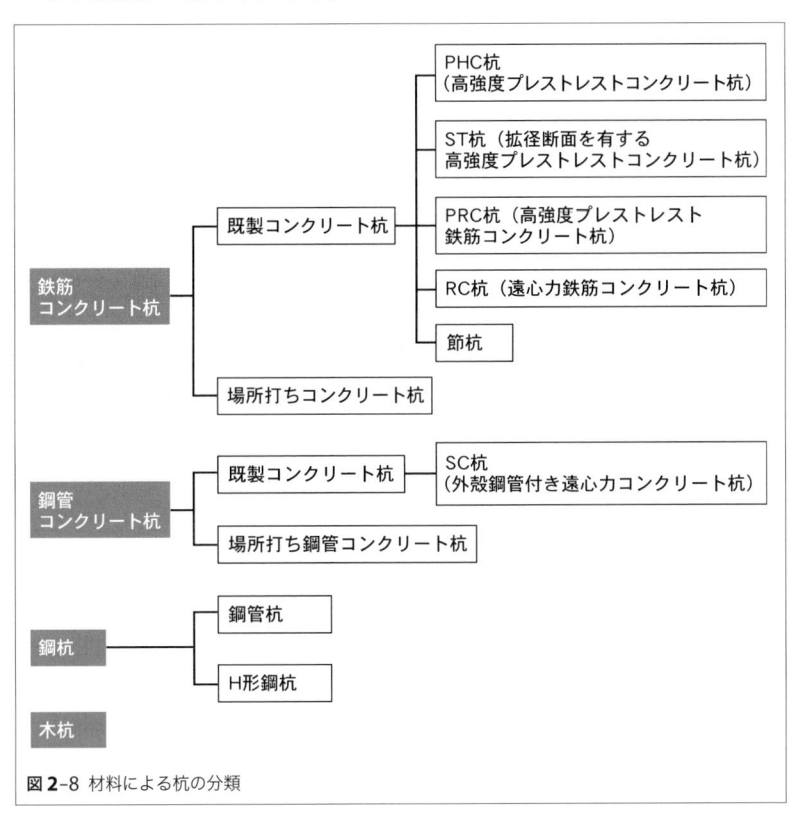

```
                                    ┌─ PHC杭
                                    │   （高強度プレストレストコンクリート杭）
                                    │
                                    ├─ ST杭（拡径断面を有する
                                    │   高強度プレストレストコンクリート杭）
                  ┌─ 既製コンクリート杭 ─┤
                  │                 ├─ PRC杭（高強度プレストレスト
  鉄筋            │                 │   鉄筋コンクリート杭）
  コンクリート杭 ─┤                 │
                  │                 ├─ RC杭（遠心力鉄筋コンクリート杭）
                  │                 │
                  │                 └─ 節杭
                  │
                  └─ 場所打ちコンクリート杭

  鋼管            ┌─ 既製コンクリート杭 ─── SC杭
  コンクリート杭 ─┤                         （外殻鋼管付き遠心力コンクリート杭）
                  └─ 場所打ち鋼管コンクリート杭

           ┌─ 鋼管杭
  鋼杭 ────┤
           └─ H形鋼杭

  木杭
```

図2-8 材料による杭の分類

❸ 施工中における仮置きでは，平坦な場所を選び，杭を支持する位置にまくら材を置き，1段に並べてくさびなどで移動しないように止める。

杭工法の種類

杭工法は，工場で製作されたコンクリート杭や鋼杭を使用する既製杭工法と，工事現場で直に造成する場所打ちコンクリート杭工法に区分される。図2-9に，杭工法の種類と分類を示す。

場所打ちコンクリート杭は，あらかじめ地盤中に削孔された孔内に配筋し，コンクリートを打ち込むことによって，現場で造成する杭をいう。

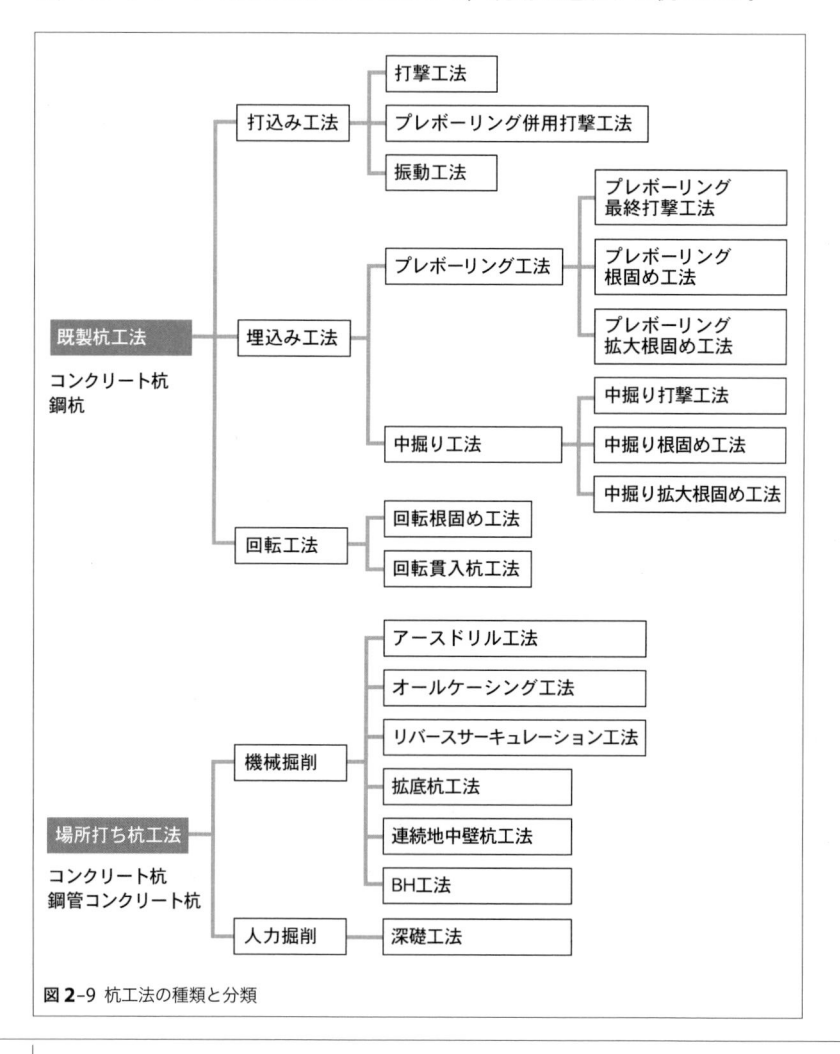

```
既製杭工法              ┌ 打込み工法 ┬ 打撃工法
コンクリート杭          │           ├ プレボーリング併用打撃工法
鋼杭                    │           └ 振動工法
                        │
                        ├ 埋込み工法 ┬ プレボーリング工法 ┬ プレボーリング最終打撃工法
                        │           │                    ├ プレボーリング根固め工法
                        │           │                    └ プレボーリング拡大根固め工法
                        │           └ 中掘り工法         ┬ 中掘り打撃工法
                        │                                ├ 中掘り根固め工法
                        │                                └ 中掘り拡大根固め工法
                        └ 回転工法   ┬ 回転根固め工法
                                    └ 回転貫入杭工法

場所打ち杭工法          ┌ 機械掘削 ┬ アースドリル工法
コンクリート杭          │         ├ オールケーシング工法
鋼管コンクリート杭      │         ├ リバースサーキュレーション工法
                        │         ├ 拡底杭工法
                        │         ├ 連続地中壁杭工法
                        │         └ BH工法
                        └ 人力掘削 ─ 深礎工法
```

図2-9 杭工法の種類と分類

打込み杭工法

　打込み杭工法は，既製コンクリート杭や鋼管杭の頭部を油圧ハンマーまたはディーゼルハンマーで打撃して地中に設置する工法である（**図2-10**）。市街地では打撃による振動・騒音の規制があるため，採用が難しい。油圧ハンマーは低騒音型として開発されたが，音源から20〜30m離れた場所でも70〜75ホン程度の音は発生する。

　打撃の最終打止め管理によって，すべての杭の支持力を確認することができる。また，杭サイズに対して適切なハンマーを選定しないと，杭を破損してしまうことがある。施工管理のポイントは次のとおりである。

❶ 適用される最大径は，既製コンクリート杭で0.8m，鋼管杭で0.6mを目安とする。

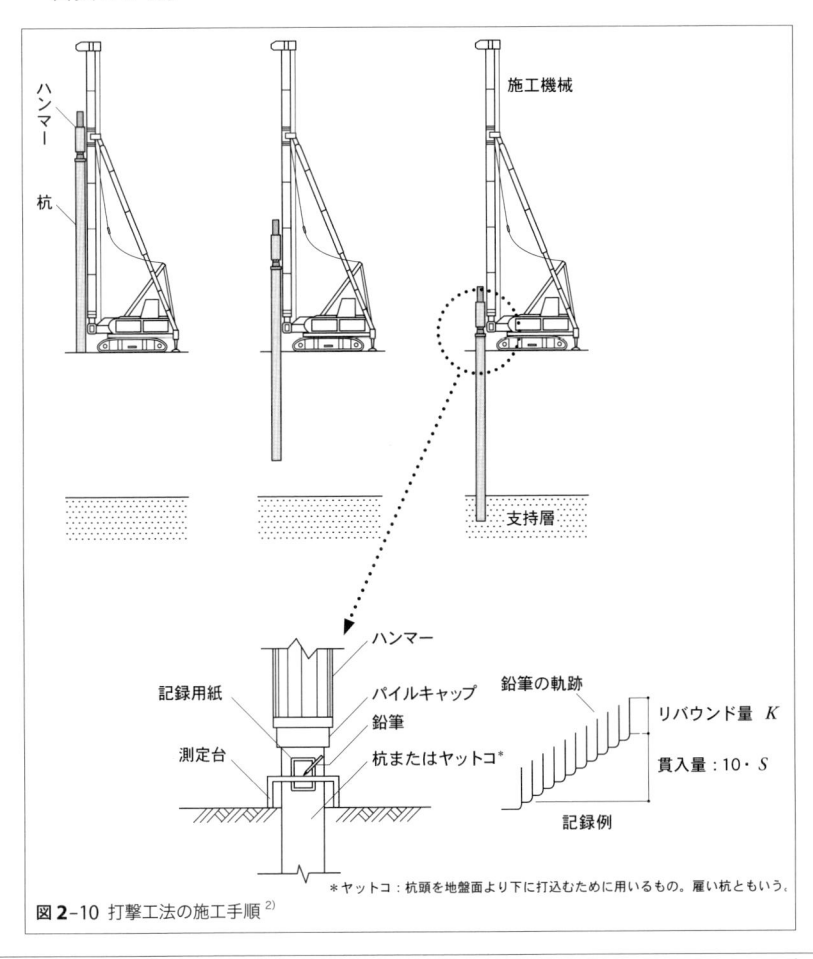

図2-10 打撃工法の施工手順[2)]

＊ヤットコ：杭頭を地盤面より下に打込むために用いるもの。雇い杭ともいう。

貫入量：10・S
リバウンド量 K

❷ 適切な容量のハンマーを選定する。ハンマー容量が大きすぎると、杭頭部で破損しやすく、小さすぎると貫入不能となったりする。参考として、油圧ハンマーの選定例を図2-11に示す。

❸ 杭頭部の衝撃を緩和するために、厚さ5cm程度のカシ製クッション材を挟む。

❹ 杭の打止め管理方法は、最終貫入量およびリバウンド量の測定値に基づいて、動力学的支持力式により支持力を算出して打止めとする。

　杭の動力学的支持力は、多くの方法（Hileyの式、旧建設省告示式、道路橋示方書の式など）が提案されている。しかし、計算値は式によって大きく異なる場合があるので、総合的に判断する必要がある。一般的に既製コンクリート杭には旧建設省告示式、鋼管杭にはHileyの式が用いられる。参考として、旧建設省告示式を示す。

$$R_a = F / (5S + 0.1)$$

　　R_a：杭の長期許容支持力（kN）
　　F：ハンマーの打撃エネルギー（kN・m）
　　S：杭の最終貫入量（m）

❺ 杭に過剰な打撃を与えないための目安は、杭の長さ、形状や地盤状況などに左右される。打撃回数制限の目安を表2-1に示す。

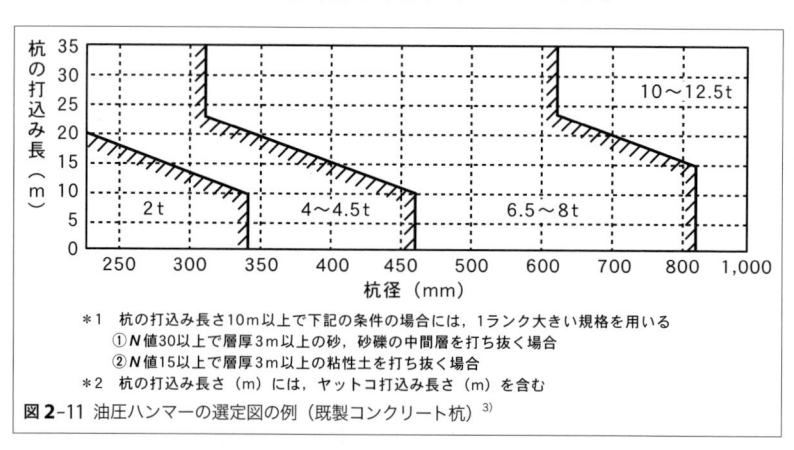

*1　杭の打込み長さ10m以上で下記の条件の場合には、1ランク大きい規格を用いる
　　① N値30以上で層厚3m以上の砂、砂礫の中間層を打ち抜く場合
　　② N値15以上で層厚3m以上の粘性土を打ち抜く場合
*2　杭の打込み長さ（m）には、ヤットコ打込み長さ（m）を含む

図2-11　油圧ハンマーの選定図の例（既製コンクリート杭）[3]

杭の種類	RC杭	PHC杭、PRC杭、SC杭
制限総打撃回数	1,000回以内	3,000回以内

表2-1　既製コンクリート杭に対する総打撃回数の制限[4]

埋込み杭工法

　埋込み杭工法は，前述した「杭工法の種類」で示したように，多くの工法が実用化されている。ここでは，代表的工法を紹介する。

　プレボーリング工法は，あらかじめ地盤をアースオーガーなどで所定の深さまで掘削した後，既製杭を挿入する方式である。中掘り工法は，先端を開放した既製杭を使用し，杭の中空部に挿入したアースオーガーで掘削すると同時に，杭を挿入する方式である。適用される杭径は 0.3 〜 1.2m である。

1）プレボーリング根固め工法

　一般にセメントミルク工法と呼ばれている。**図 2-12** に示すように先端から掘削液を注入しながらアースオーガーで削孔した後，根固め液と杭周固定液を注入しながらアースオーガーを引き上げる。既製杭をこの孔に挿入し，杭を圧入または軽打し，支持層に定着して，根固め液と杭周固定液の硬化によって支持力を確保する工法である。アースオーガー径は，杭径＋100mm を標準とする。施工管理のポイントは次のとおりである。

❶ アースオーガーの引上速度は，杭周固定液の注入量に応じて行う。引上速度が速いと負圧が生じ，孔壁を崩壊させるおそれが生じる。

❷ 確実に支持力を得るために，**図 2-13** に示すように杭先端部を支持層中に 1m

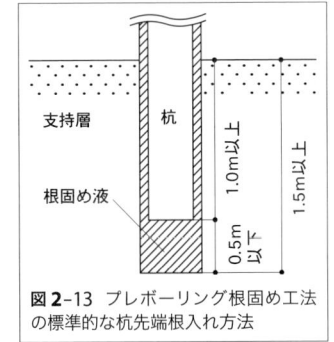

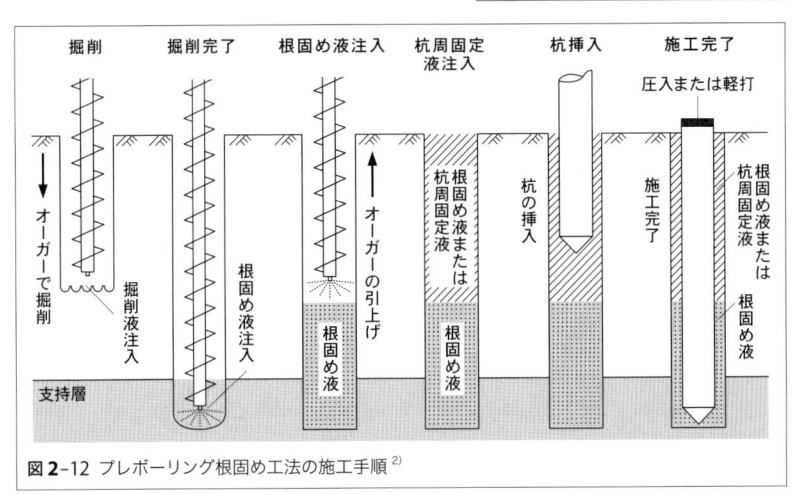

図 2-13 プレボーリング根固め工法の標準的な杭先端根入れ方法

図 2-12 プレボーリング根固め工法の施工手順[2]

以上根入れする。一般的に，支持層の掘削深さは 1.5m 以上とする。

2）プレボーリング拡大根固め工法

　この工法は，図 2-14 に示すように，特殊なアースオーガーによって掘削液を注入しながら掘削した後，掘削液を根固め液に切り替え，拡大ビットによって杭径以上の根固め球根を築造する工法である。杭周面摩擦力を考慮する場合は，杭周固定液に切替注入しながらアースオーガーを引き上げ，杭孔に既製杭を建て込み，杭の重量または回転によって拡大球根部に定着させる。施工管理のポイントは次のとおりである。

❶ 球根部のみを拡大する工法には，杭周固定液を用いる場合と用いない場合がある。杭周固定液を用いない場合の掘削径は，杭体の外径程度とする。

❷ 拡大ビットは，注入する掘削液と地盤とが十分に攪拌できる構造とする。

3）中掘り拡大根固め工法

　この工法は，図 2-15 に示すように，杭中空部に挿入したアースオーガーによって，杭先端部の掘削した土砂を杭の中空部を通して杭頭部から排出しながら支持層付近まで杭を沈設した後，支持層を拡大ビットまたは高圧ジェットによって拡大掘削し，根固め液を注入して拡大球根をつくる工法である。杭体中空部とアースオーガー外径の隙間は，一般に 30 〜

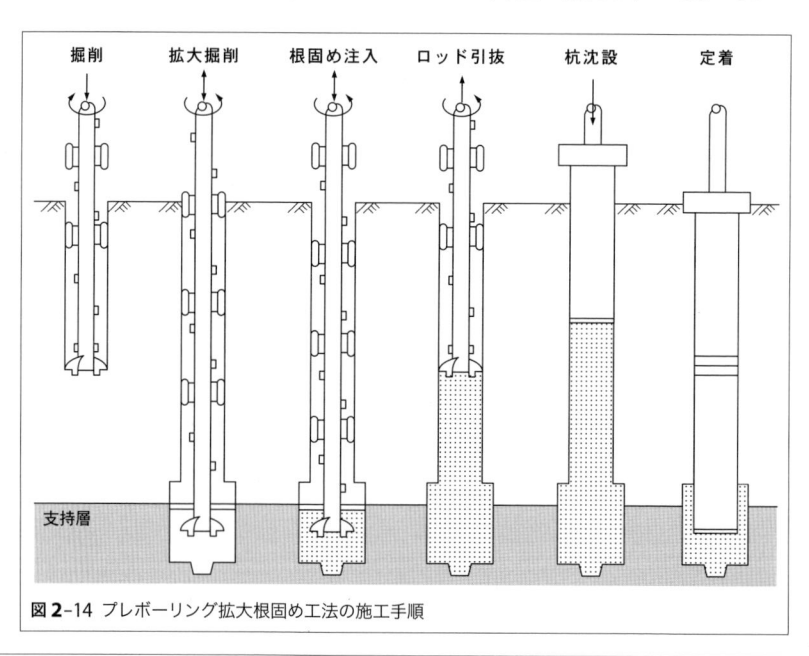

図 2-14　プレボーリング拡大根固め工法の施工手順

100mmとしている。施工管理のポイントは次のとおりである。

❶ 杭体中空部を利用して排土するため、大きな礫や玉石があると杭体を損傷させる場合があるので、地盤状況から工法の適否を判断する必要がある。

❷ 中掘り掘削段階で、支持層が砂などでボイリングが予想される地盤では、あらかじめ杭中空部に水または貧配合のセメントミルクなどの防止液を用いて、掘削する必要がある。

❸ 支持層の確認は、以下の方法による。

・地盤調査結果に基づき、杭伏図に支持層出現深さの等深図を描き、施工中は各杭の掘削深さを管理する。

・支持層に近づいたら、掘削速度を一定に保ち、オーガーモーターの電流計の変化を読み取り、支持層の到達を推定する。

回転貫入杭工法

　回転貫入杭工法は、鋼管の先端に羽根を取り付け、鋼管を回転圧入させることによる下方への推進力によって、地盤中に貫入させる杭工法である。鋼管径は100〜1,200mmと幅広く使用されている。施工手順を**図2**-16に示す。特徴は次の3点である。

・杭を回転貫入させることで、杭の体積と同量の土が側方へ押し付けられ

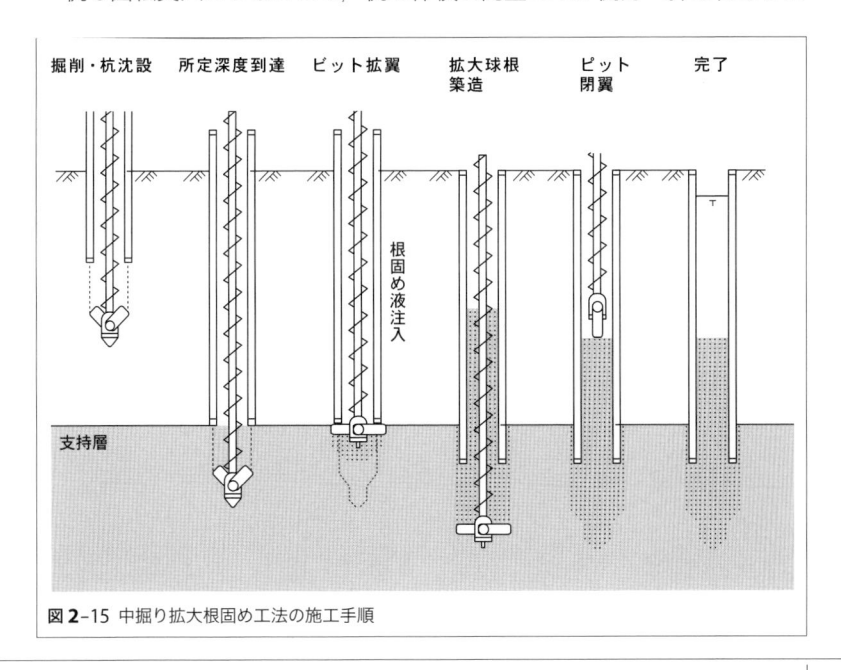

図2-15 中掘り拡大根固め工法の施工手順

るため，掘削土が出ない。
- 先端部の羽根面積を調整することで，支持力が決められる。
- 施工後の杭を逆回転すると，引抜くことができる。

施工管理のポイントは次のとおりである。

❶ 支持層への確実な貫入を得るための打止め管理は，この工法の重要な管理項目である。一般的には，施工敷地内の地盤調査地点の近くで試験杭を施工し，支持層に貫入したときに計測された貫入抵抗値（回転トルクや貫入速度などから設定される数値）から打止め管理値を設定して，杭の管理指標とする。

❷ 加える回転トルクは，杭材の許容ねじり強さ以下とする。

場所打ちコンクリート杭工法

1）施工法による分類

場所打ちコンクリート杭は，コンクリートや鉄筋などを使用して，鉄筋コンクリート造の杭を現場で造成する工法である。大きな鉛直支持力を期待するために，杭先端部を拡径する工法もある。また，耐震性を高めるために，杭の外周部に鋼管を巻き付ける場所打ち鋼管コンクリート杭も使用されている。

後述する場所打ちコンクリート杭工法の特徴を**表 2-2** に示す。

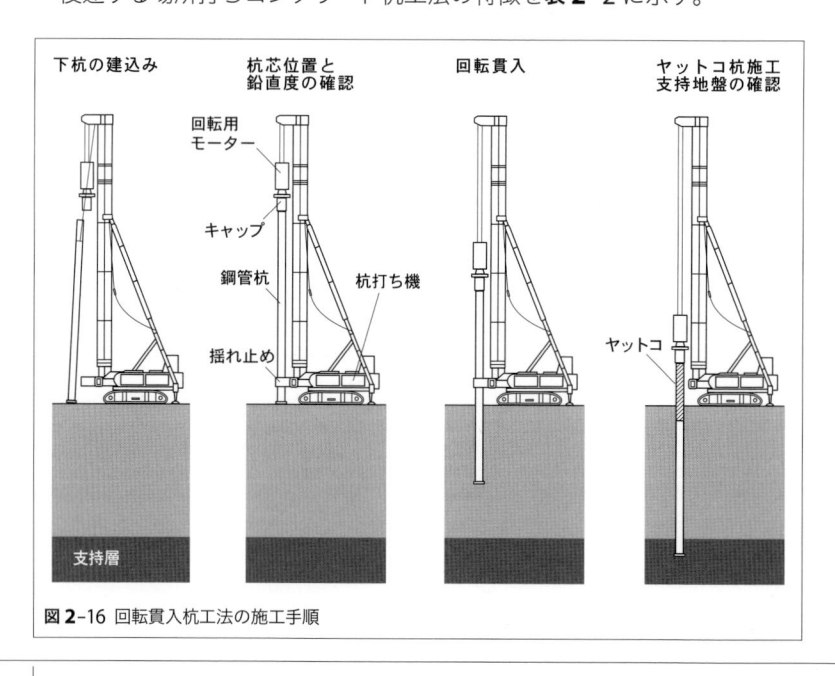

図 2-16 回転貫入杭工法の施工手順

2) 各種工法の概要

❶ アースドリル工法

　この工法は，建築工事で最も多く採用されている工法である。杭径は 0.8〜2.0m を目安とする。

　地盤掘削中に掘削孔の壁を崩壊させないように，ベントナイト溶液などの安定液を使用し，表層ケーシング以外はケーシングを使用しない。掘削・排土には，ロッド回転式のドリリングバケットを使用する。所定の深さまでの掘削が完了した後，底ざらいバケットによってスライムを処理し，鉄筋かごを孔内に建て込み，ケーシングを抜きながらコンクリートを打ち込んで杭をつくる工法である。施工手順を**図 2-17** に示す。

❷ オールケーシング工法

　この工法は，掘削時に孔壁が崩壊しやすい砂地盤で多く採用される。杭径は 1.0〜2.0m を目安とする。

　特殊なケーシングチューブを揺動・圧入しながら，ハンマーグラブバケットをケーシング内に落下させ，その内部の土砂を掘削・排出する。所定の深さまでの掘削が完了した後，鉄筋かごを孔内に建て込み，ケーシングを抜きながらコンクリートを打ち込んで杭をつくる工法である。ケーシングチューブの先端にカッターを取り付けて，転石や岩盤などに対応する全回転オールケーシング工法もある。施工手順を**図 2-18** に示す。

杭工法分類		機械掘削				人力掘削
		アースドリル工法	オールケーシング工法	リバース工法	BH 工法	深礎工法
掘削方法		回転バケット	ハンマグラブバケット	回転ビット	回転ビット	人力
孔壁保護方法		安定液	ケーシングチューブ	自然泥水	安定液	円形山留め鋼材
常用杭径 (m)		0.8〜2.0	1.0〜2.0	1.0〜3.0	0.7〜1.5	1.4〜3.0
限界深さ (m)		55	45	60	50	20
施工性	粘性土	○	○	○	○	○
	砂質土	○	○	○	○	○
	礫質土	○	○	○	×	○
	転石・玉石	×	△	×	×	△
	硬質粘性土	○	△	○	△	○
	軟岩	×	×	△	×	△
敷地条件		広い	広い	広い	広い〜狭い	広い〜狭い
コスト		低	中	高	低	低

[凡例]
○：一般的に使用可能　△：検討が必要　×：不可

表 2-2 場所打ちコンクリート杭工法の特徴

❸ リバースサーキュレーション工法

　杭の施工深さが 40m を超える場合に採用される。杭径は 0.8 〜 3.0m を目安とする。

　安定液に水を使用し，掘削ビットを回転させて地盤を削孔し，その土を安定液とともにサクションポンプあるいはエアリフト方式で地上に吸い上げ，排出する。掘削完了後，鉄筋かごを建て込み，コンクリートを打設する（**図 2**-19）。

❹ 深礎工法

　この工法は，人力あるいは機械によって円形に掘削し，孔壁の安定のために鋼製波板（生子板という）とリング枠で山留めを行い，所定の深さま

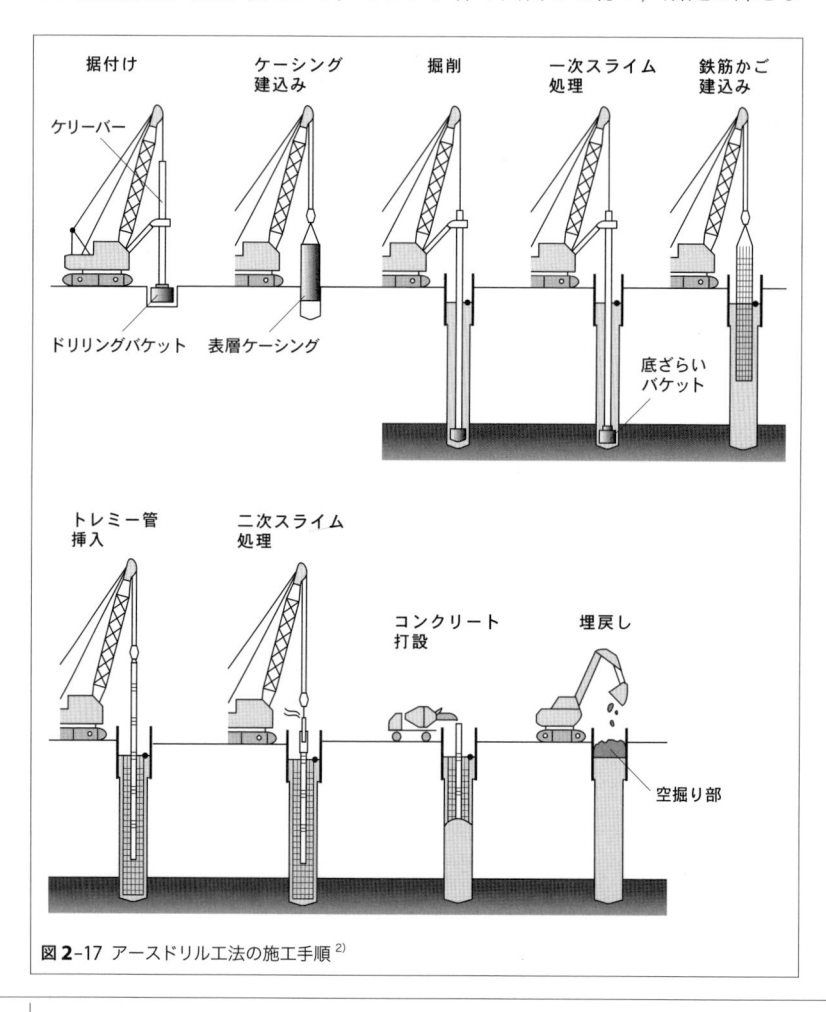

図 2-17 アースドリル工法の施工手順[2)]

で掘削完了後，鉄筋かごを建て込み，コンクリートの打設と同時にリング枠と鋼製波板を外していく。この工法では，作業員が孔底に降りて作業するので，酸素欠乏や有毒ガスの問題に十分注意しなければならない。杭径は 1.4〜3.6m を目安とする（**図2-20**）。

❺BH工法

　この工法は，ボーリング機を使用して，ロッドパイプの先端に取り付けた掘削ビットを回転させながら，ベントナイト安定液をビット先端から排出させて削孔する。掘削土砂は，孔内の安定液の上昇流によって地上まで送られる。掘削完了後，スライムを処理して，鉄筋かごを建て込み，コンクリートを打設する。杭径は 0.7〜1.5m を目安とする（**図2-21**）。

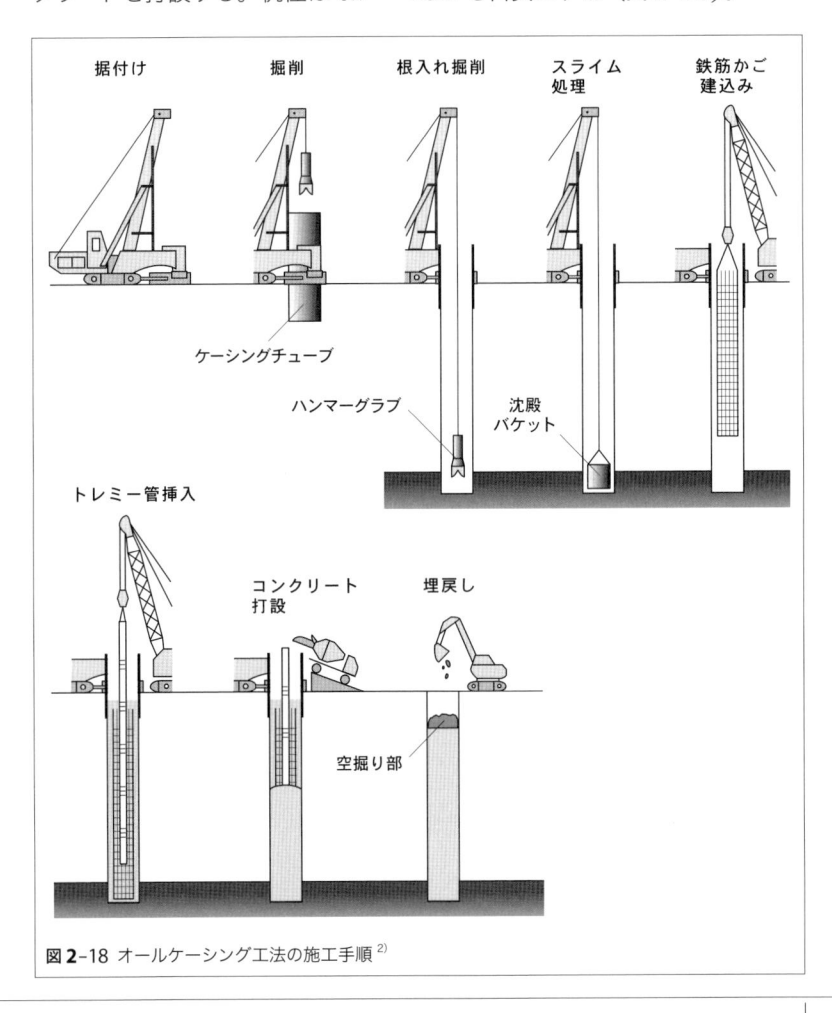

図2-18 オールケーシング工法の施工手順[2]

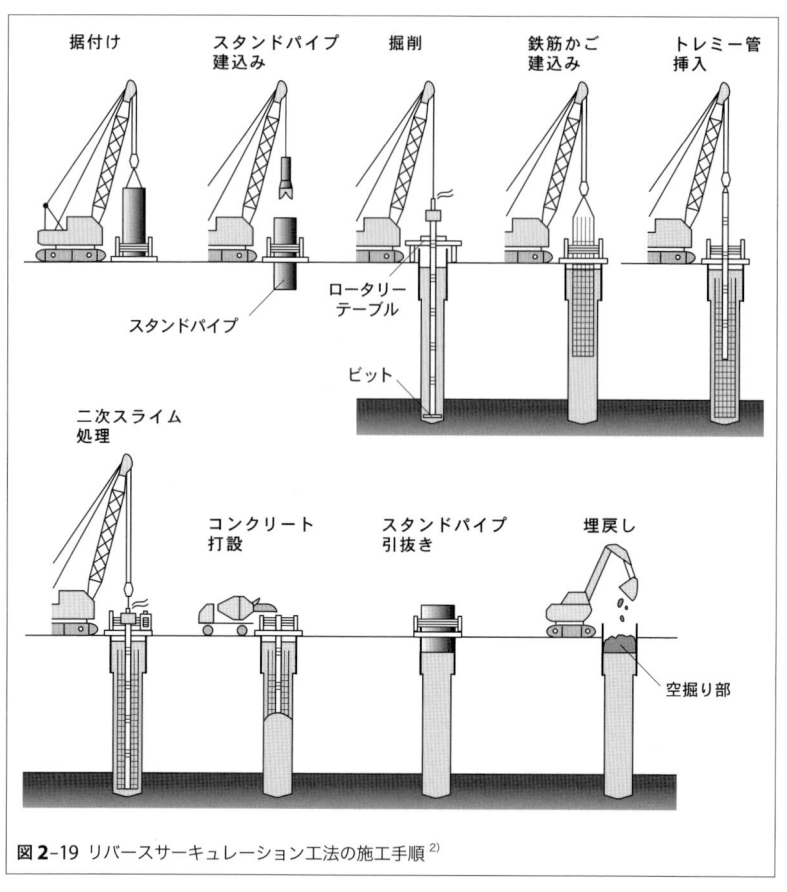

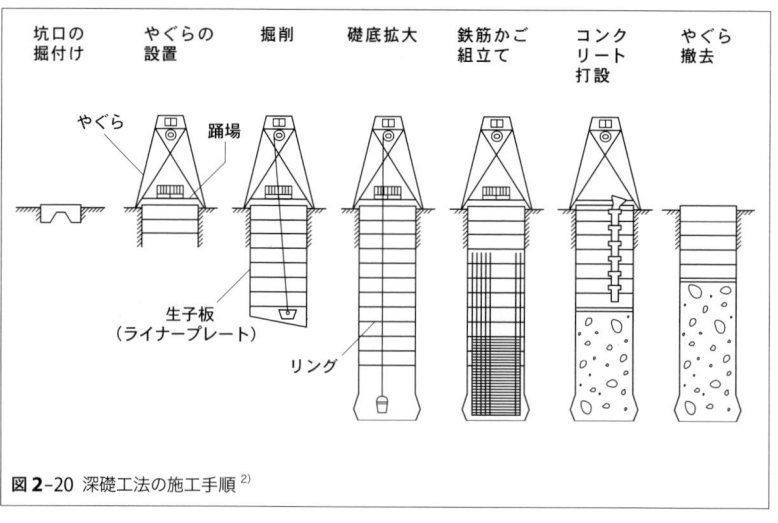

図 2-19 リバースサーキュレーション工法の施工手順[2)]

図 2-20 深礎工法の施工手順[2)]

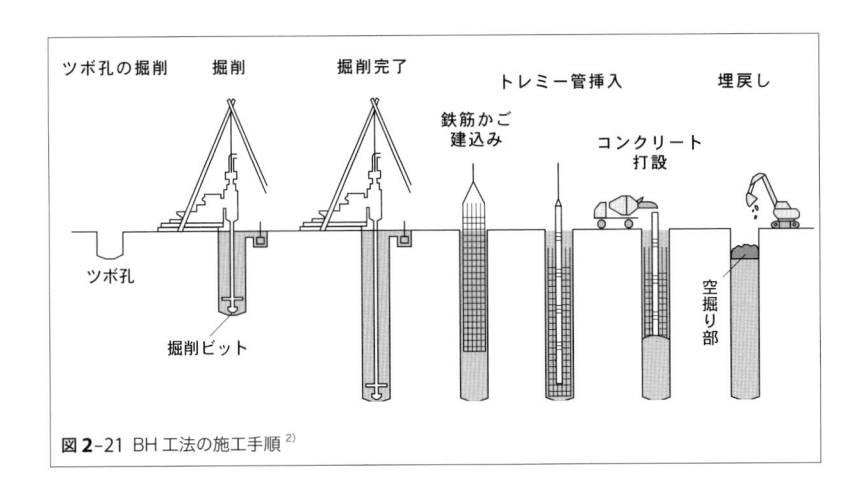

図2-21 BH工法の施工手順[2]

Column 7
杭孔はどうやってを掘るの？

　場所打ちコンクリート杭の掘削方法の1つに機械掘削があります。原理はバケットと呼ばれるもので土をつかみ出す方法（アースドリル工法やオールケーシング工法）と，土砂を水に溶かして水流によって移動させる方法の2種類があります。水流を用いる方法には，逆循環方式と呼ばれる掘削ロッド内から土砂を吸い上げるもの（リバースサーキュレーション工法）と正循環方式と呼ばれる掘削孔内の上昇流で浮き上がらせるもの（BH工法）があります。

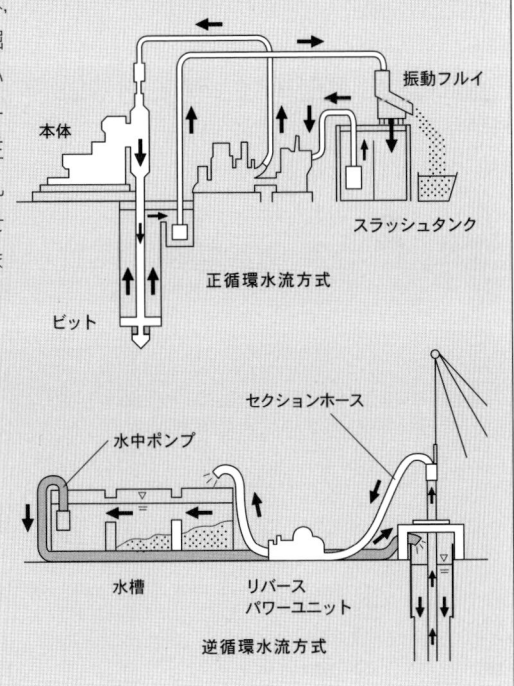

3) 場所打ちコンクリート杭に使用する材料

❶ コンクリート

コンクリートの品質は，JASS 5 に準じるが，粗骨材の最大寸法は原則として 25mm 以下とする。ただし，砕石の場合は角ばっていて充填しにくいことから 20mm 以下とする。コンクリートの調合は，次のように示されている（JASS 5）。

・所要スランプは，21cm 以下とする。
・水セメント比は，60% 以下とする。
・単位セメント量は，330kg/m^3 以上とする。

❷ 鉄筋および鋼材

これらも JASS 5 ならびに JASS 6 に準じる。鉄筋かごが泥水中に設置された後にコンクリートが打ち込まれるため，付着力保持の面から主筋は異形鉄筋とする。

4) 場所打ちコンクリート杭の施工管理ポイント

❶ 孔壁の崩壊防止

ケーシングチューブを使用しない工法の場合，孔壁が崩壊することがある。その防止には，安定液の必要高さの保持や品質管理が重要になる。

❷ スライム処理

掘削完了後に掘削泥水をしばらく放置すると，泥水中に浮遊する微細な砂や粘土などが孔底に沈殿する。これはスライムと呼ばれる。スライムが厚く沈殿すると，杭先端支持力の低下や沈下量の増大の原因となる。した

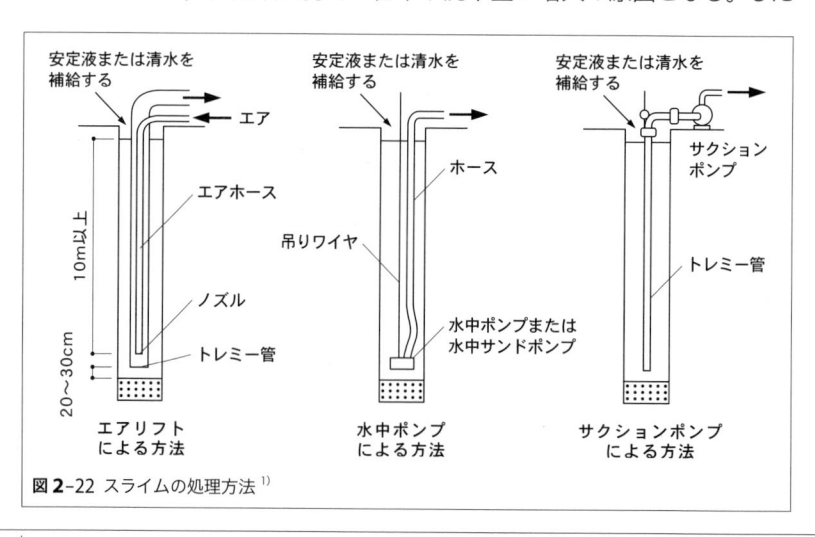

図 2-22 スライムの処理方法 [1]

がって，コンクリートを打込む前には，沈降したスライムを除去する必要がある。

スライム処理の方法は工法ごとに選択されるが，共通する方法として**図2-22**に示すものがある。

❸ 鉄筋かごの組立て

鉄筋かごは，主筋・帯筋・補強筋（鋼材）・スペーサで組み立てられ，運搬や建込み時に有害な変形が生じないよう堅固なものとし，最長でも12m程度とする。

❹ 鉄筋かごの建込み

所定の掘削深さと有害なスライムがないことを確認してから，速やかに建込みを行う。

建込みは，芯ずれに注意して孔壁に接触しないようゆっくりと行う。

❺ コンクリートの打込み

プラントでのコンクリート練混ぜ後からの経過時間が長くなると打設性能が低下するので，練混ぜから90分以内に打ち終わるように計画する。

コンクリートの打込みは泥水（安定液）中で行われるので，泥水を巻き込まない良質なコンクリートを打ち込むためにトレミー管を使用する。

コンクリートの最上部分は，泥水やスライムなどの混入によって劣化するため，余分にコンクリートを打ち込む余盛が必要になる。余盛は，一般的に打止め時の所定のコンクリート面高さよりも1m程度高くコンクリートを打設する。

継手処理

既製杭の接合方法には，溶接継手と無溶接継手がある。無溶接継手は，継手部に特殊な接続金物を用いた継手で，施工効率が向上し，気象条件の影響を受けにくい特徴がある。

1）溶接継手

溶接は，原則としてアーク溶接とする。溶接方法には手溶接，半自動溶接，自動溶接があるが，現場では半自動溶接が一般的である。施工管理のポイントは次のとおりである。

❶ 開先の食い違い量は，既製コンクリート杭の場合（**図2-23**）で2mm以下，鋼管杭では2～3mm以下とする。

❷ ルート間隔は，4mm以下とする（**図2-24**）。

2）無溶接継手

　無溶接継手の接合方法は，機械的に接合されるもので，近年多数実用化されている。いずれも杭体の曲げおよびせん断耐力以上の性能を持つことが確認されている。代表的な無溶接継手と，その接合方法を**図2-25**に示す。

❶ 既製コンクリート杭用

a）ペアリングジョイント（リング嵌合方式）

　2枚のテーパー付き内リングと，それを拘束するテーパー付き外リングで構成され，外リングを油圧ジャッキで嵌め込むことにより内リングが上杭と下杭の端部金具を締め付ける。

b）トリプルプレートジョイント（接続プレート・嵌合方式）

　側板と3枚の接続プレートから構成され，端板の突起部に接続プレートの溝を嵌め込み，接続ボルトを締め付けることにより端板同士を一体化させるものである。

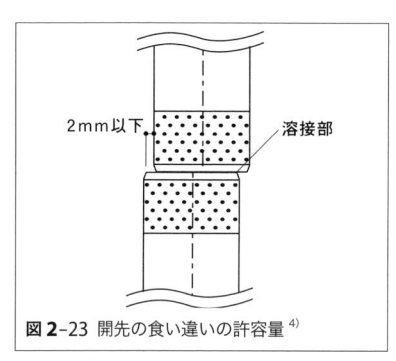

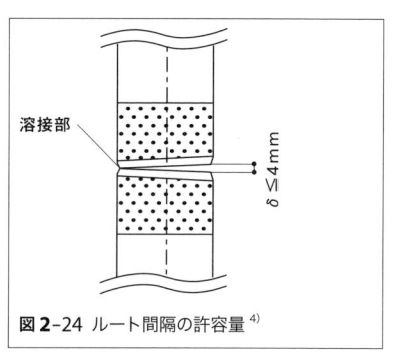

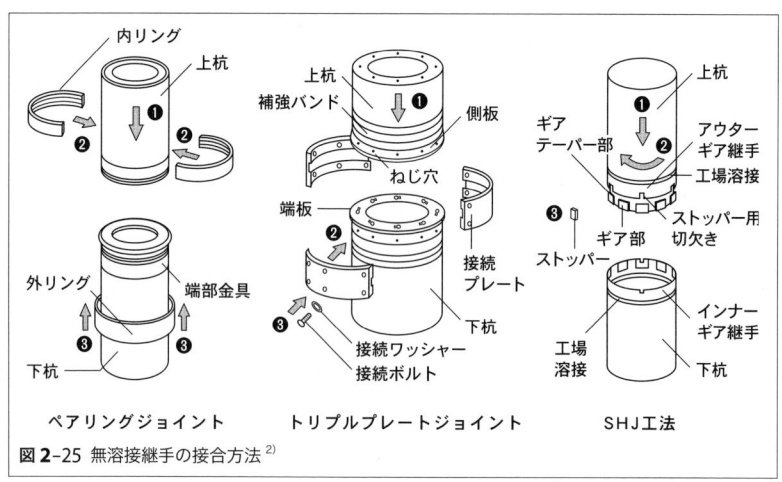

図2-23 開先の食い違いの許容量[4]

図2-24 ルート間隔の許容量[4]

図2-25 無溶接継手の接合方法[2]

❷ 鋼管杭用

a）SHJ 工法（スプラインギア方式）

　下杭のアウターギア継手，上杭のインナーギア継手およびストッパーで構成され，下杭のギアに上杭のギアを現場で回転させてかみ合わせ，切り欠き溝にストッパーを取り付け，締め付けることにより，上下杭を接合させる工法である。

杭頭処理

　杭頭処理とは，杭頭の位置を設計図書に示された高さに揃えるために，施工が完了した杭体の高さを調整する作業である。処理時には，杭のひび割れ発生や損傷させることがないように十分注意する必要がある。

1）既製コンクリート杭の場合

　杭頭をカッターで切断する場合と，コンクリート部分をはつり取る場合の2通りの方法がある。後者の場合，杭体中のPC鋼材や異形鉄筋は所定の長さを残す。

2）鋼管杭の場合

　杭頭を切断する場合と，継ぎ足す場合の2通りの方法がある。杭頭を切断する場合は，ガス切断によって水平かつ平滑に仕上げる。継ぎ足す場合は，現場円周溶接によって不足分を継ぎ足す。

3）場所打ちコンクリート杭の場合

　コンクリートが硬化した後，余盛りコンクリート部分を撤去する作業と，基礎との一体化を図るための配筋作業がある。

　余盛り部分の撤去は，コンクリートブレーカーによるはつりが一般的であるが，騒音・振動，作業時間の制限などの問題がある。対策として，余盛りコンクリート部分の主鉄筋全長に付着防止材を取り付けて，余盛りコンクリートを吊上げ撤去する方法（**図2-26**，**写真2-1**）や，膨張性破砕剤を充填できる特殊パイプの水平切管をあらかじめ切断位置に取り付けておき，その膨張圧でコンクリートを破砕させる方法（**図2-27**）などが実用化されている。

写真2-1 杭頭処理状況（資料提供：国土交通省中国地方整備局境港湾・空港整備事務所）

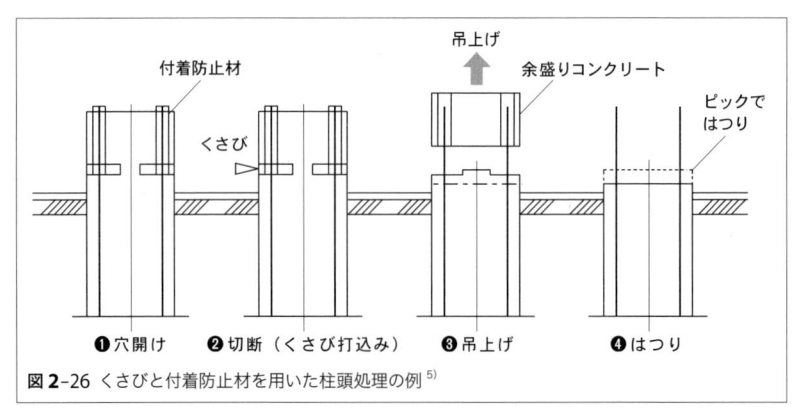

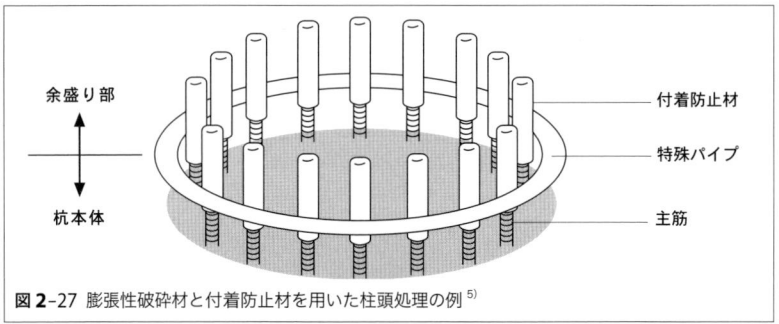

❶穴開け　**❷切断（くさび打込み）**　**❸吊上げ**　**❹はつり**

図2-26　くさびと付着防止材を用いた柱頭処理の例[5]

図2-27　膨張性破砕材と付着防止材を用いた柱頭処理の例[5]

【引用文献】

1) 日本建築学会「SI単位版　建築工事標準仕様書・同解説　JASS3　土工事および山留め工事　JASS4　地業および基礎スラブ工事」日本建築学会，2003年
2) 日本建築学会「建築技術者のためのJASS4杭工事Q&A集」日本建築学会，2005年
3) 日本道路協会「杭基礎設計便覧」日本道路協会，1992年
4) 日本規格協会「JIS A 7201 遠心力コンクリートくいの施工標準」日本規格協会，1999年
5) 日本基礎建設協会「場所打ちコンクリート杭施工指針・同解説」日本基礎建設協会，2000年

【参考になる本】
- 日本建築学会「建築基礎構造設計指針」，2001年
- 鋼管杭協会「建築用鋼管杭施工指針・同解説」，1986年
- 鋼管杭協会「鋼管杭―その設計と施工―」，2004年
- 日本基礎建設協会「場所打ちコンクリート拡底杭の監理上の留意点」，2003年

第3講　根切り・山留め工事

　根切り・山留め工事は，建物の地下室などを構築するために行われるもので，いわゆる仮設工事です。完成した建築物の構造や品質には影響しないため，できるだけコストを抑えることが要求されます。一方で，倒壊を引き起こすと，周辺の建築物や道路，鉄道などに多大な影響を及ぼし，人命にも関わる大事故となります。また，倒壊までは至らなくても，変形が大きくなると周辺に沈下障害などが発生する危険性があります。

　本講では，根切り・山留め工事の基本から，しっかりした安全管理・施工管理のポイントを解説します。

概 要

根切り・山留めとは

「根切り」とは，構造物の基礎や地下部分を構築するために行う地盤の掘削をいう。また，「山留め」は根切りに際して周辺地盤の崩壊を防止すること，またはそのために設けられる構造物をいう。

山留め架構の概要

根切りすると，それまで安定していた土の状態を崩すことになり，場合によっては地盤が崩れたり，周辺の地盤や構造物に有害な影響を及ぼす危険性がある。このような被害を防止するために，山留めを行うのである。

図3-1に，鋼製切梁を例にした山留め架構の概念図を示す。

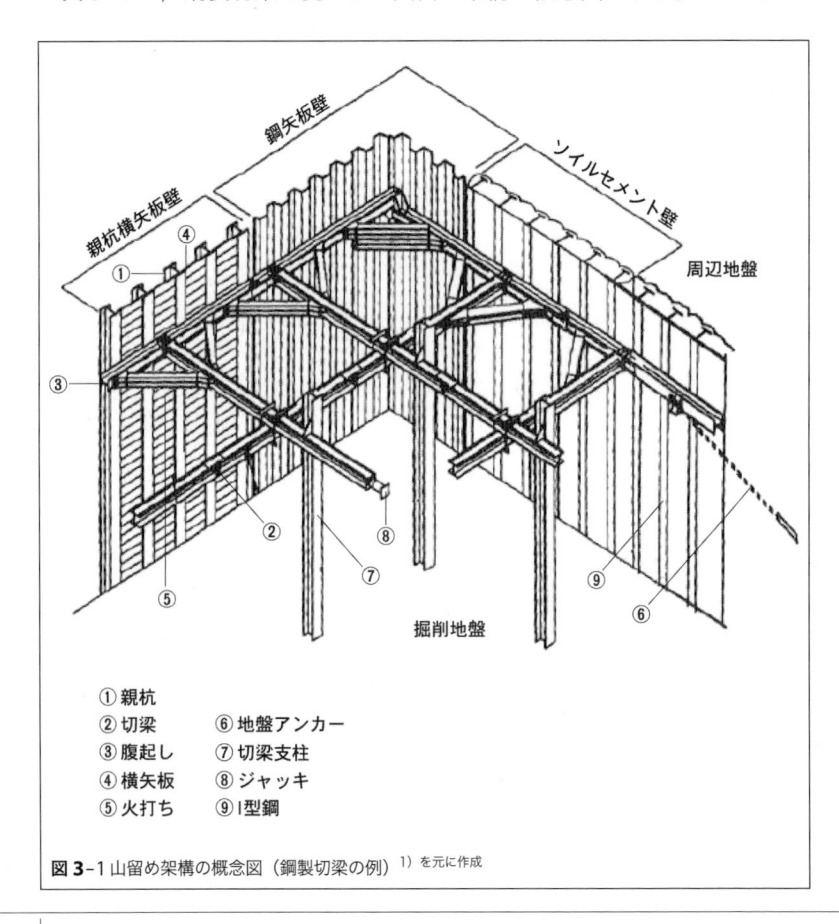

① 親杭
② 切梁
③ 腹起し
④ 横矢板
⑤ 火打ち
⑥ 地盤アンカー
⑦ 切梁支柱
⑧ ジャッキ
⑨ I型鋼

図3-1 山留め架構の概念図（鋼製切梁の例）[1] を元に作成

工法の種類と選定

根切り・山留め工法の種類と選定

根切り・山留め工法は，根切りの方法と山留めの方法との組合せにより，**図3-2**に示す種類に分類される。各工法の概要および選定基準の目安は，**表3-1**，**表3-2**に示す。

オープンカット工法には，平面全体を一度に掘削する総掘り工法と，部分的に掘削して構造物の一部を先行して構築する部分掘削工法がある。総掘り工法は，山留め壁を設けないで地山を垂直に掘削する地山自立工法および法（のり）をつけて掘削する法付けオープンカット工法と山留め壁を設けて地盤を押さえながら掘削する山留め壁オープンカット工法がある。

山留め壁オープンカット工法は，一般的に切梁や地盤アンカーなどの支保工で山留め壁を支えるが，条件によっては支保工なしで自立させることもある。

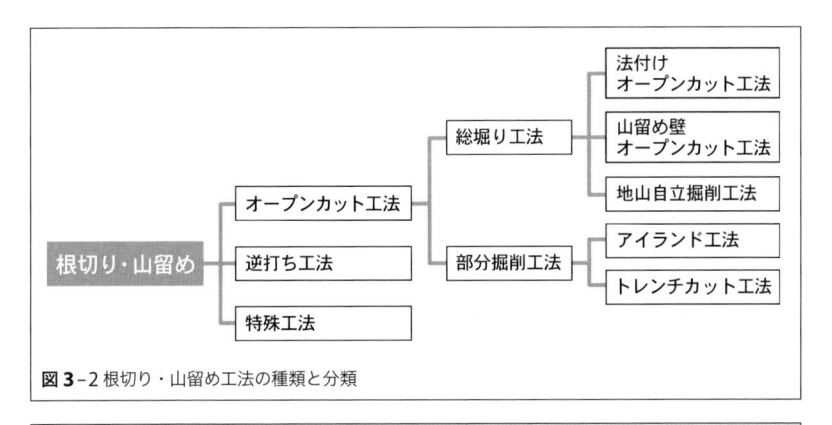

図3-2 根切り・山留め工法の種類と分類

```
根切り・山留め ┬ オープンカット工法 ┬ 総掘り工法 ┬ 法付けオープンカット工法
              │                    │            ├ 山留め壁オープンカット工法
              │                    │            └ 地山自立掘削工法
              │                    └ 部分掘削工法 ┬ アイランド工法
              │                                    └ トレンチカット工法
              ├ 逆打ち工法
              └ 特殊工法
```

Column 8

根切り・山留めの語源

「根切り」の語源は定かではないのですが，「穴を掘る際に草や木の根を切る」こと，「斜面のふもとの土地を切り広げるために山の裾を切る」こと，あるいは「植物の移植に端を発する」などの説があります。土木分野では「開削」あるいは「掘削」と呼んでいます。

「山留め」の語源は，土砂が崩れることを「ヤマがきた」といい，土砂（山）が崩壊しないように，安全な状態に留めておくための防護処置を意味しています。なお，土木分野では「土留め（どどめ）」と呼ばれています。

工法の種類と概念図	概要と特徴	適用性と留意事項
地山自立掘削工法	・山留め壁を設けないで，所定の深さまで根切りする工法	・根切り深さは，土の自立できる深さまで ・土の表面の風化などに注意
法付けオープンカット工法	・周辺に安全な勾配の法面を設け，その安定を保ちながら根切りする工法 ・山留め支保工が不要となるため作業性がよい ・掘削土量，埋戻し土量が多くなる	・敷地に法面を形成するスペースが必要 ・比較的大平面で，浅い根切り工事に適する ・法尻の洗掘に注意する ・法面の安定，養生に対する検討が必要
山留め壁オープンカット工法（自立掘削工法）	・根切り部周囲に山留め壁を設け，根入れ部の受働抵抗と山留め壁の剛性に期待して根切りを進める工法 ・山留め支保工が不要となるため，作業性がよい ・山留め壁が変形しやすい	・地盤条件が良好な場合でも，根切り深さは浅い場合に限られる ・山留め壁の根入れ長さを十分に確保する必要がある
山留め壁オープンカット工法（切梁工法）	・山留め壁に作用する側圧を，切梁・腹起しなどの山留支保工でバランスさせて支持し，根切りを進める工法 ・施工実績が多く，信頼性が高い	・地盤条件や根切り深さにあまり制限されず，ほとんどの場合採用が可能 ・根切り平面が不整形な場合，大スパンの場合，敷地に大きな高低差がある場合には採用が難しい
山留め壁オープンカット工法（地盤アンカー工法）	・山留め壁背面の安定した地盤にアンカー定着体を築造して山留め壁を支え，根切りを進める工法 ・根切り内部には切梁による支保工が不要となるため，作業性がよい ・切梁支柱が不要となるため，躯体のダメ穴修復が不要	・根切り平面が不整形な場合，大スパンの場合，敷地の高低差が大きい場合に有効 ・アンカーを打設するための敷地の余裕が必要 ・敷地外にアンカーを定着する場合には管理者の許可が必要
アイランド工法	・山留め壁が自立できるだけの法面を根切り場内周囲に残し，中央部を先行根切りし，地下躯体を構築した後，外周法面を根切りして残りの地下躯体を構築する工法 ・中央部においては切梁が不要のため，作業性がよい	・根切り部分が広くて浅い場合に適する ・地下躯体の施工が2段階となるため，躯体の打継ぎが生じる

工法	概要図	特徴	留意点
トレンチカット工法	(先行躯体) 切梁 内部山留め壁 外周山留め壁 (外周部) (内部)	・山留め壁を根切り場周囲に2重に設け,その間を溝掘りし外周部の地下躯体を構築した後,この躯体で支えながら内部の根切り,地下躯体の構築を行う工法 ・中央部においては切梁が不要のため,作業性がよい	・根切り部分が広くて浅い場合に適する ・地下躯体の施工が2段階となるため,躯体の打継ぎが生じる
逆打ち工法	1階床 躯体打継ぎ部 逆打ち支柱 山留め壁 逆打ち支持杭	・1階床および梁を先行施工し,これらを支保工として下部の根切りを進め,順次下階の躯体構築と根切りを繰返し,地下工事を進める工法 ・1階床を作業床として利用可能で,乗入れ構台が不要 ・地下工事と上部躯体工事の並行施工が可能で,全体工期の短縮が図れる	・軟弱地盤での工事や大深度大規模工事で,山留め壁の変形を抑制したい場合に有効 ・柱や壁などに躯体の打継ぎが生じる ・地下工事の作業性は悪くなる ・逆打ち支柱,逆打ち支持杭が必要

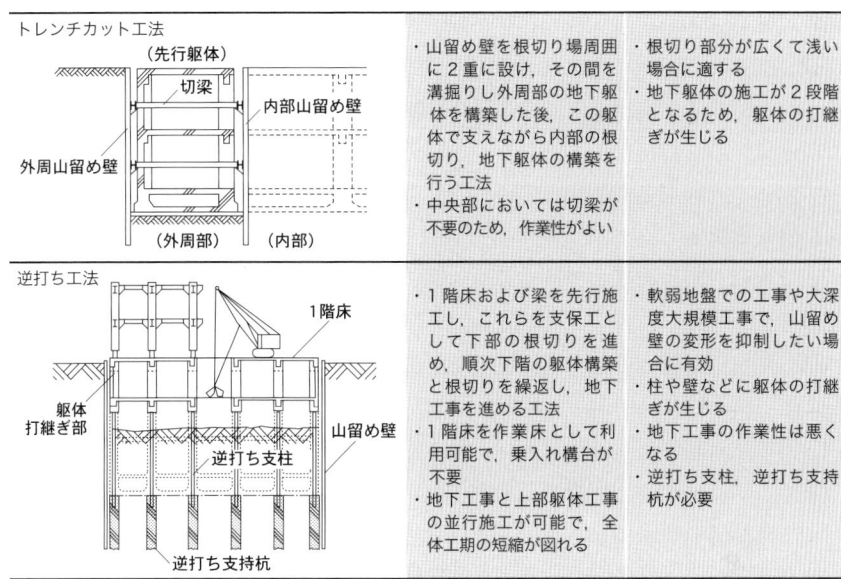

表3-1 根切り・山留め工法の概要 [1] を元に作成

　部分掘削工法は,通常,山留め壁を設けるのが前提となる。外周部に法を残して中央部を掘削して先行躯体を構築し,躯体を反力として切梁で山留め壁を支えながら外周部を掘削するアイランド工法,山留め壁を二重に設けて外周部の躯体を構築し,躯体で地盤を支えながら中央部を掘削するトレンチカット工法がある。

　逆打ち工法に関しては,72頁 Column 9 を参照されたい。

工法の種類	与条件	工事規模					施工条件		敷地条件				地盤条件		周辺環境	
		根切り深さ		平面規模・形状			工期	工費	周辺スペース		高低差		軟弱地盤	地下水位が高い	周辺沈下	騒音振動
		浅い	深い	狭い	広い	不整形			有	無	有	無				
地山自立掘削工法		◎	△	◯	◎	◯	◎	◎	◯	◎	△	◎	△	△	△	◎
法付けオープンカット工法		◎	△	◯	◎	◎	◯	◎	◯	◎	△	◎	△	△	△	◎
山留め壁オープンカット工法	自立掘削工法	◎	△	◎	◎	◎	◎	◎	◎	◎	◎	◎	△	△	△	◎
	切梁工法	◎	◎	◎	◎	◎	◯	◯	◎	◎	◎	◎	△	◎	◯	◯
	地盤アンカー工法	◎	◎	◎	◎	◎	◯	◯	◎	◎	◎	◎	◎	◎	◯	◯
アイランド工法		◯	◎	△	◎	△	△	◯	◎	◎	◎	◎	◯	◯	◯	◯
トレンチカット工法		◯	◎	△	◎	◎	△	△	◎	◎	◎	◎	◯	◯	◯	◯
逆打ち工法		△	◎	◎	◎	◎	△	△	◎	◎	◎	◎	◎	◎	◎	◎

表3-2 根切り・山留め工法の選定基準の目安 [1]

山留め壁の種類と選定

建築工事で採用されている山留め壁の種類と分類を**図3**-3 に示す。各山留め壁の概要および選定基準の目安を**表3**-3、**表3**-4 に示す。

透水壁には、親杭横矢板壁がある。H形鋼などの親杭を一定の間隔で地中に建込み、掘削を進めながら親杭間に木材などの横矢板をはめ込んで山留め壁を構築する。

止水壁は、山留め壁の材料により、鋼矢板壁、ソイルセメント壁、場所打ち鉄筋コンクリート地中壁がある。鋼矢板壁は、鋼矢板を継手で噛み合わせながら、連続して地中に打ち込んで山留め壁とする。鋼矢板には、一般にU形鋼矢板（シートパイル）が使用される。曲げ剛性・止水性が高い山留め壁として、ソイルセメント壁、場所打ち鉄筋コンクリート地中壁がある。ソイルセメント壁は、土とセメント系懸濁液を原位置で攪拌・混合し、円柱形の構造体を地中に連続して造成し、H型鋼などの芯材（応力材）を挿入して山留め壁を形成する。場所打ち鉄筋コンクリート地中壁は、安定液を用いて壁状の溝を掘削し、鉄筋籠を挿入した後、コンクリートを打設して山留め壁を形成する。

支保工の種類と選定

山留め支保工の種類と分類を**図3**-4 に、概要を**表3**-5 に示す。支保工の選定は、各支保工の特徴を把握したうえで、根切り・山留め工法の選定と併せて検討する必要がある。

切梁方式には、鋼製切梁工法と鉄筋コンクリート製切梁工法がある。鋼製切梁工法は、支保工としての実績が最も多く、信頼性も高い工法である。ただし、不整形な平面形状の場合や切梁長さが80～90mを超えるよ

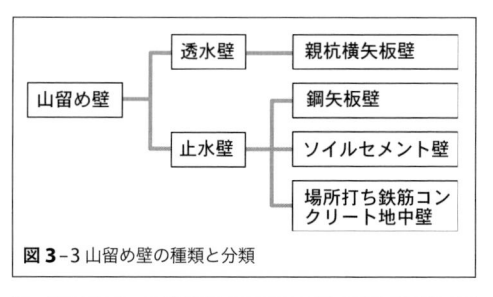

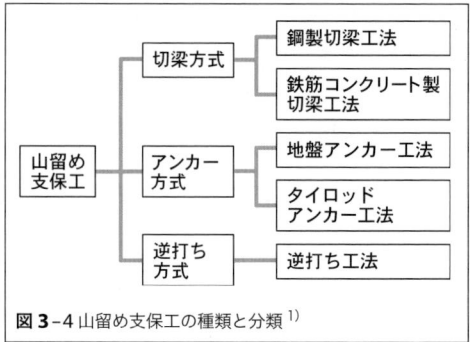

図3-3 山留め壁の種類と分類

図3-4 山留め支保工の種類と分類[1]

うな場合には適用が難しくなる。鉄筋コンクリート製切梁工法は，不整形な平面形状の場合に有効であるが，強度発現までに日数を要し，解体が必要で産業廃棄物が発生するなどの欠点がある。

　アンカー方式には，地盤アンカー工法とタイロッドアンカー工法がある。

	工法の種類と概念図	概要と特徴	適用性と留意事項
透水壁	親杭横矢板壁	・H形鋼などの親杭を一定の間隔で地中に打ち込み，掘削に伴って親杭間に木材もしくはコンクリート製の横矢板を挿入して築造する山留め壁 ・根入れ部の地盤の抵抗が小さい ・遮水性がない	・小規模～中規模工事 ・山留め壁としては最も安価 ・地下水位の低い良質地盤には有効 ・軟弱地盤への適用はほとんど実績なし
止水壁	鋼矢板壁	・U形などの断面形状の鋼矢板を継手部を嚙み合わせながら連続して地中に打ち込んで築造する山留め壁 ・遮水性がある	・小規模～大規模工事 ・掘削深さの目安は15m程度まで ・遮水性のある山留め壁としては最も安価 ・地下水位の高い地盤や軟弱地盤にも適用可
止水壁	ソイルセメント壁	・単軸あるいは多軸の掘削攪拌機などを用いて原位置土とセメント系懸濁液を混合攪拌した後に芯材を挿入し，壁体を連続して築造する山留め壁 ・比較的遮水性が高い ・廃泥が発生する	・中規模～大規模工事 ・大深度掘削への適応性が比較的高い ・地下水位の高い砂質地盤，砂礫地盤，軟弱地盤と適用範囲が広い ・ソイルセメントの品質管理が重要
止水壁	場所打ち鉄筋コンクリート地中壁	・安定液を用いて壁面の安定を保ちながら壁状の溝を専用の掘削機により掘削し，その溝に鉄筋籠を挿入後，コンクリートを打設し，壁体を連続して築造する山留め壁 ・壁の剛性が高く遮水性が高い ・本体構造として利用可能	・大規模工事 ・大深度掘削への適応性が高い ・地下水位の高い砂質地盤，砂礫地盤，軟弱地盤と適用範囲が広い ・工費が比較的高い

表3-3 山留め壁の概要[1] を元に作成

与条件 山留め壁の種類	地盤条件			工事規模				周辺環境			工期	工費
	軟弱な地盤	砂礫地盤	高い地下水位	根切り深さ 浅い	根切り深さ 深い	平面規模 狭い	平面規模 広い	騒音振動	地盤沈下	排泥処理		
親杭横矢板壁	△	◎	△	◎	△	◎	◎	△	○	◎	◎	◎
鋼矢板壁	◎	○	◎	◎	◎	◎	◎	△	◎	◎	○	○
鋼管矢板壁	◎	○	◎	△	◎	◎	◎	△	◎	◎	△	△
ソイルセメント壁	◎	◎	◎	◎	◎	◎	◎	◎	◎	△	○	○
場所打ち鉄筋コンクリート地中壁	◎	◎	◎	△	◎	△	◎	◎	◎	△	△	△

表3-4 山留め壁の選定基準の目安[1]

地盤アンカー工法は，不整形な平面形状の場合や偏土圧が発生する場合に有効である。また，工事場内に切梁などの支保工がないので，掘削の作業効率が高い。ただし，山留め壁の背面に地盤アンカーを打設できることが必要条件となる。タイロッドアンカー工法は，ごく軽微な山留めを除いて，自立山留め工法において山留め壁の変形を抑止する目的で，補助的に使用されることが多い。

	支保工の形式と種類	特徴	留意事項
切梁方式	鋼製切梁工法	・実積が多く信頼性も高い ・リース材を転用可能 ・比較的安価 ・プレロードの導入が容易 ・架け払いが容易 ・補強が容易	・複雑な平面形状や80mを超える大平面での適用は難しい ・敷地に高低差がある場合は工夫が必要 ・温度による応力変化が大きい
	鉄筋コンクリート製切梁工法	・複雑な平面形状や大平面でも適用可 ・剛性が大きく安全性が高い	・強度発現までの養生日数が必要 ・架設や解体に時間，費用がかかる ・補強が困難
アンカー方式	地盤アンカー工法	・複雑な平面形状や大平面でも適用可 ・掘削や躯体工事の作業能率が高く，工期の短縮が図れる ・必要に応じて除去式アンカーを用いることができる ・プレロードの導入が容易	・敷地外にアンカーを定着する場合には管理者の許可が必要 ・山留め壁に鉛直力が作用する ・軟弱地盤への定着は不可 ・地下水位が高い場合には施工に注意 ・地下水の流れが速い場合には不適
	タイロッドアンカー工法	・自立高さが高い場合や，山留め壁頭部の変形を抑制したい場合の補助工法として有効	・主働すべり面，受働すべり面が交差しない位置に控えアンカーを設ける必要がある（敷地の余裕が必要）

表3-5 支保工の概要[1]を元に作成

Column 9
逆打ち工法って何？

「逆打ち工法」は，逆打ち支持杭・逆打ち支柱を構築した後，1階の床・梁を先行して施工し，これらを支保工として下部を掘削し，順次下階の躯体の構築と掘削を繰り返して，地下工事を進める工法です（**表3**-1）。

逆打ち工法は，山留め壁の変形を抑止したい場合や，全体工期を短縮したい場合に採用されます。ただし，地下工事の作業効率は低下するので，工事の条件によっては必ずしも工期短縮に結びつかない可能性もあります。逆打ち工法では，直接基礎で計画された建築物でも，耐圧盤が施工される前までは，躯体重量を支持するための仮設の逆打ち支持杭が必要になるなど，工費が割高になることがあるので注意が必要です。

施工管理

施工計画

　根切り・山留め工事の施工計画は，**図3-5**の手順に沿って進める。設計図書類を確認したうえで，敷地や周辺の状況および地盤・地下水の状況などを調査する。この段階で基本計画で想定した状態と著しく異なる場合には，必要に応じて基本計画の見直しを行う。次に施工方法・手順，施工管理方法，工程などを検討する。**図3-6**に示す各工事の関連性を調べ，作業に支障が生じたり，作業能率に大きな影響があれば，必要に応じて基本計画の見直しを行い，施工計画書を作成する。

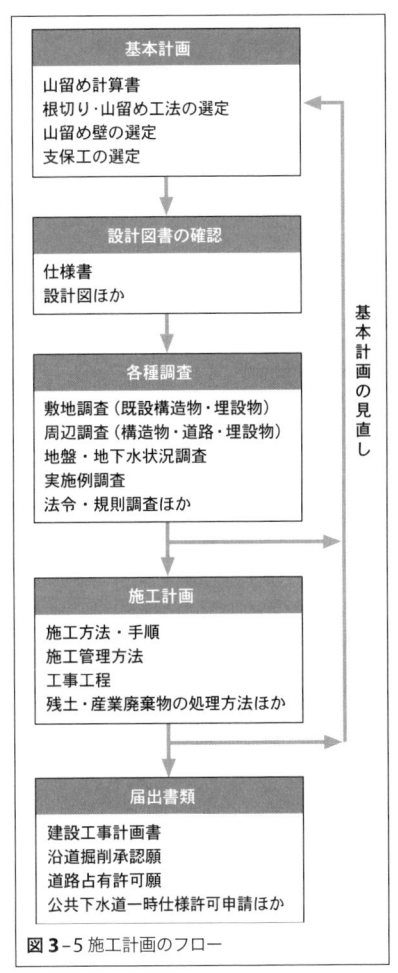

　根切り・山留め工事では，工事着手に当たって監督官庁などへの届出が必要になる事項が多い。また，申請手続きは地方自治体によって異なることがあるので，事前の確認が必要である。

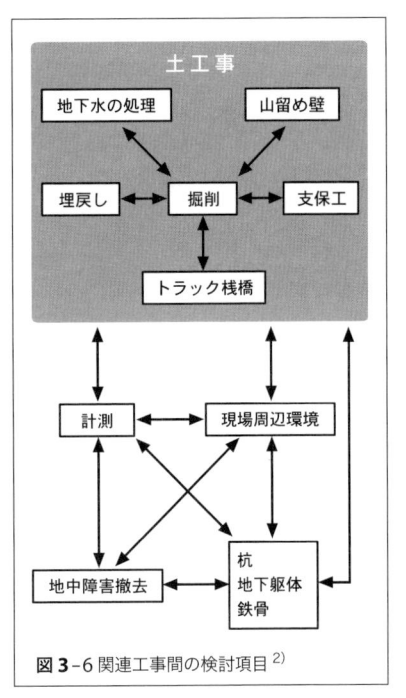

図3-5 施工計画のフロー

図3-6 関連工事間の検討項目[2]

掘削・埋戻し

1）掘削

　掘削は，一般に油圧ショベル（バックホウ）を用いて行う。掘削土は，ダンプトラックに直積みするか，クラムシェルを用いて乗入れ構台上のダンプトラックに積み込む（**図3-7**，**3-8**）。掘削は，施工計画書に基づいて，掘削面が不安定な状態にならないようにバランスよく進める。

　法付けオープンカット工法（**図3-7**），山留め壁オープンカット工法（**図3-8**）の施工管理上の留意点を**表3-6**に示す。

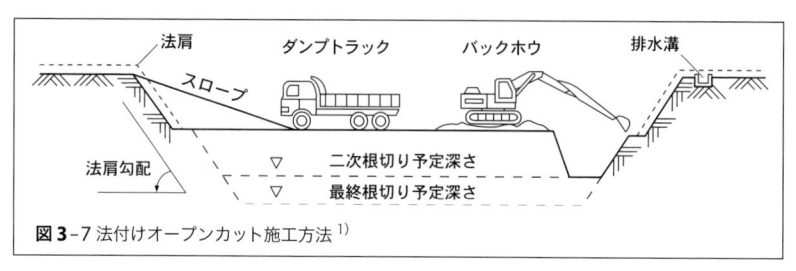

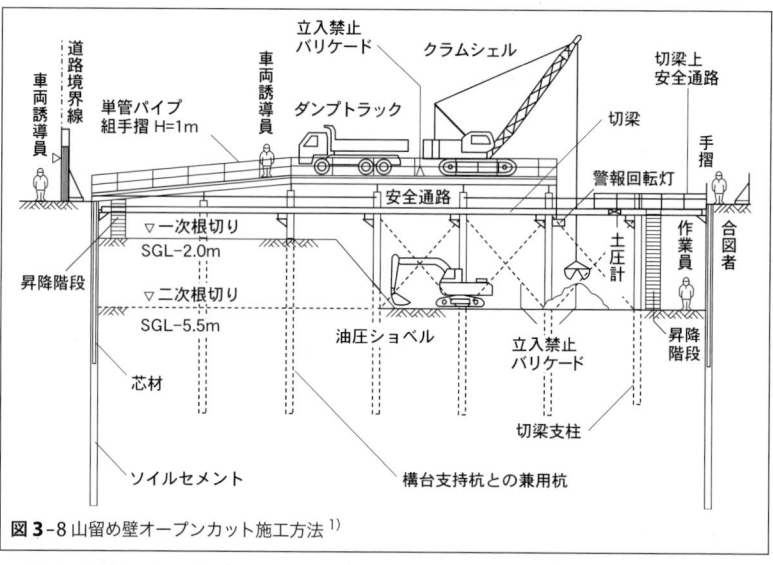

図3-7 法付けオープンカット施工方法[1]

図3-8 山留め壁オープンカット施工方法[1]

法付けオープンカット工法	山留め壁オープンカット工法
・法面の安定が確保できる勾配とする ・降雨等による洗掘防止策を講じる ・スロープ勾配は1/10～1/6程度とする ・法面，掘削底面の異常を点検する	・偏土圧が生じないよう，極力バランスよく掘削を進める ・各次掘削において計画掘削深さを守り，過度の深堀りを行わない ・山留め壁，支保工，掘削底面の異常を点検する

表3-6 掘削工事の施工上の留意点

2) 床付け

　床付けとは，砂・砂利・捨てコンクリートなどの地業工事ができる状態に，所定の深さに地盤を掘り揃えることをいう。床付け面は，乱さないように慎重に掘削する。特に直接基礎の場合には，床付け面が建築物の支持地盤になるので注意する。床付け深度近くの30～50cmは，手堀りとするか，あるいはショベルの歯を爪状のものから平状のものに替え，後退しながら掘削するとよい。掘削が完了したら，床付け面の地盤が設計図書，地盤調査報告書に示された地層・地盤と一致しているかを確認し，監理者の検査を受ける。

3) 残土処理

　掘削に伴う残土は，「廃棄物の処理および清掃に関する法律（廃棄物処理法）」および「資源の有効な利用の促進に関する法律（改正リサイクル法）」に基づき，適切に処理する。残土は，資源として再利用が可能な建設発生土（指定副産物）と，再利用しない廃棄物に大別される。特に「汚泥」は産業廃棄物に指定されており，管理型最終処分場で適正に処分する必要がある。なお，コンクリート塊が混入した土，セメントや石灰によって改良された土も，通常は産業廃棄物とみなされるので注意が必要である。

Column 10
遺跡を保存した放送局

　根切り工事中に，遺跡や文化財などの学術上の資料となる出土物が出てきた場合には，すぐに市区町村役所の教育委員会に届け出て，取扱いの指示を受ける必要があります。調査完了まで工事がストップし，工期が大幅に遅れることもあるので，発注者に説明して理解を得る必要があります。

　上町台地に広がる難波宮跡に建設された「NHK大阪放送会館・大阪歴史博物館」では，遺跡保存に積極的な発注者の意向で，地下に眠る難波宮の遺構をビル全体で抱きかかえるように守り，大切に保存しています[3]。

4）埋戻し

　法付けオープンカット工法を採用した場合など，建築物躯体の周辺を埋め戻す必要がある場合には，埋戻し後に沈下が生じないよう注意する。埋戻しには，通常，山砂・海砂，切込み砂利，鉱さいなどが使用されるが，残土をセメント・石灰などで改良したものを用いることもある。締固めは，締固め用機械を用いることもあるが，一般的には作業空間が狭いことから，水締めによる締固めが主体となる。

山留め壁

　親杭横矢板壁（**図 3**-9），鋼矢板壁，ソイルセメント壁（**図 3**-10），場所打ち鉄筋コンクリート地中壁の場合の，施工管理上の留意点を**表 3**-7 に示す。なお，親杭や鋼矢板を地下躯体の構築後に引き抜く場合には，引抜き部の空洞に砂やモルタルを充填し，周辺地盤や近接構造物などに悪影響を及ぼさないように注意する。

支保工・乗入れ構台

1）施工手順

　腹起し・切梁などの支保工は，所定の深さまで掘削した後，**図 3**-11 に示すフローに従って速やかに架設する。

2）腹起し

　支保工として鋼製切梁を用いる場合の腹起しの例を，**図 3**-12 に示す（地盤アンカーは**図 3**-16 参照）。山留め壁と腹起しの隙間には，側圧荷重を確実に伝達させるため裏込め材を設置する。また，腹起しの局部座屈を防止するため，切梁との取合い部を補強する（**図 3**-13）。

3）切梁

　切梁は蛇行しないように精度よく設置する。支柱および交差部の取付例

Column 11

汚泥って何？

　「汚泥」の解釈は，地方自治体により異なることがありますが，一般に，泥状の状態であって流動性があるものをいいます。具体的には，含水比（w）がおよそ 85% 以上，コーン指数（qc）でおよそ 200kN/m^2 以下，または一軸圧縮強度（qu）でおよそ 50kN/m^2 以下が目安です。

を図3-14に示す。切梁は継手部やジャッキ取付部が構造的な弱点になるので，適切に補強する（図3-15）。切梁にプレロード（山留め壁の応力・変形を減少させる目的で，ジャッキによって切梁にあらかじめ圧縮力を導入すること）を導入する場合は，交差部のボルトを緩めた状態で行うので，蛇行しないようにずれ止めを設ける。

山留め壁の種類	施工管理上の留意点
共通	・ガイド定規などを用いて正角に位置決めする ・トランシットあるいは下げ振りを用いて，直行2方向から鉛直精度を確認する ・天端高さ、根入れ深さを確認する
親杭横矢板壁	・埋込み式（オーガー削孔）の場合は，根固め液の強度と充填状況を確認する ・地山の掘削奥行きは矢板の挿入が可能な最小限とする（矢板厚み +20～30mm） ・掘削深さは 800～1000mm 程度までとし，速やかに矢板を設置する ・矢板の親杭へのかかり代は 30～50mm 程度以上とする ・矢板の背面に裏込め材をしっかり充填する ・親杭と矢板の間にくさびを打ち込んで締め付ける（図3-9） ・矢板が親杭のフランジから外れないよう，桟木で固定する（図3-9）
鋼矢板壁	・打込みまたは圧入により矢板を設置する場合は，矢板に悪影響がないことを確認する ・埋込み式の場合は，根固め液の強度と充填状況を確認する ・矢板の噛み合わせに問題がないか確認する
ソイルセメント壁	・定められた掘削・攪拌速度に準拠する。 ・エレメント間の連続性を確保するため，両端部をラップさせるようにエレメントを割り付ける（図3-10） ・掘削・攪拌で発生した泥土は，産業廃棄物として適切に処理する
場所打ち鉄筋コンクリート地中壁	・必要に応じて溝底の有害なスライムを除去する ・コンクリートは，トレミー管を使用して連続して打ち込む ・コンクリート打設中は，トレミー管の先端が常にコンクリート中に 2m 以上入っていることを確認する ・掘削によって発生する土砂は，法令に従い一般建設残土または産業廃棄物として適切に処理する

表3-7 山留め壁工事の施工上の留意点

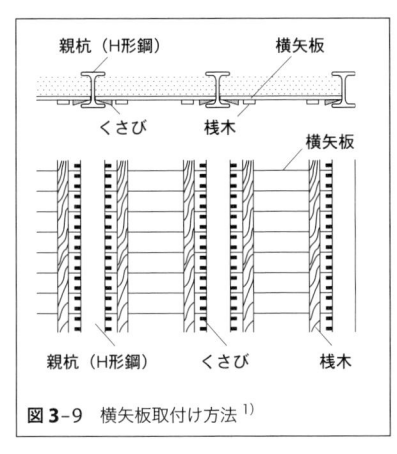

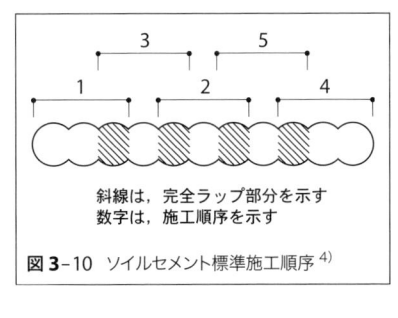

図3-9 横矢板取付け方法 [1]

図3-10 ソイルセメント標準施工順序 [4]

斜線は，完全ラップ部分を示す
数字は，施工順序を示す

第3講 根切り・山留め工事

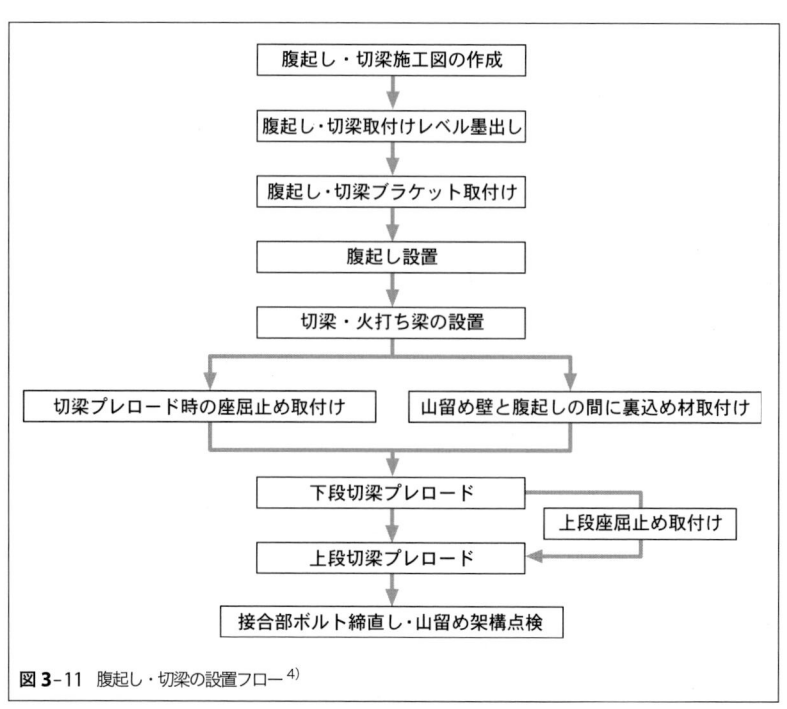

```
                   ┌─────────────────────────┐
                   │ 腹起し・切梁施工図の作成 │
                   └─────────────────────────┘
                                │
                   ┌─────────────────────────┐
                   │ 腹起し・切梁取付けレベル墨出し │
                   └─────────────────────────┘
                                │
                   ┌─────────────────────────┐
                   │ 腹起し・切梁ブラケット取付け │
                   └─────────────────────────┘
                                │
                   ┌─────────────────────────┐
                   │      腹起し設置          │
                   └─────────────────────────┘
                                │
                   ┌─────────────────────────┐
                   │   切梁・火打ち梁の設置    │
                   └─────────────────────────┘
                                │
         ┌──────────────────────┴──────────────────────┐
┌────────────────────────┐           ┌──────────────────────────────┐
│切梁プレロード時の座屈止め取付け│   │山留め壁と腹起しの間に裏込め材取付け│
└────────────────────────┘           └──────────────────────────────┘
                                │
                   ┌─────────────────────────┐
                   │    下段切梁プレロード     │
                   └─────────────────────────┘
                                │                  ┌──────────────────┐
                                │                  │ 上段座屈止め取付け │
                                │                  └──────────────────┘
                   ┌─────────────────────────┐          │
                   │    上段切梁プレロード     │◄─────────┘
                   └─────────────────────────┘
                                │
                   ┌──────────────────────────────┐
                   │ 接合部ボルト締直し・山留め架構点検 │
                   └──────────────────────────────┘
```

図3-11 腹起し・切梁の設置フロー[4]

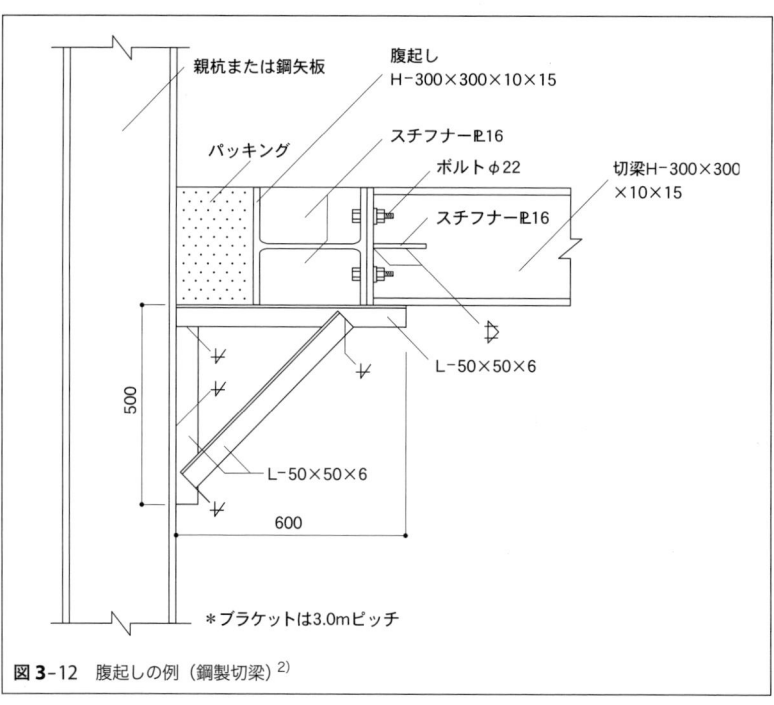

図3-12 腹起しの例（鋼製切梁）[2]

（図中注記）
- 親杭または鋼矢板
- 腹起し H-300×300×10×15
- パッキング
- スチフナーPL16
- ボルトφ22
- スチフナーPL16
- 切梁H-300×300×10×15
- L-50×50×6
- L-50×50×6
- 500
- 600
- ＊ブラケットは3.0mピッチ

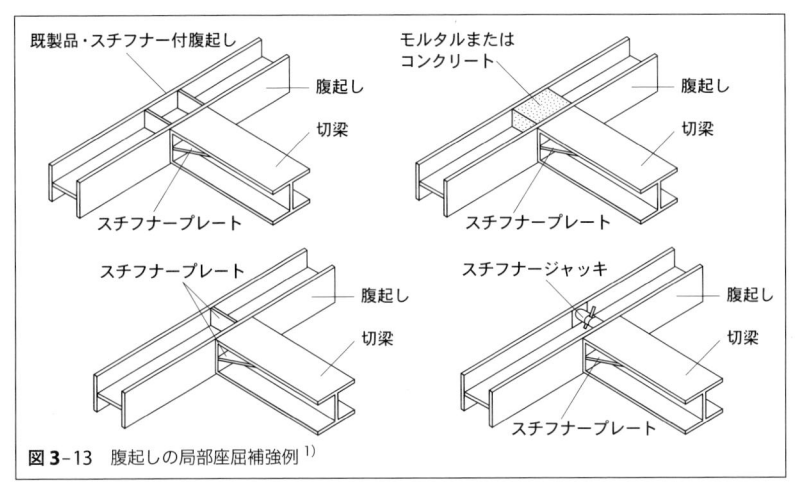

図3-13 腹起しの局部座屈補強例[1]

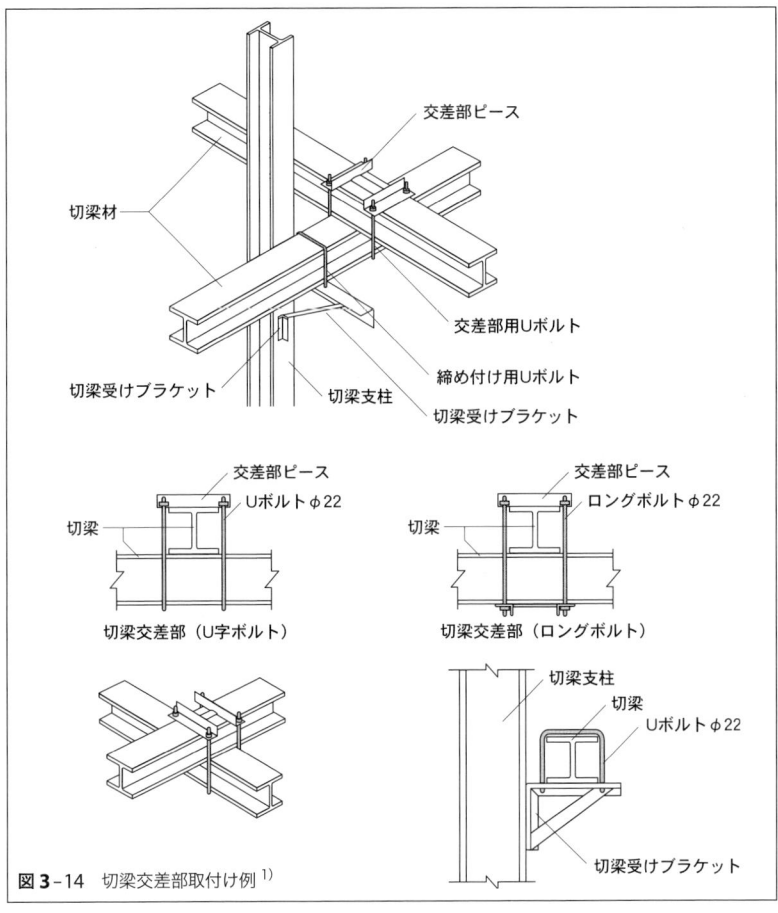

図3-14 切梁交差部取付け例[1]

第3講 根切り・山留め工事

4）地盤アンカー

地盤アンカーの構成を**図3**-16に示す。地盤アンカーの施工手順は**図3**-17によるものとし，地盤アンカー全数については確認試験により性能を確認する。

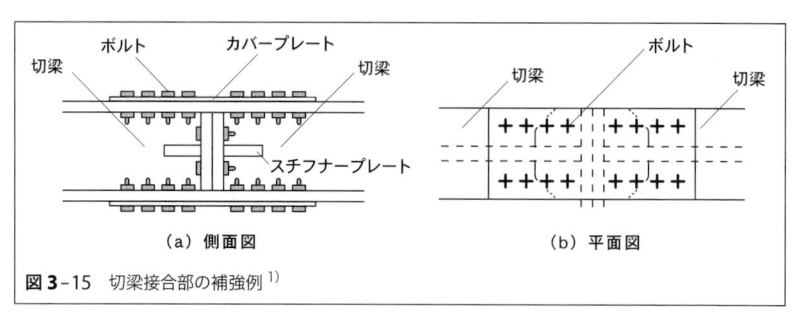

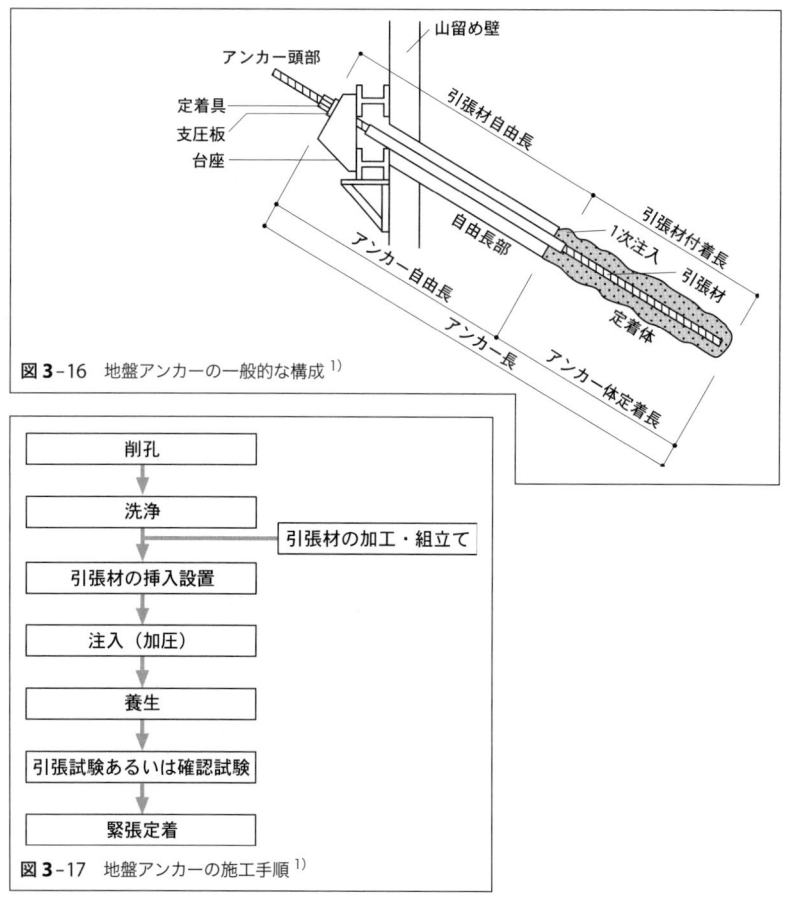

図3-15 切梁接合部の補強例 [1]

図3-16 地盤アンカーの一般的な構成 [1]

図3-17 地盤アンカーの施工手順 [1]

5) 支柱

切梁支柱は，切梁の片側に通りよく直線的に配置し，切梁交差部ごとに設置することを基本とする。支柱の設置精度が悪く，切梁を直線的に通すために支柱を切り欠く必要がある場合は，補強プレートを溶接するなどして支柱を補強する。地下工事完了後，切梁支柱を切断撤去する場合には，適切な漏水対策を講じる。

6) 乗入れ構台

乗入れ構台は，取付道路・ゲートの位置，ダンプトラックの動線計画，重機の配置・動線計画および躯体との取合いを考慮して配置を決定する。**図3**-18に，乗入れ構台の配置例を示す。乗入れ構台のスロープ勾配は，使用重機を考慮して決定するが，一般に1/6～1/10程度とすることが多い。敷地境界が近接している場合には，慎重な対応が必要となる。

地下水処理

1) 地下水処理工法

地下水処理は，掘削工事におけるドライワークの確保および地下水に起因する掘削底面のトラブル（盤ぶくれ，ボイリング・パイピング）に対する安全性の確保を目的として実施する。地下水処理工法の分類，および標準的な条件における適用の目安を**表3**-8に示す。

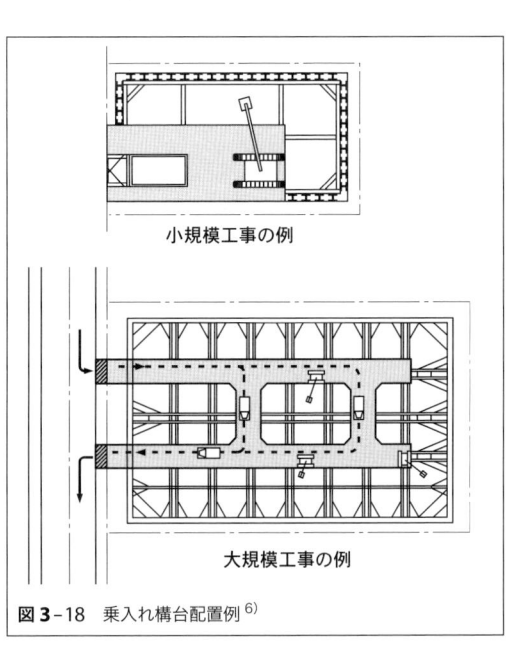

図3-18 乗入れ構台配置例[6]

分類	工法	水位低下量	適用土質
重力排水	釜場工法	～1m程度	砂～礫
	排水明渠・排水暗渠工法	～1m程度	砂～礫
	ディープウェル工法	制限なし	砂～礫
強制排水	ウェルポイント工法	3～5m程度	シルト～砂
	バキュームディープウェル工法	制限なし	シルト～砂（礫）

表3-8 地下水処理の方法

2）釜場工法

釜場とは，掘削底に直径，深さとも1m程度の孔を掘り，濾過網を設けて水中ポンプを設置したもので，掘削面付近の水を揚水する。水と一緒に砂分を揚げないよう，フィルター，スクリーンなどを敷設する（図3-19）。

3）ディープウェル工法

ディープウェル工法とは，パーカッション式・ロータリー式の削孔機または場所打ち杭の削孔機を用いて，450～1,000mm程度の孔を掘り，ストレーナーを挿入し，孔壁との隙間に珪砂などのフィルター材を充填し，高揚程のポンプで排水する工法である。図3-20にディープウェルの標準的な構造例を示す。井戸の洗浄（スワビング，ジェッティングなど）を，入念に実施することがポイントとなる。

4）ウェルポイント工法

ウェルポイント工法は，長さ0.7～1m，径6cm程度の吸水管（ウェルポイント）を揚水管（ライザーパイプ）につないで，帯水層に0.7～2mピッチで打設し，ヘッダーパイプを通じて真空度をかけて排水する工法である。

5）地下水処理設備の停止

工事や躯体への影響がないことを十分確認したうえで，地下水処理設備の揚水を停止する。ディープウェルはコンクリートやモルタルで充填し，基礎底版と井戸との間の防水処置を適切に行う。

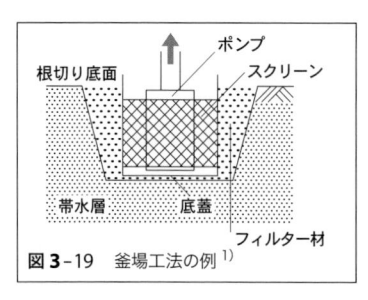

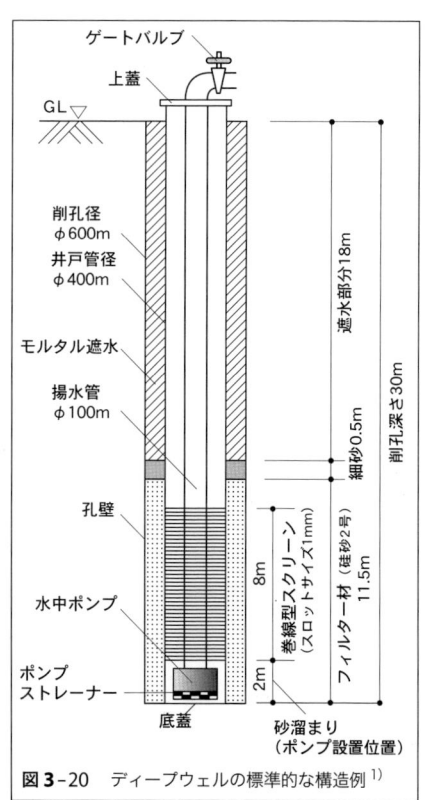

図3-19 釜場工法の例[1]

図3-20 ディープウェルの標準的な構造例[1]

逆打ち工法

1) 施工手順

逆打ち工法の施工手順の例を**図3-21**に示す。逆打ち工法を採用する場合の施工管理上の主なポイントとして、❶床下作業の効率アップと作業環境の改善、❷逆打ち支柱の建込み精度の確保、および❸コンクリートの打継ぎ部の品質確保が挙げられる。

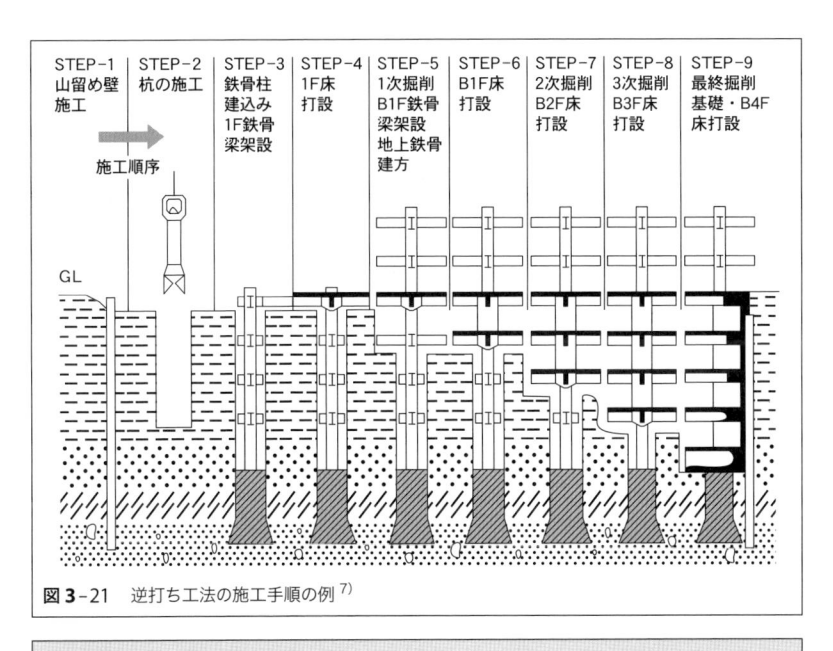

STEP-1	STEP-2	STEP-3	STEP-4	STEP-5	STEP-6	STEP-7	STEP-8	STEP-9
山留め壁施工	杭の施工	鉄骨柱建込み 1F鉄骨梁架設	1F床打設	1次掘削 B1F鉄骨梁架設 地上鉄骨建方	B1F床打設	2次掘削 B2F床打設	3次掘削 B3F床打設	最終掘削 基礎・B4F床打設

図3-21 逆打ち工法の施工手順の例[7]

Column 12
除去式地盤アンカー

山留めで用いる地盤アンカーは、仮設構造物なので地下躯体構築後は不要になります。また、所有者（管理者）の許可を得て、地盤アンカーを敷地外に設置することも多くあります。この場合、一般的には工事後に地盤アンカーを除去することが条件になります。このような要望から除去式地盤アンカーが開発されています。除去式地盤アンカーには、各種のタイプがあります。最も実績が多いのは、アンボンド型除去式地盤アンカー（U定着型）です。

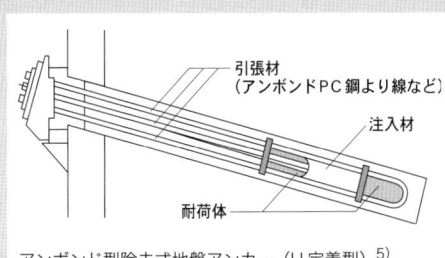

アンボンド型除去式地盤アンカー（U定着型）[5]
- 引張材（アンボンドPC鋼より線など）
- 注入材
- 耐荷体

2) 床下作業の効率アップと作業環境の改善

　床下の限られた空間における作業なので，地下工事の作業効率は低下する。使用機械の選定，工程計画での配慮が必要である。また，大型ファンによる換気などを計画し，作業環境の改善を図る必要がある。

3) 逆打ち支柱の建込み精度の確保

　逆打ち支柱の建込み方法には，先入れ方式（**図 3-22**）と後入れ方式（**図 3-23**）とがある。建込み精度の管理基準は，仮設柱の場合には一般に1/200〜1/300程度に設けることが多い。本設柱の場合には，1/500を超える精度を要求されることもある。

4) コンクリートの打継ぎ部の品質確保

　コンクリートの打設後に生じるブリージングによる応力伝達性・防水性・気密性・耐火性の低下を防ぐために，打継ぎ部を適切に施工する必要がある。立上りコンクリートの打設方法は，①あご打ち方法，②スリーブ打ち工法，③圧入工法がある。また，打継ぎ部の処理方法は，①充填法，②注入法，③直接法がある。直接法の場合は，膨張コンクリートを打設するなどの配慮が必要である。詳細は，第4講「コンクリート工事」を参照されたい。

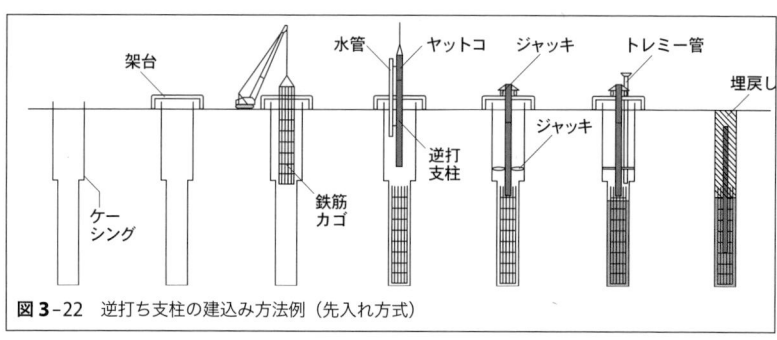

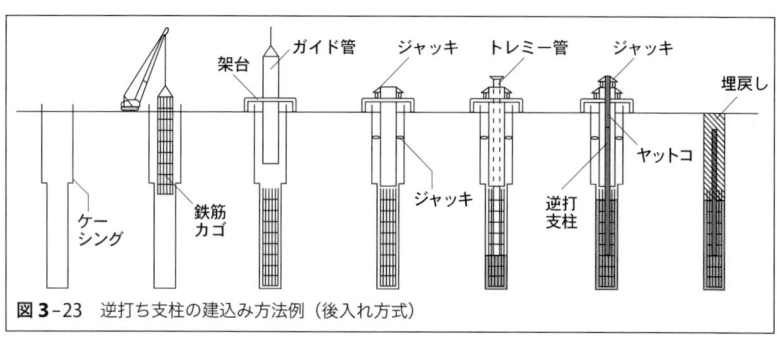

図 3-22 逆打ち支柱の建込み方法例（先入れ方式）

図 3-23 逆打ち支柱の建込み方法例（後入れ方式）

計測管理

計測項目

　　根切り・山留め工事を行うときは,工事の安全と敷地周辺の環境保全を管理するために,敷地内外の監視・観察および必要に応じて計器計測を実施する。**表3-9**に,主な計測の対象と使用機器の一覧を示す。

監視・観察

　　日常の目視点検や光学機器を用いた定期的な計測は,計器計測の有無,工事規模の大小や工事の難易にかかわらず,管理の必須項目である。信頼

対象		項目	使用機器
山留め架構	山留め壁	山留め壁に作用する側圧と水圧	・壁面土圧計 ・壁面間隙水圧計
		山留め壁変形	・挿入式傾斜計 ・固定式傾斜計 ・浮式変位計 ・(トランシット)
		山留め壁応力	・ひずみ計 ・鉄筋計
	切梁 腹起し 支柱	切梁軸力	・ひずみ計 ・(油圧計)
		地盤アンカー軸力	・センターホール形ロードセル
		腹起したわみ	・水糸 ・(トランシット)
		支柱の沈下・浮き上がり	・(レベル)
		切梁温度	・温度計
	根切り底	根切り底地盤の浮き上がり	・地層別沈下計 ・(二重管式沈下計)
		地下水	・観測井 ・間隙水圧計
周辺の地盤と構造物	地盤	沈下	・(レベル) ・(二重管式沈下計)
		側方変位	・挿入式傾斜計 ・(トランシット)
		地下水	・観測井 ・間隙水圧計
	構造物	沈下	・(レベル) ・(二重管式沈下計) ・水盛式沈下計
		傾斜	・固定式傾斜計 ・(水準器) ・(下振り)
		亀裂	・(スケール)

＊カッコ内は監視・観察で使用する主な機器

表3-9　主な計測の対象と使用機器[1]を元に作成

できる測定値を得るためのポイントは，次のとおりである。

❶ 不動とみなせる位置に基準点を設ける。
❷ 工事前に初期値を設定する。
❸ 信頼できる機器を用いて測定条件（使用機器，測定者など）を均一にする，

図3-24 〜図3-26 に監視・観察方法の例を示す。

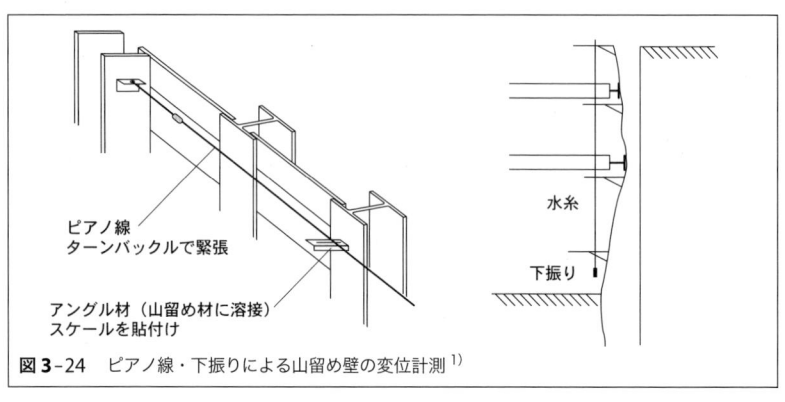

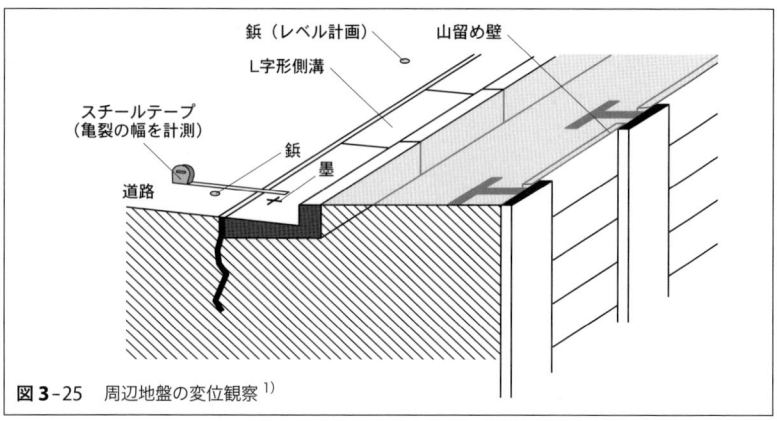

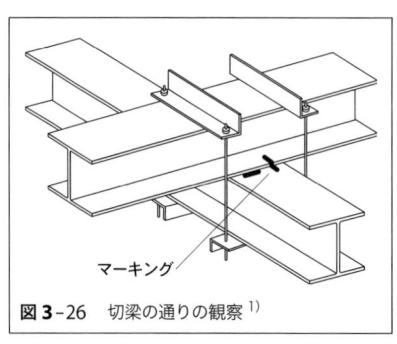

図3-24　ピアノ線・下振りによる山留め壁の変位計測[1]

図3-25　周辺地盤の変位観察[1]

図3-26　切梁の通りの観察[1]

計器計測

特に重要な現象や位置・山留め架構の部位については，日常の監視・観察に加えて，必要に応じて計器計測を実施する。計器の平面配置の考え方を**図 3**-27 に示す。

計測管理

計測結果を工事に反映させるため，計測管理を実施する。**図 3**-28 に計測管理のフローを，また限界値の考え方の例を**表 3**-10 に示す。

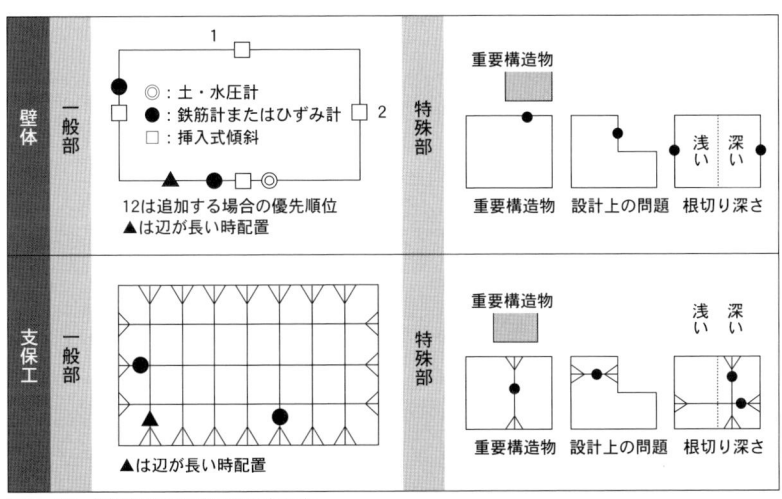

図 3-27　計測機器の平面配置の考え方

	対象物	限界値
山留め架構	山留め壁の応力 山留め壁の変形 切梁軸力	山留めの許容応力度 設計クリアランス 山留めの許容応力度
周辺	周辺地盤沈下	傾斜 1/200（道路等管理者がいる場合協議し決定）
	周辺埋設物 　ガス管 　上水管 　下水管 　通信等のケーブル 　地下鉄 　周辺構造物	有害な影響を与えない値を管理者と協議し決定

表 3-10　限界値の設定例 [1]

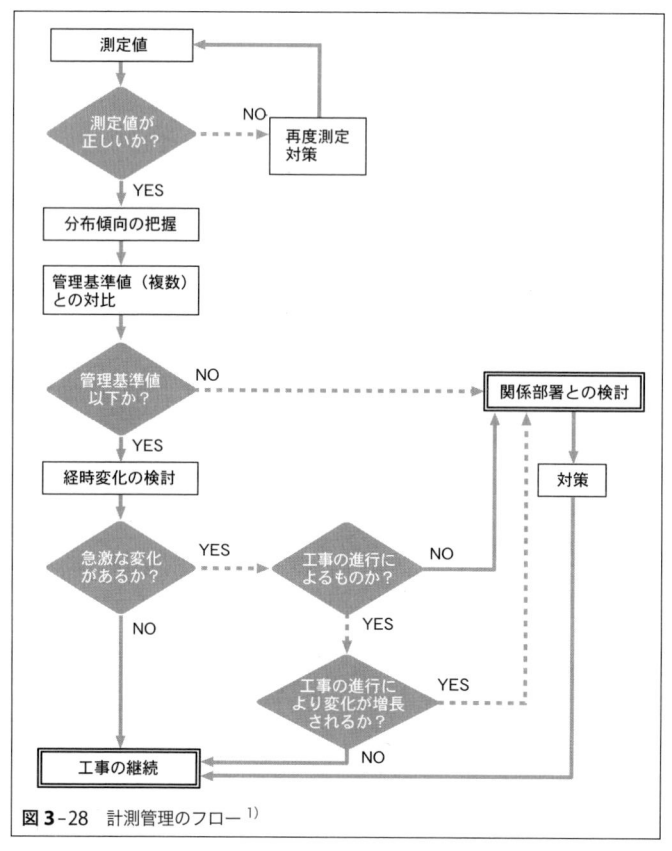

図 3-28　計測管理のフロー[1]

【引用文献】
1)「山留め設計施工指針」日本建築学会，2002 年
2)「建築工事標準仕様書・同解説 － JASS3・JASS4 －」日本建築学会，1997 年
3)「難波宮遺跡探訪」大阪歴史博物館 HP mus-his.city.osaka.jp/news/zyousetu/b1.html
4)「ソイルミキシングウォール（SMW）設計施工指針」日本材料学会，1988 年
5)「建築地盤アンカー設計施工指針・同解説」日本建築学会，2001 年
6)「期限付き構造物の設計・施工マニュアル・同解説」日本建築学会，1986 年
7) 大川輝夫・鳥居茂・佐藤勇二「建築における逆打工事」基礎工 1993 年 6 月号

【参考になる本】
●─地盤工学会 知っておきたい根切り山留めの基本編集委員会編「知っておきたい根切り山留めの基本 入門シリーズ (29) 新版」地盤工学会，2004 年

第4講 鉄筋コンクリート工事

鉄筋コンクリートは，鉄筋とコンクリートの長所を絶妙に組み合わせた構造です。また，鉄筋コンクリートは，どんな形にでも自由につくることができます。しかし，その分技術が必要です。型枠はどうやってつくるのか，鉄筋はどう組むのか，コンクリートはどうやって型枠の中に入れるのかなど，疑問がたくさんあるでしょう。

本講では，そんな皆さんの疑問に答えます。さらに，よい建物をつくるには，何をしてはいけないのか，どんなところに欠陥ができやすいかなどを，わかりやすく説明します。

鉄筋コンクリートの歴史

　コンクリートはセメント，砂，砂利，水，混和材料を混ぜ合わせてつくられる。コンクリートを硬化させる働きは，セメントが反応することによって得られる。コンクリートの歴史は古く，イスラエルで発見された9千年前のコンクリートや，黄河流域の5千年前のコンクリートなどが知られている。この時代に使われていたセメントは，石灰岩の上で焚き火をしていたときに，雨が降ってきて石灰岩が溶け，しばらくして溶けた石灰が再び固まり始めたのを見て，用いられるようになったのではないかと想像されている。この石灰をもとにしたセメントは，空気中の炭酸ガスと反応して硬化することから，気硬性セメントと呼ばれている。

　一方，現在のセメントは水と反応して硬化することから，水硬性セメントと呼ばれており，古くは，紀元前数世紀のローマ時代につくられた建造物の，石ブロックの充填材などで見ることができる。現在私たちが使っているセメントは，1824年にイギリスのレンガ職人が発明し，ポルトランド島の天然石に似ていることから，ポルトランドセメントと名づけられたものが原型となっている。

　コンクリートと鉄筋を組み合わせた鉄筋コンクリート構造は，1850年にフランスのJ.L.ランボー（Lambot）がつくった手漕ぎボートが最初であるとされている。その後，同じフランスのF.コワニエ（Coignet）が1853年に鉄筋コンクリート製の長さ6mの屋根をつくり，続いて1861年には鉄筋コンクリートの設計の原理を発表している[1]。

　日本では，1884年に日本最古のコンクリートブロック造として，宮崎県日南海岸の鞍埼灯台がつくられている。また1889年につくられた，北海道小樽港のコンクリートブロックを積んだ防波堤も有名である。鉄筋コンクリート造としては，1903年に琵琶湖疎水路上架橋がつくられたのが最初である。建築物では，1906年に神戸和田岬につくられた東京倉庫㈱のD号棟倉庫（2階建）が最初といわれている。さらに，現在も残る建築物として，1911年に三井物産横浜支店（**写真4**-1，地下1階地上4階建）がつくられている。

　その後，コンクリートは鉄と並んで，建設工事における主要構造材料となり，現在では年間約1億m^3程度のコンクリートが使われている。また，日本の新築建築物を構造種別で分類すると，**図4**-1に示すように全建築

物の中で鉄筋コンクリート造が 20% 強を，鉄骨鉄筋コンクリート造が 5% を占めている（平成 15 年度建築統計年報，床面積による）。

1980 年代以降，設計・施工技術の進展により鉄筋コンクリート造による超高層建築物が可能になり，居住性の高さとコストの低さから，鉄筋コンクリート造の超高層集合住宅が増えている。

写真 4-1 三井物産横浜支店 [2]

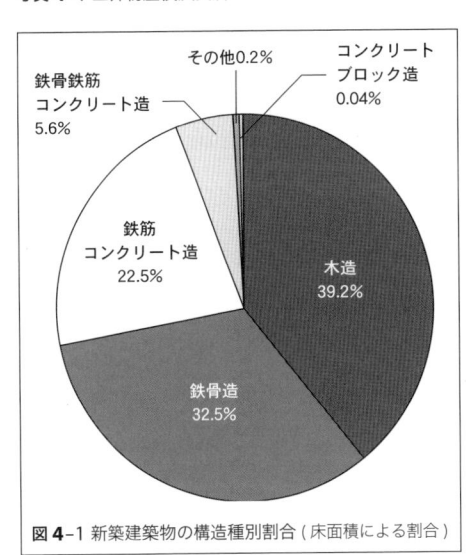

図 4-1 新築建築物の構造種別割合 (床面積による割合)

鉄筋コンクリート工事の流れ

鉄筋コンクリート工事の基本的なサイクル

　鉄筋コンクリート構造は，鉄筋とコンクリートの合成構造である。各部材において，コンクリートが所定の断面寸法通りに成形され，鉄筋がコンクリート中の適正な位置に配置（配筋という）されることにより，合成構造としての性能を発揮する。それを実現するため，鉄筋コンクリート構造部材（躯体という）の構築の仕方は，大雑把に言うと，各部材の形状・寸法に合わせ，鉄筋を部材内の所定の位置に配筋し，部材の外殻となるコンクリートの容器としての型枠を組み立てて，コンクリートを充填する（打込む・打設するという）という手順になる。その手順を地下から地上の最上階まで，フロア（階）ごとに繰り返して全体を構築する。

　ここでは，フロアごとに繰り返される手順（サイクル）の基本的な概要を示す。

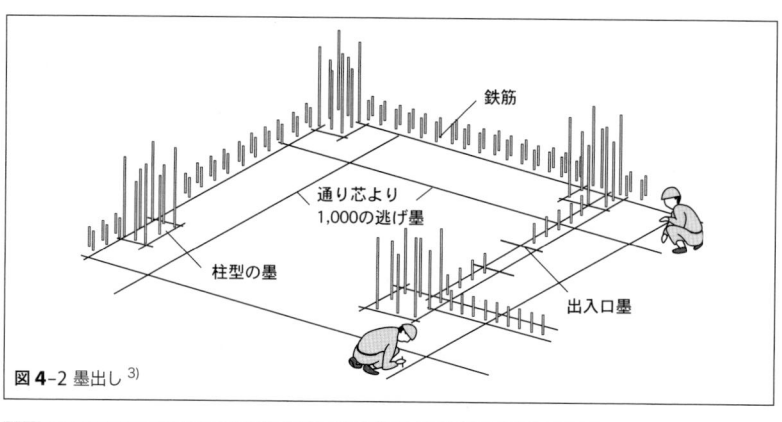

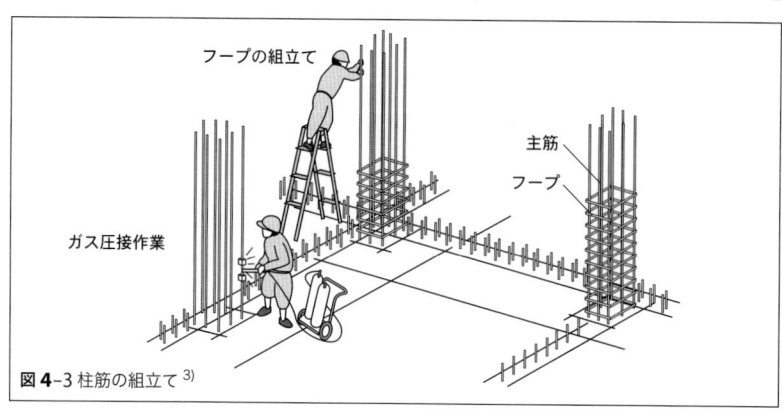

図4-2 墨出し[3]

図4-3 柱筋の組立て[3]

❶ 墨出し

水平方向・垂直方向の基準になる墨を出し，それをもとに柱・壁の平面形状の墨を出す（**図4**-2）。

❷ 柱配筋

柱内の所定の位置に柱の鉄筋（主筋と帯筋＝フープ）を組み上げる。このときに下階からの主筋と当該階の主筋を継いで，一体化する作業がある。継いだ部分を継手という。継手の工法は，ガス圧接という工法によることが多い（**図4**-3）。

❸ 設備配管

柱内の設備配管や機器を所定の位置に設置する（**図4**-4）。

❹ 柱型枠

柱の型枠を柱の寸法に合わせて，鉛直性に注意して組み上げる（**図4**-5）。

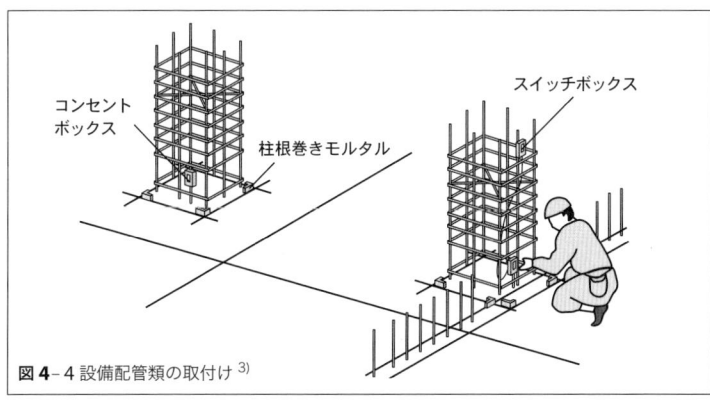

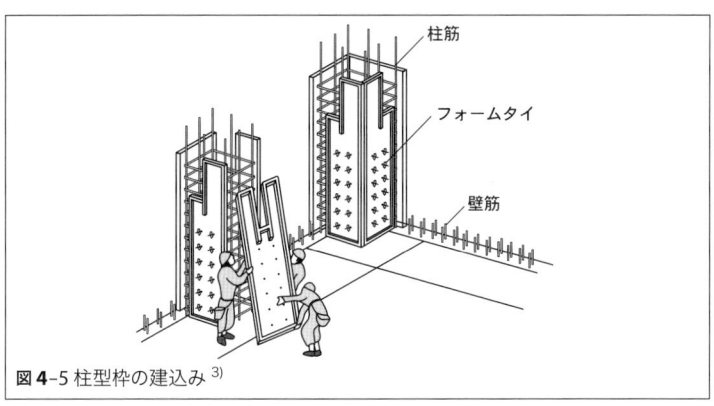

図4-4 設備配管類の取付け[3]

図4-5 柱型枠の建込み[3]

❺ **壁型枠**

壁の片側の型枠を，壁の寸法に合わせて組み上げる。

❻ **壁配筋**

壁内の所定の位置に壁の鉄筋を組み上げる（**図4**-6）。

❼ **設備配管**

壁内の設備配管や機器を所定の位置に設置する。

❽ **壁型枠**

鉄筋の配筋が終わった壁の反対側の型枠（返し型枠という）を，壁の寸法に合わせて組み上げる（**図4**-6）。

❾ **梁・スラブ型枠**

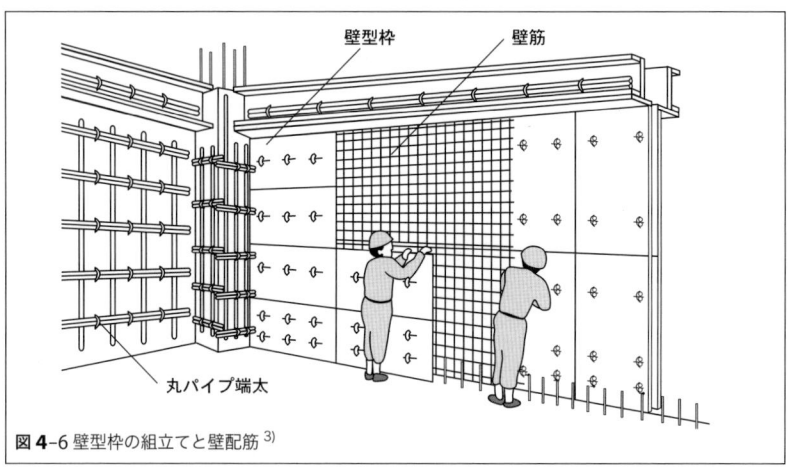

図 **4**-6 壁型枠の組立てと壁配筋[3]

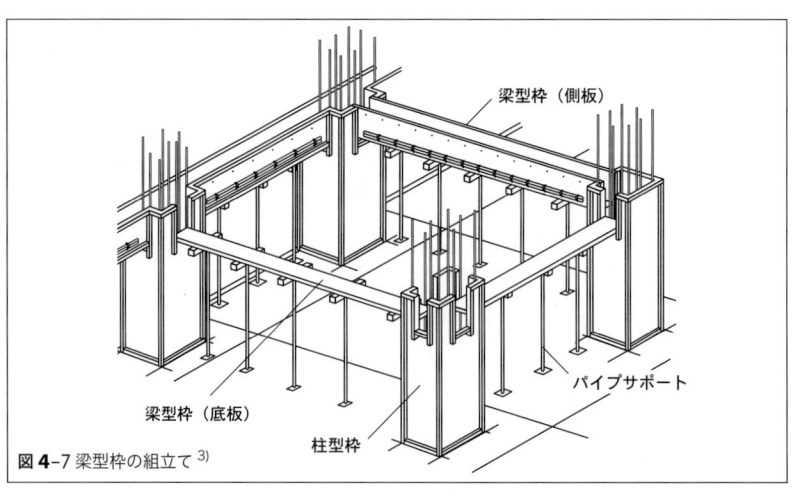

図 **4**-7 梁型枠の組立て[3]

柱間に梁型枠の底板を渡し，梁底に支えの支柱を設置する。側板を設置して固定する（**図4**-7）。梁型枠に囲まれたスラブ部分に，梁際から支柱を設置しながらスラブ型枠を張り込んでいく（**図4**-8）。

❿ 梁配筋

主筋とあばら筋（スターラップ）を組み合わせて一体化した梁筋を，梁型枠の中に落とし込む（**図4**-9）。

⓫ スラブ配筋

スラブ型枠上にスラブの鉄筋を配筋する（**図4**-9）。

⓬ 設備配管

スラブコンクリートに埋設される設備配管や機器を設置する。

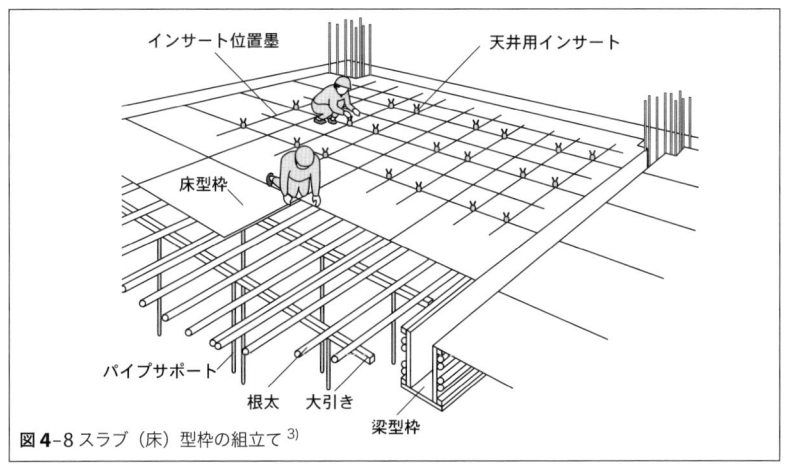

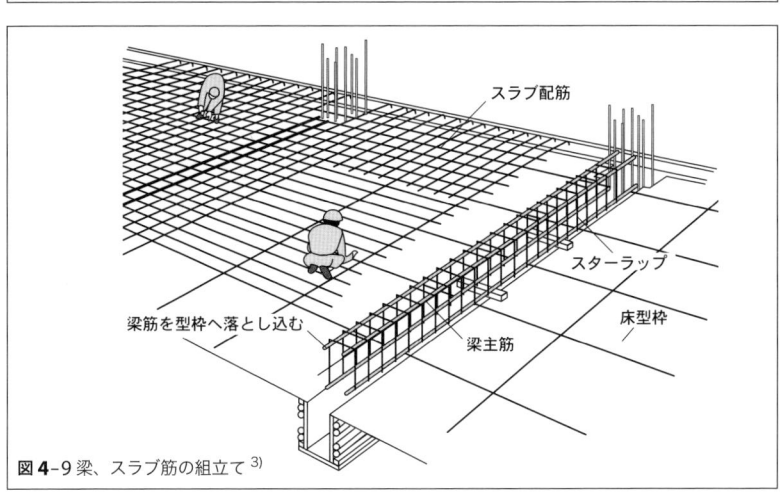

図4-8 スラブ（床）型枠の組立て[3]

図4-9 梁、スラブ筋の組立て[3]

❸ 立上りコンクリート打設

　柱・壁・梁・スラブ（立上りという）の順にコンクリートを打ち込む（**図4**-10）。

❹ 養生

　コンクリートが十分に硬化するまで湿潤に保ち，外力を加えない。

❺ 型枠解体

　コンクリートが十分に硬化した後に型枠を取り外す。側面の型枠はコン

　棒状のもので充填させる人　　バイブレータでコンクリートを充填させる人　　コンクリートの流量調整など指示・連絡を行う人

　表面を仕上げる人

　表面を平らに均す人

　コンクリートの流れてくるホースを操作する人

図4-10 コンクリート打設[4]

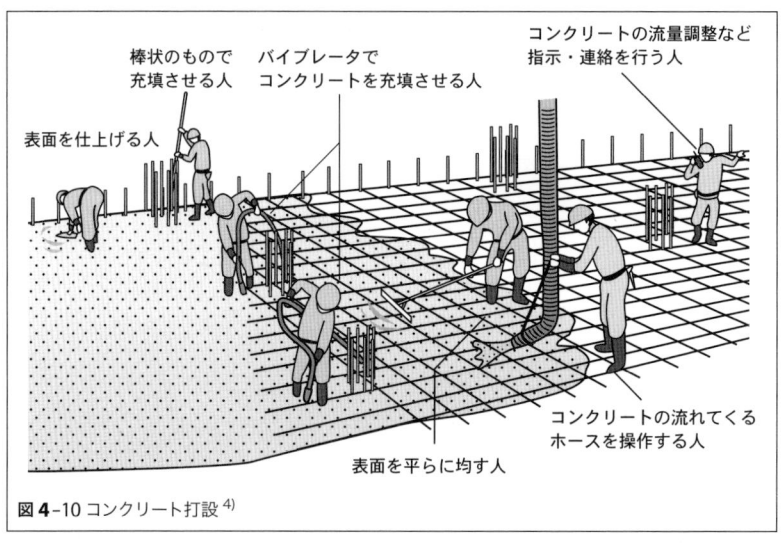

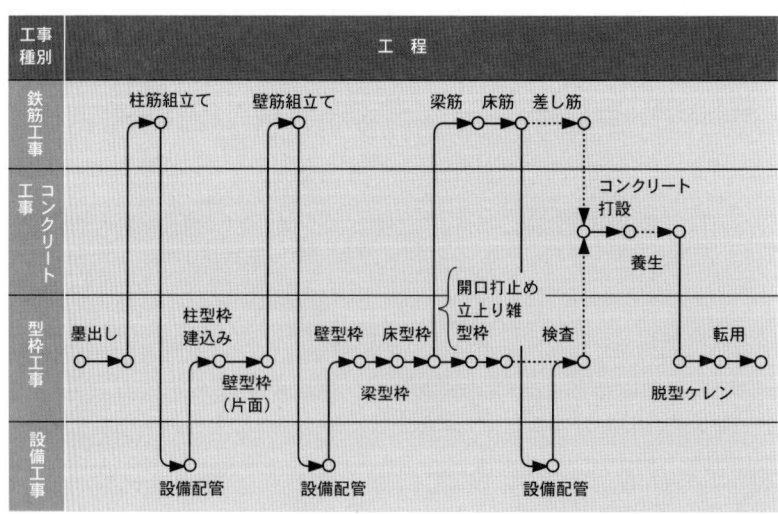

工事種別	工　程							
鉄筋工事		柱筋組立て	壁筋組立て		梁筋 床筋 差し筋			
コンクリート工事						コンクリート打設	養生	
型枠工事	墨出し	柱型枠建込み／壁型枠（片面）		壁型枠／梁型枠	床型枠	開口打止め立上り雑型枠	検査	転用／脱型ケレン
設備工事		設備配管	設備配管			設備配管		

図4-11 鉄筋コンクリート工事の工程表[3]

クリート表面が傷付かないレベルに硬化したら取り外す。しかし，梁やスラブの支柱および底面の型枠は，コンクリートが荷重を支える強度に達してから取り外す。

　これらの作業の順番や関係を図表にして表すと，図4-11のようになる。このような図を工程表という。施工計画の中で，各工事の順番と相互の関係，それぞれの所要期間を示し，全体の手順と所要期間を表すものとして作成する。

> **Column 13**
> **鉄筋コンクリート構造は合理的な構造**
>
> 　鉄筋コンクリート構造は，鉄筋とコンクリートの合成構造です。鉄筋コンクリート構造は，以下に述べるようにとても合理的な構造です。
>
> 　鉄筋は引張強度も圧縮強度も同程度に非常に高い材料です。しかし，価格も高い材料です。コンクリートは安い材料であり，圧縮強度はかなり高いが引張強度は圧縮強度の1/10程度に低いという性質を持っています。そこで，鉄筋とコンクリートを一体化した構造として，圧縮力は主にコンクリートが負担し，引張力は鉄筋が負担する構造が考案されました。柱や梁の断面を考えるとわかりますが，断面の大部分はコンクリートが占めています。これは，コンクリートが鉄筋ほどには圧縮強度が高くないことと価格が安いためです。また，断面の外周部に鉄筋（主筋）が配置されています。これは，部材に曲げが作用したときに，端部に大きい引張応力と圧縮応力が発生するからです。引張応力は鉄筋だけが負担し，圧縮応力は鉄筋とコンクリートが共同で負担するように設計されています。
>
> 　ここで，一体化するために都合がよかったことは，たまたま鉄筋とコンクリートの熱膨張係数がほぼ同一だったことです。熱膨張係数が違えば，温度の変化に伴い，鉄筋とコンクリートの接触面（付着面という）における膨張・収縮量が違うために，付着面にずれが生じて一体性が損なわれてしまいます。
>
> 　ここまでは耐力的な話ですが，耐火性や耐久性の観点からも，鉄筋コンクリート構造は合理的です。鉄筋もコンクリートも高温を受けると強度が低下しますが，コンクリートは鉄筋に比べ熱を伝えにくくかつ温度が上がりにくい性質を持っています。そのため，火災になっても，コンクリートが鉄筋の温度上昇を抑制し，かつコンクリート自身は断面の大部分が温度上昇せず，耐力を維持することができます。また，鉄筋は大気中にあると酸素により腐食して，断面が減り耐力が低下します。しかし，アルカリ性のコンクリートの中にあることによって，鉄筋は腐食せず耐力を維持することができます。
>
> 　このように，いろいろな観点から見て，鉄筋コンクリート構造は合理的な構造なのです。

鉄骨鉄筋コンクリート工事の場合は，鉄筋・型枠・コンクリート工事に先行して，鉄骨の組立て（建方という）を行う。鉄骨建方が終了したフロアで，鉄筋・型枠・コンクリート工事を進めていく。フロアごとのサイクルでは，

写真 4-2 鉄骨鉄筋コンクリート工事

柱主筋をつなぐ
梁の鉄筋を組み立てる

柱の「帯筋」を組んでいく

図 4-12 鉄骨鉄筋コンクリート工事姿図 [4)]

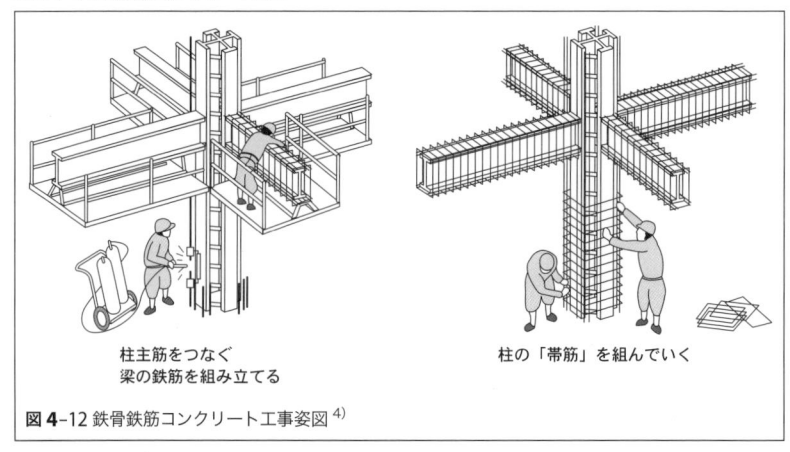

写真 4-3 鉄骨鉄筋コンクリート工事におけるコンクリートの充填不具合事例 [5)]

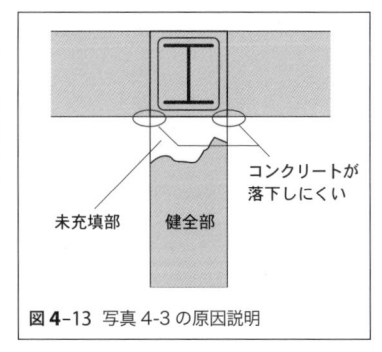

未充填部　健全部　コンクリートが落下しにくい

図 4-13 写真 4-3 の原因説明

柱の配筋と同時に梁の配筋を行うことが，鉄筋コンクリート工事の順番と異なる（**写真4-2**，**図4-12**）。また，鉄骨が先行して存在することにより，配筋，型枠組立て，コンクリート打設の各作業において，留意すべき点がある。鉄骨に鉄筋やセパレータ（型枠を緊結・固定する鋼棒）を通す孔を設けておくことや，鉄骨の存在によりコンクリートが充填しにくくなることなどである。**写真4-3**は，柱・梁接合部において，鉄骨と鉄筋の存在によりコンクリートが通過しにくくなり，結果として柱に充填不良部が生じた例である。

鉄筋コンクリート工事の全体的な手順

鉄筋コンクリート工事のフロアごとの基本的なサイクルは，前述したとおりである。このサイクルを地下から地上の最上階まで繰り返して，全体を構築するわけである。基本的なサイクルは同じだが，大きく分けると，地下，地上の低層階，基準階ごとに，それぞれの構築の方法に特徴がある。ここでは地下1階地上10階建程度の鉄筋コンクリート造建築物の躯体工事を想定して，それぞれの特徴や注意点などを説明する。

1）地下工事

❶ 地中梁・基礎工事（地下ピットがある場合）

建築物の最下層の鉄筋コンクリート工事となるのは，地中梁と基礎の工事である。墨出しでは，捨てコンクリート上に，地中梁・基礎・耐圧盤の平面寸法を描く。

その墨をふまえ，地中梁・基礎の配筋を行った後に，耐圧盤の配筋を行い，耐圧盤コンクリートを打設する。

耐圧盤コンクリート上に再度，地中梁・基礎の平面寸法を墨出しする。地中梁・基礎の型枠を組み立てて，地下1階スラブの型枠を設置する。地下1階スラブ配筋の後，地中梁・基礎・地下1階スラブのコンクリートを打設する。**図4-14**は，コンクリート打設後の状況である。

地下ピットは数が多く内部は狭く，スラブには大きい開口は設けられないので，型枠の解体材の搬出は困難を極める。そのため，無支保工型枠（支柱を必要としないスラブ用の型枠）や捨て型枠（解体再使用をしない型枠）を用いることも多い。建物規模が大きい場合には，耐圧盤・地中梁・基礎のコンクリートは，マスコンクリートとして扱わなければならないことが多い。また，発熱によるひび割れ防止の意味とレディーミクストコンクリート工場の供給能力の制限によって，工区を分けて打設することが多い。

❷ 地下1階立上り工事

　地下1階の柱・壁および1階梁・スラブの工事（地下1階立上り工事）の手順は，基本サイクルと同じである。

　地下外壁の施工方法は，外壁面と山留め壁との間隔が狭い場合が多く，その場合，山留め壁が外壁の外側の型枠となる。セパレータを山留め壁に溶接したり，セパレータを使わず内側から型枠を固定・支持する方法をとる（詳細は，106頁型枠工事を参照）。

　地下1階は一般に階高が高く，コンクリートを打設する際に分離（モルタルと骨材が分離しコンクリートの一体性が失われること）しやすくなる。特に，独立柱の場合に注意が必要である。

　地下1階立上り工事の終了後は，埋戻しが行われ，敷地は完成時の地盤レベルとなり，地上部の躯体工事に移行していく。

2）地上工事

❶ 地上低層階工事

　1階あるいは2階までの低層階は，それより上の階（基準階という）とは用途が違うため，平面や立・断面，仕上げの仕様などが異なる。鉄筋コンクリート工事の手順は基本サイクルと同じであるが，以下のことに注意する。

　1階スラブ上に墨を出し，地上階の工事を始める（**図4**-15）。上層階の墨の基準になるので正確を期する必要がある。配筋や型枠についても，柱

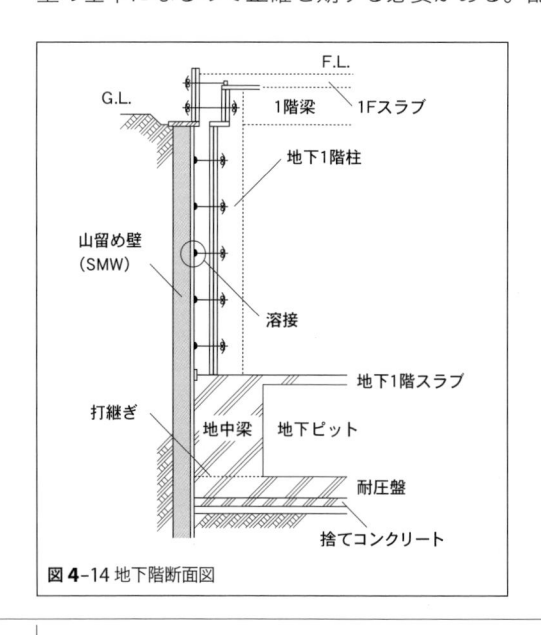

図4-14 地下階断面図

の主筋位置やコンクリートの外壁面（柱・梁の外部面も含む）は作業が垂直的に連続していくので，精度が悪いと上層階の精度確保が困難になるので注意する。

　低層階は商業施設などの用途になる場合もあり，そうでなくとも，1階には玄関とホールがあり，また機械室などがある場合も多い。したがって，平面・断面が複雑となり，内・外装仕上げも基準階とは異なり，かつ仕上げの種類が多くグレードが高い場合が多い。内・外装材や建具の取付けを踏まえた躯体寸法になっているか，十分な確認が必要である。また，複雑な形状や薄い壁，不規則な開口部などが多く，かつ階高が高いので，コンクリートの打設時には，未充填部がないように注意し，コンクリートが分離しないような方法で打設する。

　建築物外周部では，地上躯体工事用に外部足場の組立てが始まる。鉄筋コンクリート工事に先行して，1階分の外部足場を組み立てる（図 **4**-15）。その後も，施工階に先行して1階分の外部足場を組み立てていく。

❷ 地上基準階工事

　基準階とは，用途が同じで，平面や立・断面が，ほぼ繰返しになっている階の総称である。鉄筋コンクリート工事の手順は，基本サイクルと同じであるが，ほぼ繰返しであり階数が多いことから，以下に示す方法により合理化が図られる例が多い。

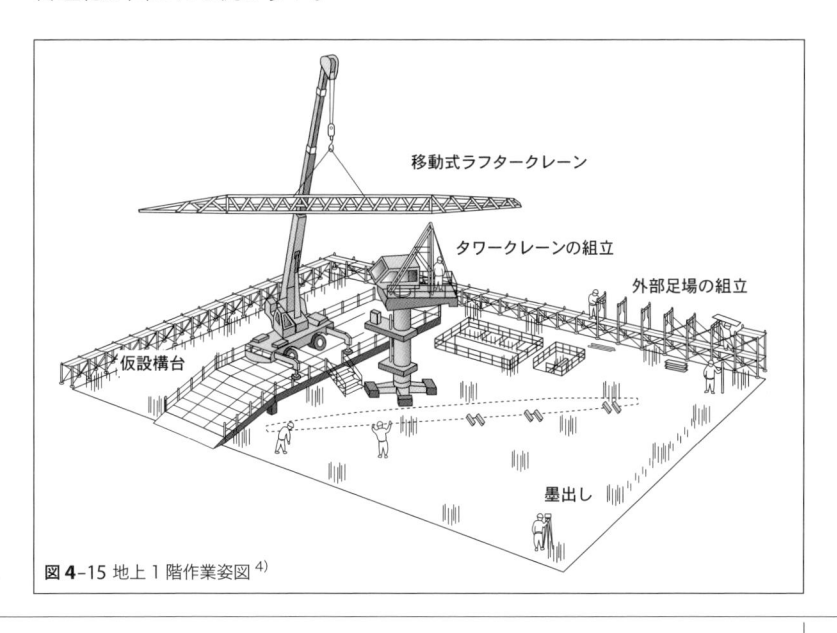

図 **4**-15 地上1階作業姿図 [4)]

a）基本的な合理化の例

　基準階では平面や立断面がほぼ繰返しになっているので，使用する型枠をパネル（柱・壁や梁の形状を，組立てやすいように板状に要素分割して，端部を補強した型枠板）化し，脱型（コンクリート面から取り外すこと）後，ほぼそのまま何回も上層階に転用する。鉄筋の部材断面内本数・位置と長さも何種類かにパターン化できるので，柱筋や梁筋ごとに地上で組立てクレーンで吊って設置する（**写真 4**-4）。

　また，1フロアの面積がある規模以上の場合は，工区を分割し，かつコンクリートの打設日をずらすことが多い。その目的は，

❶ 大量の労務（型枠大工，鉄筋工など）を同時に投入することを避けるため

❷ 労務の平準化（同じ工種，例えば鉄筋工の1日当たりの所要人数を，毎日同程度にすること）を図るため

❸ 1日のコンクリート打設量が過大になることを避けるため

❹ 資材の転用効率を上げるため

などである。さらに，作業者にとっても繰返しにより習熟度が上がるので，基準階における墨出しからコンクリート打設までの工程（サイクル工程という）を短縮できる。

b）プレキャストコンクリート（PCa）化工法による合理化

　基準階では柱部材や梁部材がほぼ同じ形状になるので，それらを工場生産し現場に運搬して設置する。この工場で製造する部材，正確には「鉄筋＋コンクリート」を現位置（部材の最終的な設置位置）以外で先行して製造する部材を，プレキャストコンクリート（以下，PCaと略す）部材という。この生産方式を徹底した場合には，柱，梁，スラブ，バルコニーなどをPCa化し，接合部と梁・スラブの上半分だけを現場で配筋し，型枠を組み立て，コンクリートを打設する。サイクル工程は1週間程度に短縮で

写真 4-4 鉄筋先組工法

きる（在来工法では 15 〜 20 日程度）。PCa 化工法の概要を，**図 4**-16，**4**-17 に示す。現場の敷地が広い場合には，現場内で PCa 部材を製造することもある。

ここでは，基本的な合理化の方法と PCa 化工法による合理化の例だけを示したが，このほかにさまざまな型枠および鉄筋工事の合理化工法がある。それらについては，後述する。

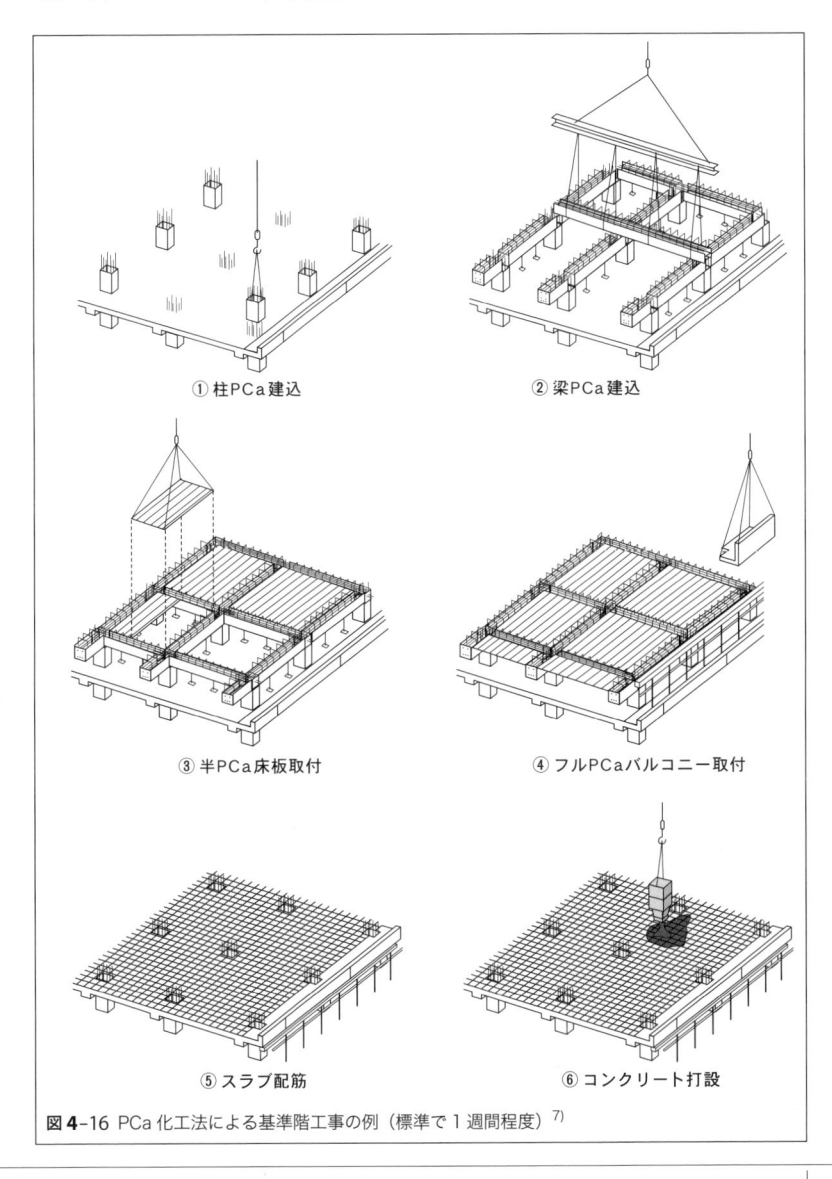

① 柱 PCa 建込

② 梁 PCa 建込

③ 半 PCa 床板取付

④ フル PCa バルコニー取付

⑤ スラブ配筋

⑥ コンクリート打設

図 4-16 PCa 化工法による基準階工事の例（標準で 1 週間程度）[7]

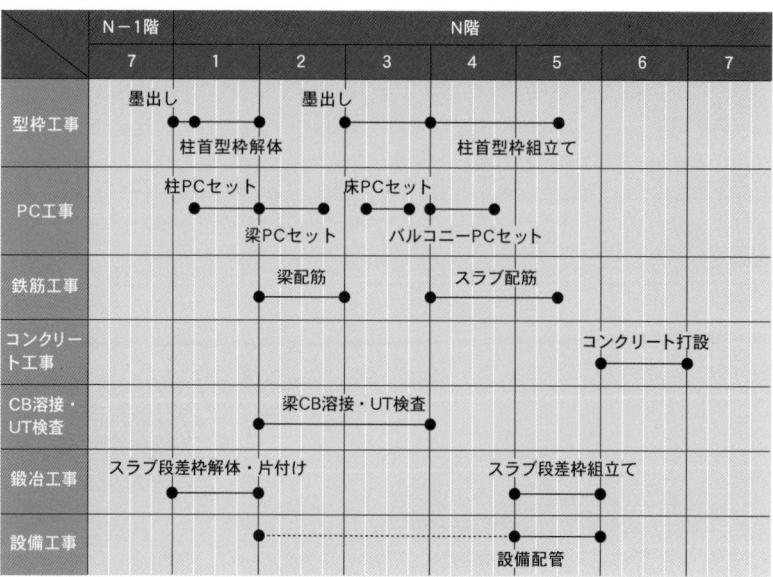

図4-17 PCa化工法のサイクル工程表の例（標準で1週間程度）[7)]

> # Column 14
> ## 『RC』造，『SRC』造とは？
>
> 　鉄筋コンクリートの略称が「RC」であることは知っていると思いますが，正確な英語は知っていますか？ 「RC」とは「Reinforced Concrete」の略です。では，「Reinforced」とは，どういう意味でしょうか？ 言葉の対比からいうと「鉄筋」になりますが，鉄筋は「Steel」ですね。「Reinforce」とは，「補強する」という意味ですから，その過去分詞形である「Reinforced」は「補強された」になります。つまり，「RC」とは「補強されたコンクリート」という意味です。「補強されたコンクリート」ですから，鉄筋に限らず，何かによって補強されていれば「RC」になるのでは，と理屈からはそうなります。歴史的に鉄筋が一般的な補強材なので，「RC」=「鉄筋コンクリート」になっているわけです。ちなみに，その意味で鉄筋の英語は「Reinforcement」になっています。
>
> 　では，鉄骨鉄筋コンクリート「SRC」の英語はどうなるのでしょうか？ 「Steel Reinforced Concrete」でしょうか？ でも，これでは「鉄筋によって補強されたコンクリート」つまり「鉄筋コンクリート」のある意味で正確な英語訳，あるいは「鉄骨によって補強されたコンクリート」すなわち「鉄筋なしの鉄骨コンクリート」になってしまいます。正確な英語は「Steel encased Reinforced Concrete」あるいは「Steel framed Reinforced Concrete」で，「鉄骨を中心に据えた鉄筋コンクリート」あるいは「鉄骨造と組み合せた鉄筋コンクリート」になります。

❸ 屋上階工事

　最上階まで基本的には基準階工事が続くが，その上に屋上階の工事がある。エレベータ機械室などが入る塔屋（ペントハウス），笠木（パラペット）という屋上面外端部（外周部）の立上り，機械基礎などの設備関係の立上りなどの工事である。

　ペントハウスは基本サイクルと同じ手順で構築する（図4-18）。パラペットや機械基礎などは，鉄筋・型枠を組んでおいて，最上階の立上りコンクリートと同時にコンクリートを打設する場合と，基本サイクルのように最上階の立上りコンクリート硬化後に，鉄筋・型枠を組み立ててコンクリートを打設する場合がある。前者の場合は，型枠が浮き型枠という方式（図4-19）になるので，作業性が悪くコンクリートの充填に不具合が起きる場合がある。また，後者の場合は，特にパラペットの場合，打継ぎ部の処置を適切に行わないと，外壁面からの漏水の原因となるので注意を要する（図4-20）。

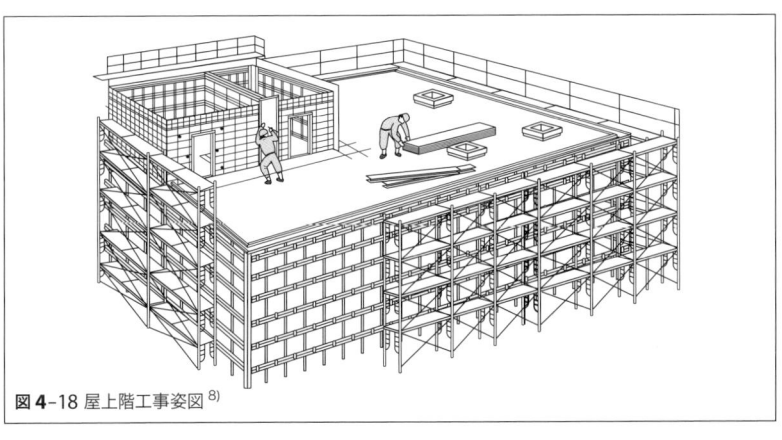

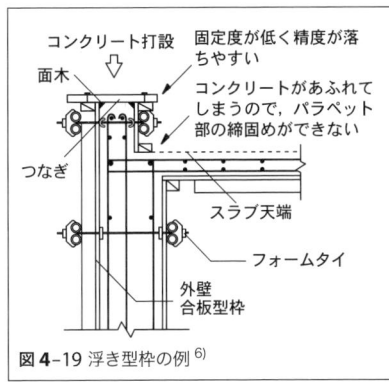

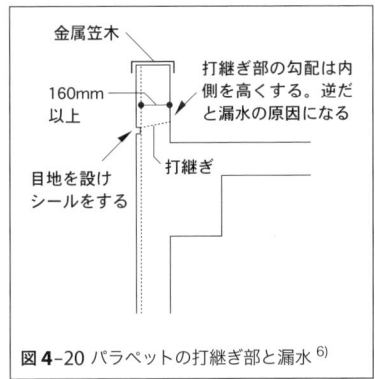

図4-18 屋上階工事姿図[8]

図4-19 浮き型枠の例[6]

図4-20 パラペットの打継ぎ部と漏水[6]

型枠工事

概説

1) 型枠工事の基本

　建築物の主要な部材を構成する鉄筋コンクリートは，コンクリート工事，鉄筋工事および型枠工事が技術的に一体となって成り立つ。その中で型枠工事は，コンクリートの形や位置を決定するとともに，コンクリートの品質に大きな影響を及ぼす重要な要素である。

　型枠工事は，型枠工法の選定，型枠の構造計算，躯体図に基づいた加工・組立て，型枠の取外しなどからなる。全体の工程や経済性，安全性に及ぼす影響は大きい。

　型枠工事費は，躯体工事費の約 25 ～ 30％を占める。この型枠工事費の中での労務費が，約 50％を占める労働集約型の工事である。

2) 型枠の機能

　型枠はコンクリートを打ち込み，成形するための型であり，コンクリートを成形した後は不要となる仮設材である。以前には「仮枠」と称されていた時代がある。型枠内に打ち込んだコンクリートが漏出しないように枠内に留める機能と，コンクリートが硬化して十分な強度を発現するまでコンクリートの形状を保持・保護する機能が求められる。

　さらに，コンクリート表面の仕上り（テクスチャー）を決定する機能が求められる。型枠に要求される機能を，**図 4**–21 および **表 4**–1 に示す。

3) 型枠の基本構成と材料

　型枠は，コンクリートに直接接し，コンクリートの漏れを防ぐ「せき板」と，せき板を支える「支保工」と，せき板と支保工を緊結して型枠の強度・剛性を保つ「締付け金物」から構成される。

　さまざまな型枠の合理化工法が開発され，これらの構成材料を一体化した型枠や，構造材を型枠として利用する工法，仕上材を型枠として利用する工法なども開発されている。代表的な型枠工法を**図 4**–22 に，代表的な型枠の材料を**表 4**–2 に示す。

4) 型枠の種類

　型枠は，部位別や機能別，材料別などさまざまな分類方法がある。

　表 4–3 に，型枠工法の種類を示す。また，**写真 4**–5 に，せき板の材質や模様によって得られるコンクリートのテクスチャーの例を示す。

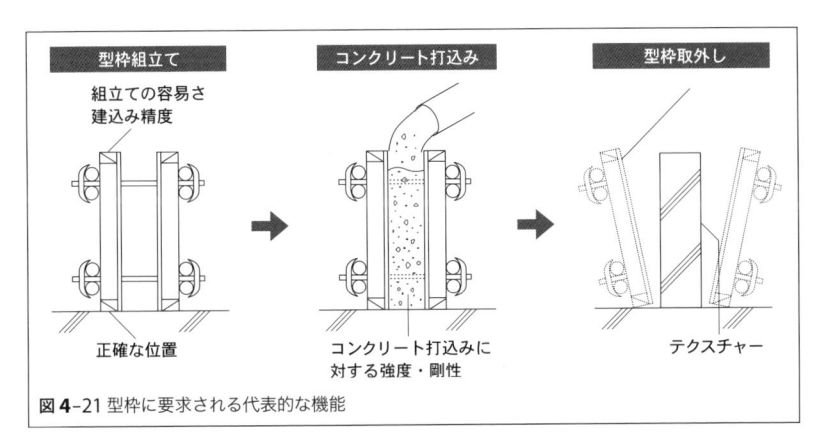

図 4-21 型枠に要求される代表的な機能

型枠に要求される機能	機能の内容
強度・剛性	コンクリート打込み時のコンクリートの自重、側圧、衝撃荷重、作業荷重や地震・風・積雪などの外力に対して、破壊することなく、変形・移動が許容内に納まること
寸法精度・形状	出来上がったコンクリートの寸法・形状が、許容差以内となる精度で組み立てられていることおよびコンクリートを打込むことができ、かつ型枠内に充填することができる十分な寸法および形状であること
コンクリート面の仕上が（テクスチャー）	要求されるコンクリート表面のテクスチャーが得られること、コンクリート表面に変色や硬化不良を起こさないこと
作業性	加工・組立て、解体および運搬が容易であること
安全性	型枠の加工・運搬・組立て時、コンクリート打込み時および支柱取外し時など型枠に作用する外力に対しての破損・倒壊・落下などせず安全であること
経済性	材料が安価であること、作業性がよく省力的であること、耐久性があり転用できること

表 4-1 型枠に要求される機能

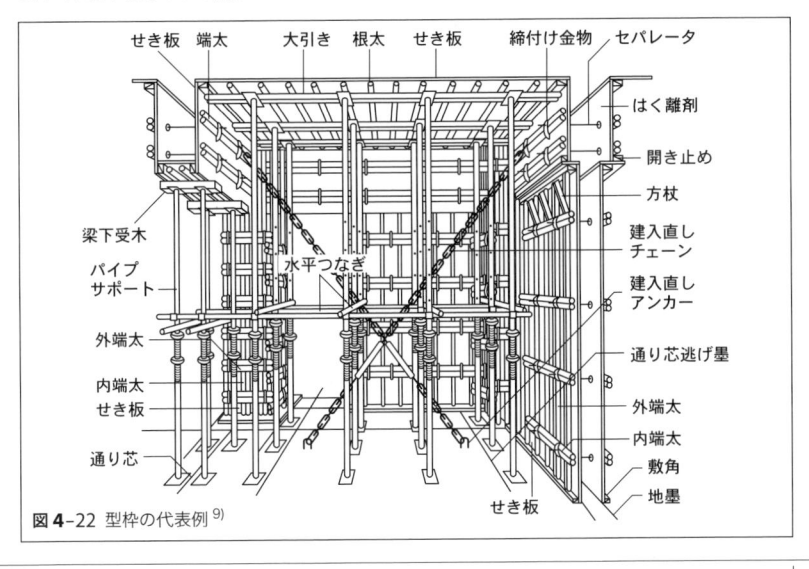

図 4-22 型枠の代表例 [9]

5）型枠工法

以下に，部位別の型枠工法を説明する。

❶ 基礎型枠

基礎は地中に埋まる部分となるため，仕上精度・テクスチャーの要求は

型枠の構成部材		主な材料
せき板	木材	合板，縁甲板
	金属	鋼板（鋼製パネル，デッキ，鉄筋組込みデッキ），アルミニウム，金網
	コンクリート，モルタル	ハーフプレキャストコンクリート，モルタル板
	プラスチック	各種樹脂，発泡プラスチック，化粧型枠
	紙	紙管
	繊維強化セメント板	ガラス繊維強化セメント板
	その他	タイル，レンガなど仕上材
支保工	木材	製材（桟木，端太角）
	金属	鋼（パイプサポート，鋼製パイプ，組立て支柱，支保梁など），アルミニウム（組立て支柱，支保梁など）
締付け金物	金属	鋼（セパレータ，フォームタイなど）

表4-2 代表的な型枠の材料

型枠の分類方法	型枠の種類
部位による分類	基礎型枠，地下外壁型枠，壁型枠，柱型枠，梁型枠，床型枠，階段型枠
材料による分類	木製型枠，鋼製型枠，アルミ製型枠，プラスチック型枠
機能による分類	一般型枠，打込み型枠，捨て型枠，仕上材打込み型枠，化粧型枠，打止め型枠
形態による分類	大型型枠，システム型枠，浮かし型枠，吊り型枠

表4-3 型枠工法の種類

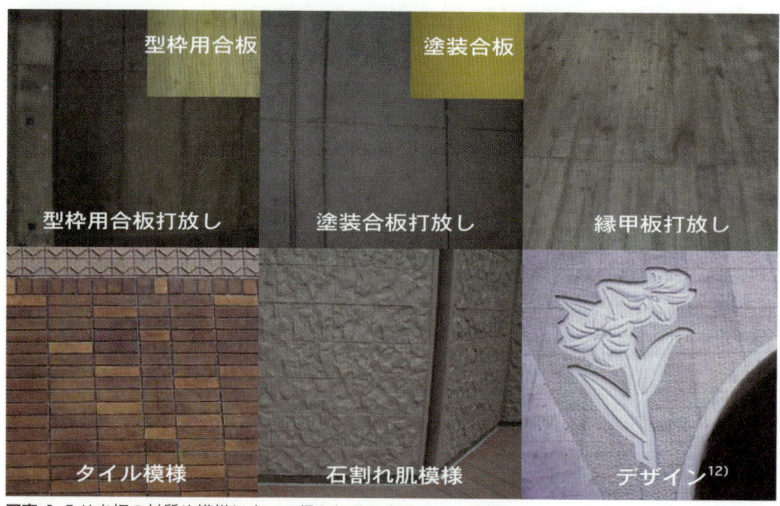

写真4-5 せき板の材質や模様によって得られるテクスチャーの例
（型枠用合板／塗装合板／型枠用合板打放し／塗装合板打放し／縁甲板打放し／タイル模様／石割れ肌模様／デザイン[12]）

低い。部材としての形状・寸法を得ることに主眼を置いた工法が採用される。**写真 4**-6 に，基礎型枠の例を示す。

❷ 地下外壁型枠

片側が山留めとなる。山留めにセパレータのアンカーをとる方法と，斜めサポートで押える方法が一般的である。**図 4**-23 に，山留めの連続壁にアンカーをとる工法を示す。

❸ 柱型枠

位置の精度，垂直精度が要求される。また，大きな側圧や梁型枠の荷重が作用するので，型枠としての高い剛性・強度が要求される。

多様な工法があり，木製型枠，金属パネル，システム型枠，ハーフPCa型枠などが使われ，円形の柱では紙管型枠などが使われている。**写真 4**-7 に，柱型枠の例を示す。

❹ 梁型枠

高所での組立て・解体作業となる。一般的には，合板を使った型枠が使われている。鉄板やPCa打込み型枠など，あらかじめ成形した型枠工法が使われることもある。**写 真 4**-8 〜 **4**-10 に，梁型枠の例を示す。

❺ 壁型枠

窓や出入口など開口が多く，加工手間が多い型枠である。また，側圧も大きいので，支保工および締付け金物の量も多い。せき板と桟木を一体化したパネルとして用いる工法が一般的である。**写真 4**-11 にプラスチックパネルを用いた壁型枠の例を，**図 4**-24 に梁型枠と壁型枠を一体化し，さらに足場も一体化した大型型枠工法の例を示す。

写真 4-6 ラス型枠を使った基礎型枠

図 4-23 地下外壁型枠の例

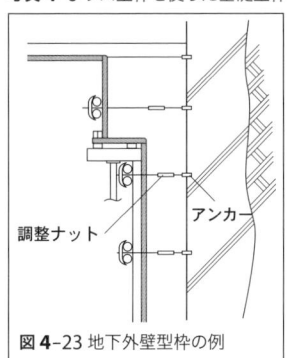

写真 4-7 合板とプラスチックパネルを使った柱型枠

❻ 床型枠

高所での作業となることや，面積が大きいことなどから多様な工法がある。一般的な工法は，図 4-22 に示したように合板せき板を根太，大引きで受け，

写真 4-8 合板を使った梁型枠

写真 4-9 薄肉 PCa を使った梁型枠の例

写真 4-10 薄肉 PCa を使った梁型枠の例

写真 4-11 プラスチックパネルを用いた壁型枠

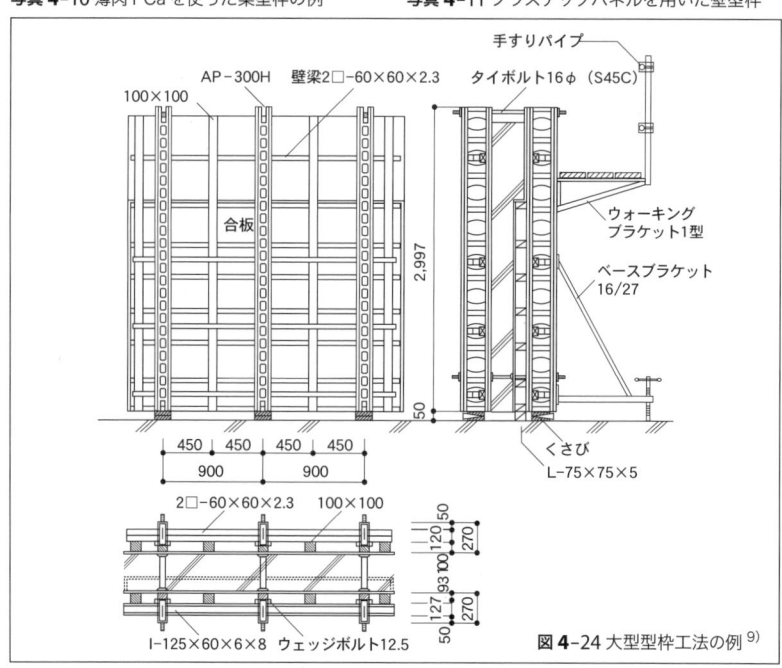

図 4-24 大型型枠工法の例[9]

支柱で支える工法である。支柱とせき板を一体化して大型化し，移動の機械化を図った工法として，フライングショア工法がある。階高が高い場合や床型枠の下の空間を使いたい場合には，ビームで受ける方法や，支柱が

> # Column 15
> **施工図とは？**
>
> 　学生の読者には，施工図という存在を知らないひともいるでしょう。設計図があれば，その通りに建物がつくられていくと思っていませんか。たぶん，機械類などの製造業ではそうなのでしょう。ところが，建築業界に入ってみると施工図というものが存在し，建物の施工は施工図に拠って行われます。この理由は，設計図だけでは施工できるレベルの詳細な部分までは表現されていないからです。設計図は設計者の意図を表現する図面であり，施工図は設計者の意図を理解・咀嚼し，施工者用に表現し直した図面と言えるでしょう。施工図には大きく分けて，ゼネコンが専門工事業者への説明用に書く詳細図と，専門工事業者が製造あるいは施工するために書く工作図・詳細図があります。前者の代表的な施工図として「躯体図」があります。
>
> 　ここで，躯体図は，鉄筋コンクリート構造体の形状・寸法を詳細に表した図面で，主に型枠工事業者（型枠大工という）が型枠を組み立てられるように作成するものです。設計図の中の構造図をもとにして作成しますが，部材の詳細を決めるためには，まず意匠図との基本的な整合性をチェックしなければいけません。さらに，意匠図に書いてある建具やタイル仕上げなどについて詳細図（施工図）を作成し，それらと整合をとります（例えば，建具用の開口部の位置や寸法・形状など）。また，設備の配管などのための貫通口の位置なども書き込みます。
>
> 　ところで，外国ではどうなのでしょうか。アメリカやイギリスなどでは，日本とは随分事情が違うようです。日本のように建設会社や専門工事業者が自主的に自費で施工図を書くことは，これらの国ではありません。設計図が詳細に書かれており，施工図が不要だというわけではありません。施工図が必要なときには，設計者の責任において施工図を建設会社や専門工事業者に有償で発注するのです。施工図が必要なのに施工図が発注されない場合は，建設会社や専門工事業者は施工図なしで"それなりに"施工することになります。このような状況の背景は，外国では日本ほど工事精度に対する社会の要求度が高くないこと，日本の建設会社や専門工事業者の技術力・資金力が高いこと，などが考えられます。
>
> 　また，最近は設計図も施工図もCADによって作成されています。設計図のCADデータを使用できれば施工図の作成は省力化できるし，施工図の作成結果のデータを随時フィードバックすれば設計図は竣工図（竣工時における最終設計図）に近づいていきます。このように，今後は，従来とは違った施工図の作成プロセスが期待されています。

不要な支保工一体型の型枠が使われる。デッキ型枠やハーフPCa型枠が無支柱工法の代表的な例である。デッキ型枠は鋼板を折り曲げてリブとすることにより，所要の曲げ剛性を確保している。ハーフPCaはトラス筋やプレストレス鋼線を用いて所要の曲げ剛性を確保している。

また，床型枠を敷き込むと下の空間が暗くなる。明り採りのために，透光性の高い材料を使った工法も開発されている。**図4-25**および**写真4-12〜4-14**に，床型枠の例を示す。

❼ 階段型枠

加工が複雑で，高度な技能が要求される。最近では，踏面に蓋をするのが一般的になっている。また，階段を鉄骨やPCaにするなどして，型枠工事の合理化を図ることが多い。**図4-26**に，階段型枠の例を示す。

写真4-12 デッキ型枠

写真4-13 ハーフPCa型枠

写真4-14 透光性プラスチックを使った床型枠

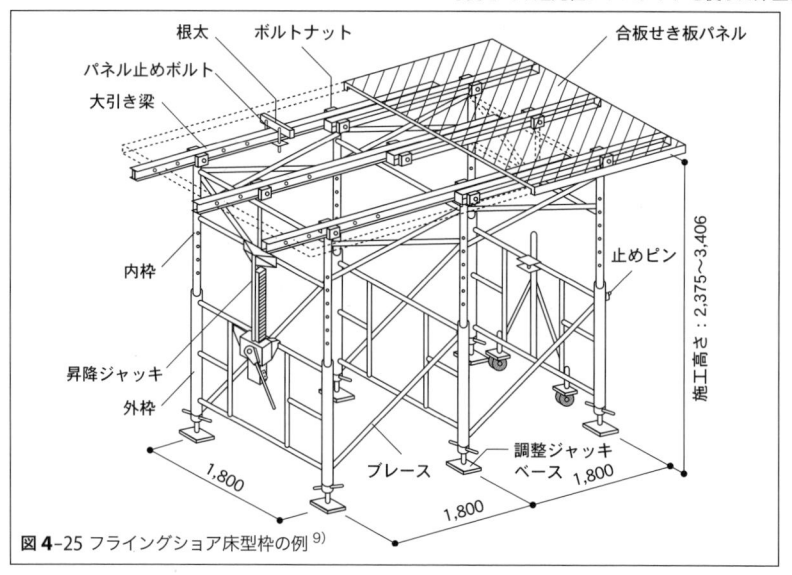

図4-25 フライングショア床型枠の例[9]

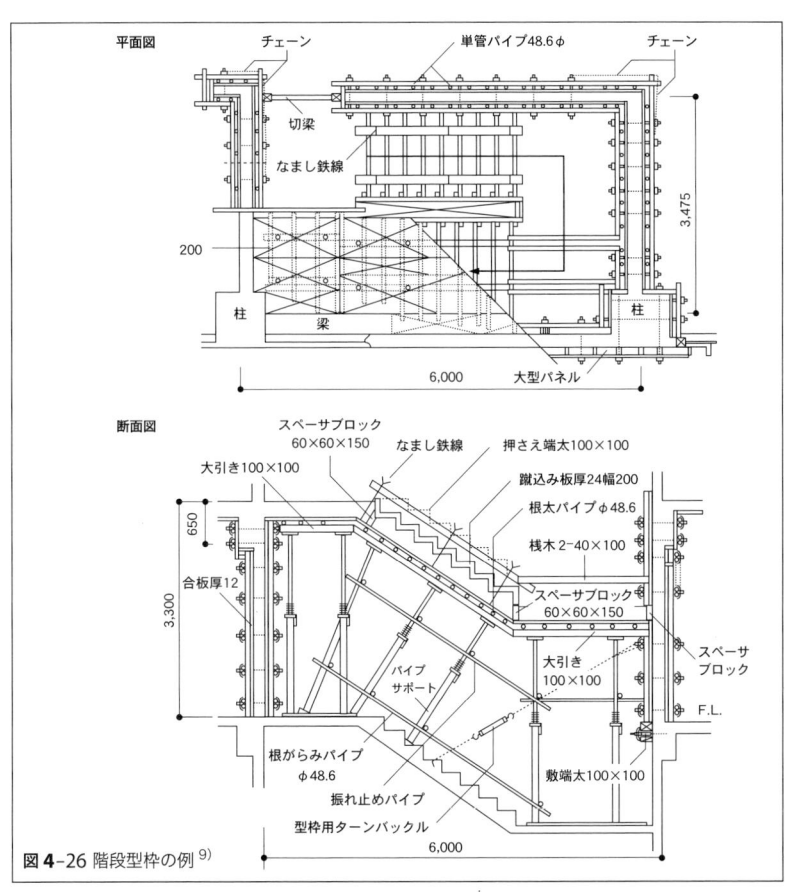

図 4-26 階段型枠の例 [9]

Column 16
コンクリート表面の凹みは何？

質問：打放しコンクリート表面の丸い凹みは何ですか？

答え：型枠に使われたPコンを外して、モルタルを充填した痕です。

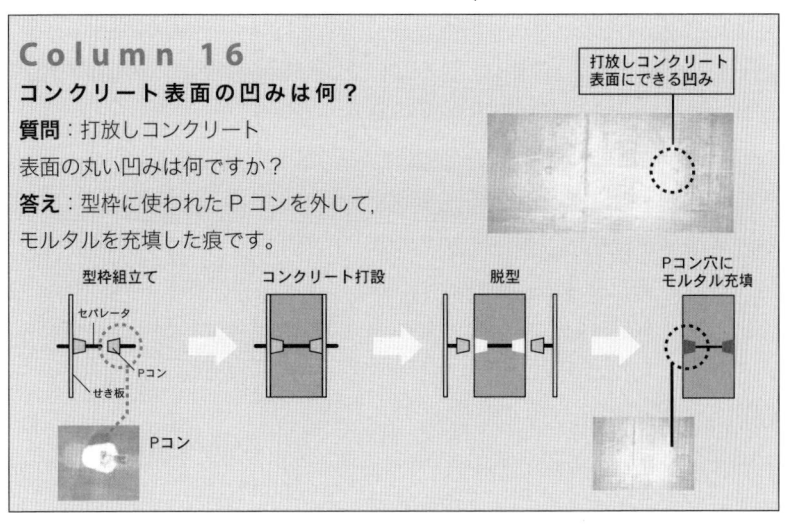

施工計画の要点

1）型枠工事の流れ

型枠工事のフローチャートを，**図4**-27に示す。

2）設計図書の確認

❶ 適用される仕様書・設計図書の確認

特記仕様書，意匠図，構造図，設備図，その他の仕様書など，躯体に関する設計図書の内容を確認する。

❷ コンクリートの位置・形状・寸法の確認

コンクリート部材の位置・形状の寸法の表示，意匠図，構造図，設備図に記載されたコンクリート部材の位置・形状の整合，設計の過程で躯体の位置や形状，設備の位置などの変更の有無など，関連する設計図書の内容を詳しく読み取って，構築すべきコンクリート部材を確認する。

❸ コンクリートに打ち込まれる材料・部品の確認

コンクリートに打ち込まれる鉄筋や鉄骨，各種金物や設備関連部品などを，特記仕様書，意匠図，構造図，設備図など設計図書から読み取る。

コンクリートには窓や扉などの開口が設けられるほか，設備の配管など貫通部品のための開口が設けられる。コンクリートに打ち込まれるサッシや建具のアンカー部品，天井や設備配管・ダクトのためのスリーブ，インサートなど，躯体にかかわる部品の情報を漏れなく収集する。柱と梁の接合部などでは，コンクリート内に打ち込まれる鉄筋や鉄骨が輻輳し，躯体寸法の中で納まらない場合もある。そのような場合は，設計者に確認しながら工事を進める。

❹ コンクリートの仕上りの確認

コンクリートがそのまま仕上げになる場合や仕上げの下地になる場合があ

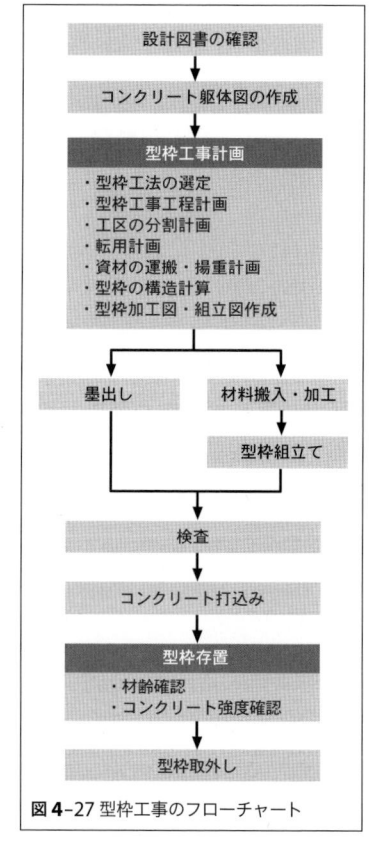

図4-27 型枠工事のフローチャート

り，要求される型枠の材料，精度が異なる。仕上げの種類を確認し，要求される仕上り面の状態や精度を確認する。

3) コンクリート躯体図の作成

設計図は，躯体の詳細の情報が反映されているわけではなく，代表的な部分を表現しているに過ぎない。型枠工事に先立ち，躯体の位置，形状，寸法，躯体に打ち込まれるアンカー，金物，設備関連部品などの情報を集約したコンクリート躯体図を作成する。**図4**-28に，コンクリート躯体図と各種情報との関連を示す。

4) 型枠工事計画

型枠工事に先立ち，鉄筋工事や鉄骨工事などの躯体工事や仕上工事など，工事全般との関連を考慮して，必要な項目の計画を行う。

❶ 型枠工法の選定

コンクリート躯体の位置や形状，全体工程の中で型枠工事が占める時期，仕上げの種類，仮設機器などを勘案して，合理的な型枠工法を選定する。

例えば，コンクリートの仕上りが打放しの場合は，要求されるテクスチャーに応じたせき板を選定したり，階高が高い床の型枠では無支柱工法

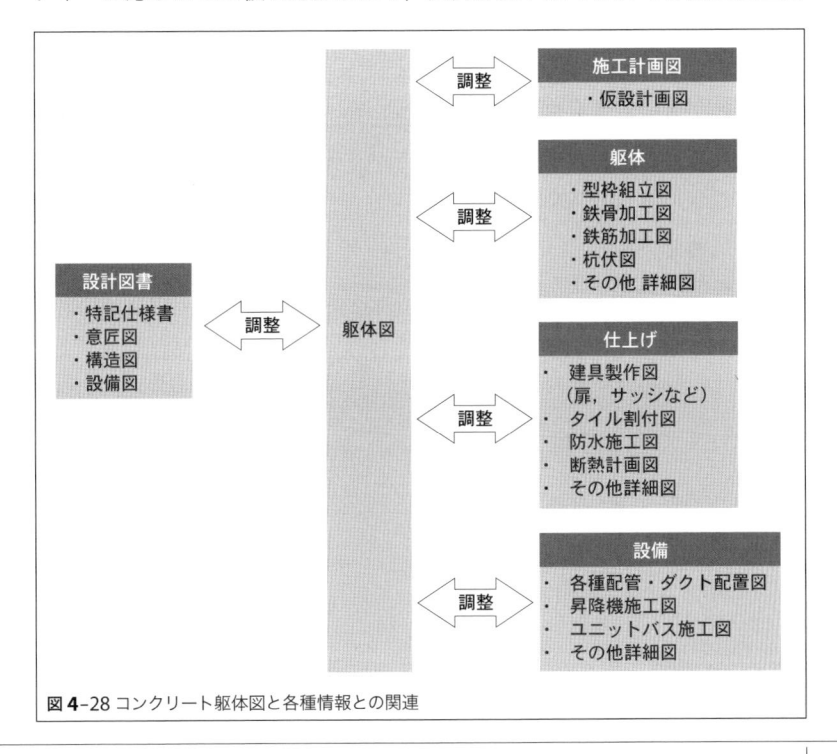

図4-28 コンクリート躯体図と各種情報との関連

を選定するなど，いろいろな選択肢がある。**表4**-4に，施工条件と床型枠の適合性の例を示す。

❷ 型枠工事工程計画

全体工程から各階の躯体工事に費やすことができる期間が算定できる。各階の躯体工事に費やす期間を決め，その期間内で躯体工事が終わるように，型枠工事，鉄筋工事，設備工事，仮設工事など関連する工事の工程を調整する。**図4**-29に，型枠工事の工程計画の手順を示す。

型枠工事に先立って行われるコンクリート躯体図の作成期間，型枠割付図の作成期間，工場で加工するものがあれば納入に要する期間を見込んで，型枠の加工・運搬・組立て，鉄筋や設備など型枠にかかわる工事や足場など仮設材の設置に要する期間，型枠の存置期間，転用など，型枠工事の一連の作業に要する期間を算定し，工程計画を行う。

この一連の作業で重要なことは，型枠工事は鉄筋工事や設備工事とそれぞれ関連が深く，相互に進めなければならないことである。鉄筋工事が終了していなければ型枠工事に着手できない部位や，その逆に型枠工事が

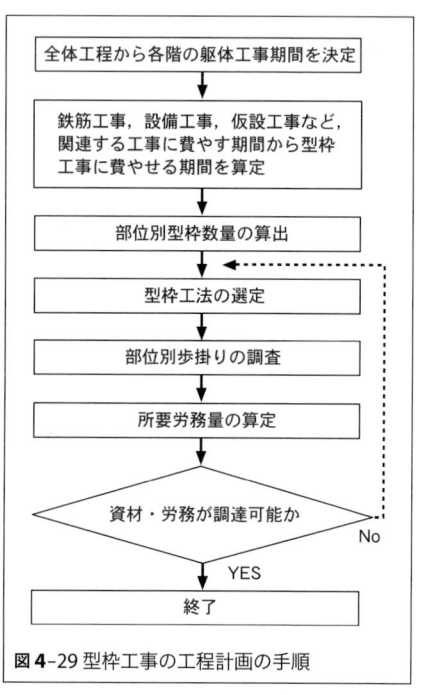

図4-29 型枠工事の工程計画の手順

施工条件	在来型枠工法	支保梁工法	ハーフプレキャスト工法	デッキ工法	フライングショア工法
階高が高い	×	○	○	○	×
型枠の下を動線として使う	×	○	○	○	×
クレーンがある	―	○	○	○	○
工期が短い	×	○	○	○	○
見えがかりである	○	○	○	×	○
さび，結露が発生しやすい場所である	○	○	○	×	○
面積が広い	×	×	×	×	○

表4-4 施工条件と床型枠の適合性

完了していないと鉄筋工事ができない部位などがある。おのおのの工事の後先を考慮して，工程計画を行わなければならない。

一般的な型枠工法では柱型枠，梁型枠，壁型枠，床型枠，階段型枠というように，建築物のフレームを構成する部位別に工事が進められる。採用する型枠工法や部位によって，型枠の加工・組立てに要する労務量に差がある。また，作業員の技能・経験によって加工・組立てに要する時間に差が出る。部位ごとに型枠数量を算定するとともに，部位別の歩掛りに基づき，部位別に工程を計画する。図4-30に，鉄筋コンクリート造建築物の1階分の型枠工事工程の例を示す。

❸ 工区の分割計画

規模の小さい建築物では，階ごとに工区を分割するのが一般的である。階ごとに工区を分割し，さらに鉛直部材と水平部材とにコンクリート打設を分けるVH分割が採用されることがある。建築物の規模が大きい場合には，建築物を複数の工区に分割して工事を進めることにより，労務や資材の転用が容易になり，労務量の平準化（山くずし）や資材の準備量を少なくすることができる。

工区の分割計画では，コンクリートの一体性の確保，コンクリートの打継ぎ位置と打止め方法，1日で打ち込めるコンクリート数量，1日で均せる床面積など施工上の条件を考慮しつつ，最適な労務・資材量となるように計画する。

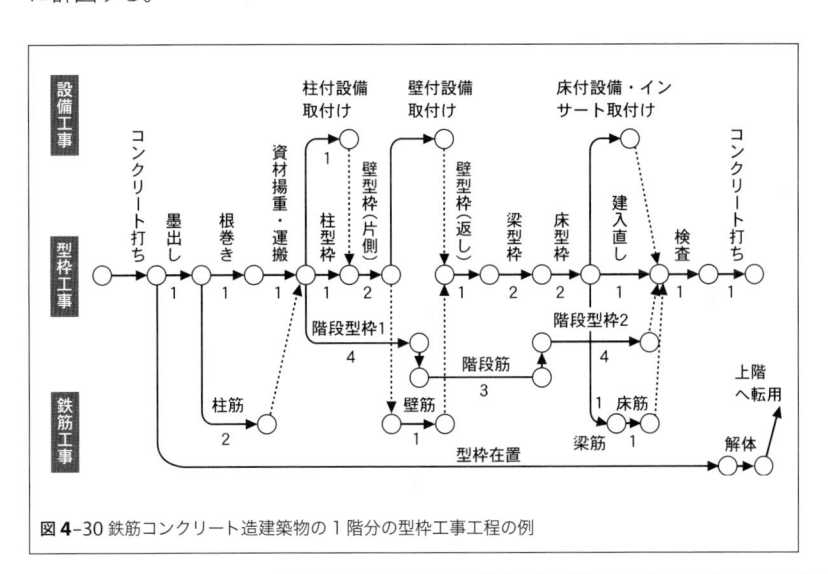

図4-30 鉄筋コンクリート造建築物の1階分の型枠工事工程の例

❹ 転用計画

　型枠工事に使用する資材を繰り返し使用することを転用という。工程計画、工区分割計画と並行して転用計画を行う。型枠の転用計画では、以下の事項を考慮する。

a）耐用転用回数

　せき板は複数回使用すると表面が劣化して、コンクリート仕上り面が荒れてくる。また桟木、端太角などの支保工材も組立て・解体を繰り返すことで損耗してくる。転用できる回数は、使用する材料・工法によって異なる。例えば、塗装合板は無塗装合板に比べて、転用できる回数が多く、メタルフォームやアルミ合金パネルなどはさらに耐久性に優れる。建築物全体での転用回数と材料の耐用転用回数を考慮して、材料・工法を選定する。

b）転用しやすい形状・寸法

　型枠の転用を図るためには、型枠の標準化が重要である。建築物の各部材の形状・寸法は、階ごとに異なることが多いが、形状・寸法を標準化することで転用が容易になる。建築物の1階から最上階までの柱・梁を、同一形状・寸法とする等断面*設計の建築物も建設されている。

c）型枠存置期間

　せき板および支保工の存置期間は、コンクリートの品質を保ち、安全に施工するために法令で定められている。早期に解体することができる資材と長期間存置しなければならない資材とがあるので、資材別に転用計画を行う。図4-31に、型枠の転用例を示す。

＊等断面とは、断面寸法が等しいことをいう。

❺ 資材の運搬・揚重計画

　型枠工事では、多種の仮設資材を大量に使用する。型枠の加工、組立て、コンクリートの打込み後、型枠を解体して、次の工区に転用する。これを繰り返して躯体を構築していく。資材の運搬・揚重を効率よく行うことが、型枠工事を効率よく行ううえで重要な要素となる。

　運搬は、工区間で資材を移動する「運搬・揚重」と、工区内で施工場所に主として手作業で運ぶ「小運搬」とに分類される。

　運搬・揚重では、資材を種類別にまとめて、クレーンやリフトなどの機械を使って移動する。水平・垂直の運搬機器の適正な選択、揚重設備の設置場所の計画、構台など仮設の荷取り設備の設置計画、運搬経路の計画を行う。

　型枠工事の労務費の20〜40％は、小運搬に費やされる。資材の運搬

経路の単純化,資材置き場の適正化が工期の短縮や経済性を得るために重要な要素となる。

　これらの計画は,建築物の全体計画とも密接に関連する。型枠用の資材を上階に容易に移動できるように,床に開口「ダメ穴」を設け,揚重経路として使用し,資材の揚重が完了した後に開口を塞ぐ方法がとられることもある。通常,ダメ穴は設計図書に記載されていないため,ミスの原因となることがある。開口補強筋,コンクリート後打ちの手順などを監理者と十分に打合せ,決定しなければならない。また,解体する必要がない工法を採用することで,運搬する資材総量を低減する方法もある。例えば,鉄骨造の床型枠として多用されているデッキ型枠は解体しない型枠である。転用しないために材料費そのものは高くなるが,運搬費が低減する。材料費と運搬費のバランスを考慮して,型枠工法の選定,運搬・揚重計画を行う。

❻ 型枠の構造計算

　型枠に作用する荷重を想定し,型枠の構造計算を行い,型枠構成材の仕様を決める。型枠の構造計算にあたっては,型枠が仮設材でありコンクリートが固まるまでの間,荷重に耐えればよいことを前提として,構造上の安全性と併せて作業性・経済性を考慮する。型枠に作用する荷重には,以下のものがある。

a）鉛直荷重
・型枠自重：採用する型枠工法に応じて算定する（通常は 400N/m^2）
・鉄筋コンクリートの重量：24kN/m^2

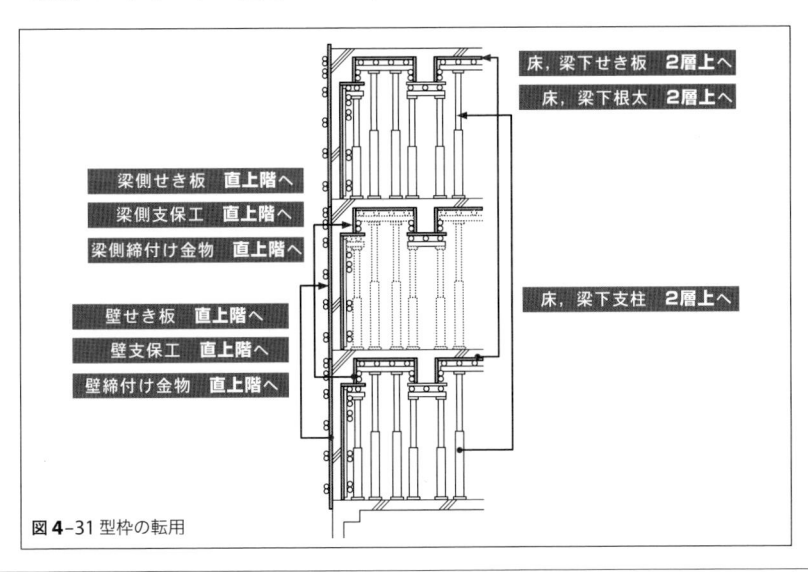

図4-31 型枠の転用

- コンクリート打設時の作業荷重：1,500N/m^2（労働安全衛生規則）
- 積雪荷重：地域に応じて定める

b）水平荷重

- コンクリートの側圧：コンクリートの打込み高さ，コンクリートの硬さ，打込み速度，部材の形状に応じて定める
- コンクリート打設時の衝撃荷重：コンクリートポンプ使用時の水平荷重
- その他の荷重：コンクリートの偏心による水平荷重，風荷重，地震力など

　図**4**-32に，硬練りのコンクリートを時間をかけて打ち込む場合に，型枠に作用する側圧の状態を示す。当初はコンクリート打込み高さに応じて側圧が大きくなるが，ある高さまで打ち込むと，それ以上側圧は大きくならなくなる。打込みを続けると，最大の側圧を示す位置が上方に移動する。最大の側圧を示した状態の打込み高さを，コンクリートヘッドという。

　軟練りのコンクリートを急速に打ち込む場合は，液圧として側圧が作用する。型枠を構成する各部材の構造計算では，おのおのの部材に作用する荷重を求め，十分な強度を有し，かつ各構成の変形量の累積が，許容寸法内に納まるように部材の材質，断面性能，設置間隔など必要事項を決める。**表4**-5に，型枠の許容変形量の目安を示す。

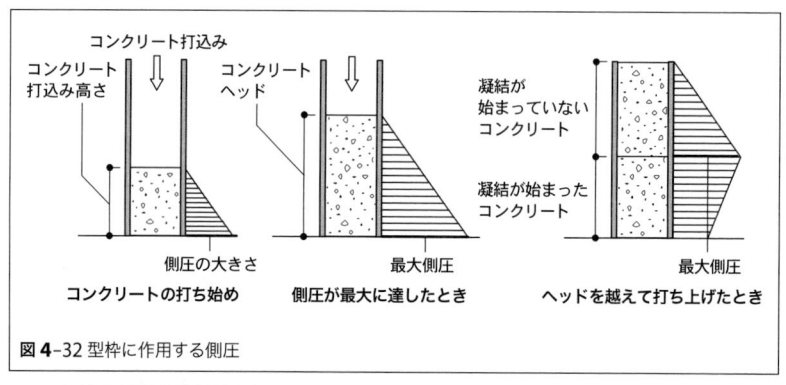

図4-32 型枠に作用する側圧

仕上げの種類・程度	許容変形値	仕上例
・仕上げ厚さ 7mm 以上の場合 ・下地の影響をあまり受けない場合	10mm	塗壁 胴縁下地
・仕上げ厚さ 7mm 未満の場合 ・かなり良好な平坦さが必要な場合	7mm	直吹付け タイル圧着
・打放しコンクリートの場合 ・仕上げ厚さが極めて薄い場合 ・良好な表面状態が必要な場合	5mm	打放しコンクリート 直塗装 布直張り

表4-5 型枠の許容変形量の目安[9]

施工管理

1） 加工・組立て

型枠工事における代表的な作業は，次のとおりである。

❶ 墨出し

墨出しには，建築物の通り芯と高さを示す基準墨および柱や壁などの芯，表面の位置を示す小墨がある。コンクリート躯体図をもとにして，型枠を建て込む位置をコンクリート床の表面に表示する。

❷ 加工

コンクリート躯体図に基づいて，型枠加工図を作成する。型枠加工図は専門工事業者が作図することが多い。加工図では材料の転用性や作業性を考慮して，できるだけ定尺物が使えるように計画する。

また，取外しが容易にできるように，組み方を考慮する。建込みを行う床には，ある程度の凹凸や傾斜があるのが一般的である。これらの実際の

Column 17
型枠のパンクは冬に多い？

質問：型枠のパンクは冬に多いのはなぜですか？

答え：コンクリート打込み時の側圧に耐え切れなくて，型枠が大きく変形または破損し，コンクリートが漏れ出すことをパンクといいます。

　コンクリートの側圧の大きさは，コンクリートのスランプが大きいほど，打込み高さが高いほど，打込み速度が速いほど大きくなります。気温が低いときに打ち込んだコンクリートは，水和反応が遅いため長時間流動性を保っています。そのため，側圧が大きくなり，気温が高いときと比べパンクしやすくなるのです。

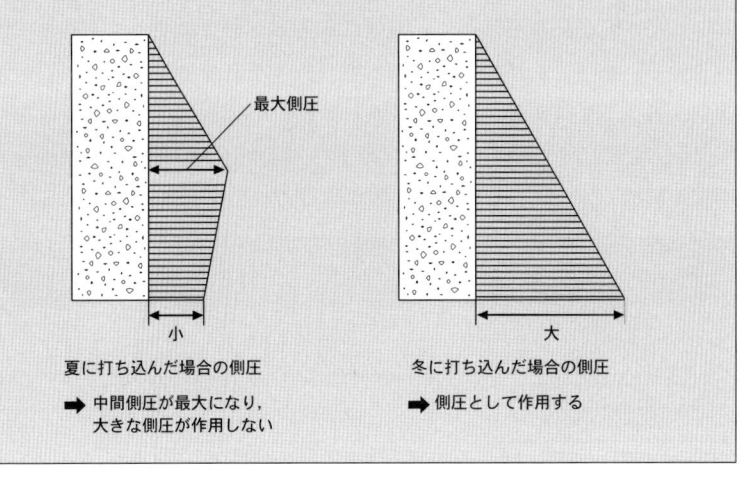

夏に打ち込んだ場合の側圧
➡ 中間側圧が最大になり，大きな側圧が作用しない

冬に打ち込んだ場合の側圧
➡ 側圧として作用する

コンクリート表面の状態を考慮して、柱や壁型枠は実際の寸法より10～30mm程度短く製作し、現場組立て時に楔（くさび）や木片で高さを調整できるようにする。

❸ 組立て

コンクリート部材がコンクリート躯体図に示された位置・形状・寸法となるように寸法どおりに、水平および垂直の精度よく型枠を組み立てる。「JASS 5」に示されたコンクリート部材の位置および断面寸法の許容差の標準値が、型枠の組立て精度の目安となる。**表4**-6に、「JASS 5」に示されているコンクリート部材の位置および断面寸法の許容差の標準値を示す。

型枠は、組立てが完了するまで不安定な構造となりやすい。また、コンクリート打込み中は、コンクリートの自重、側圧、ポンプの振動など大きな荷重が作用する。これらの荷重に耐えられるように型枠を堅固に組み立てる。

型枠の組立て作業を安全に進めるために、型枠組立ては「型枠組立て作業主任者」の有資格者が指揮に当たる。さらに、型枠の組立ては鉄筋工事や設備工事、建具のアンカーなどの埋込み部材の設置工事と輻輳して進められるため、組立てに先立ち、他の工事との調整を十分に行う。**図4**-33に、型枠の組立てを示す。

❹ 清掃・点検・水湿し

コンクリートの打込み前に、型枠内の清掃・点検を行い、コンクリートを打ち込んでも支障ないことを確認する。型枠内には、のこくずや木片などが入りやすい。コンクリート打継ぎ面の一体性や断面性能を損なう異物が、型枠内に残らないように打込み前に清掃を行う。型枠内の異物を取り除くことが容易になるように、清掃口を型枠に設けておくこともよく行われている。また、先に打たれたコンクリートが乾燥していると、新たに打設したコンクリートの水分が吸収され、硬化に必要な水分が不足することがある。このような状態にならいように、型枠内部の清掃に水を使い、同時に既設のコンクリートに十分に吸水させることが重要である。

項目		計画供用期間の級	
		一般・標準	長期
位置	設計図に示された位置に対する各部材の位置	± 20	± 20
断面寸法	柱・梁・壁の断面寸法	-5 +20	-5 +15
	床スラブ・屋根スラブの厚さ		0 +20
	基礎の断面寸法	-10 +50	-5 +10

表4-6 コンクリート部材の位置および断面寸法の許容差の標準値（mm）[10]

❺ コンクリート打込み

 コンクリート打込み中は，打ち込んだ範囲の型枠に部分的に集中して荷重がかかる。また，コンクリートポンプの振動や締固めに用いる振動機の振動が作用する。そのため，型枠の締付け金物の緩みや，局所的な型枠の変形が起きることがある。

 型枠に作用する側圧に耐えかねて，型枠が大きく変形する現象をパンクといい，コンクリートが漏出してしまう。このような不具合が生じた場合は，コンクリートの打込みを一時中断して型枠の補修を行う必要がある。コンクリート打込み作業中に型枠の状態を点検し，常に正常な状態に保つ。

❻ 型枠の取外し

 型枠は打ち込んだコンクリートが所要の強度を発現するまで存置され，その後，取外し転用される。

 せき板は，せき板を取り外した後に，容易に損傷を受けない程度まで存置する。容易に損傷しないコンクリートの強度として，$5N/mm^2$ が目安となる。

 支保工は，支保工を取り外した後にコンクリート部材に作用する荷重に対して，十分な安全性が得られる強度が発現するまで存置する。取外しが早すぎると，コンクリート部材にひび割れや，過大な変形が生じることがある。床や梁では，コンクリートが設計基準強度に達するまで，支保工を存置する方法が一般に行われている。

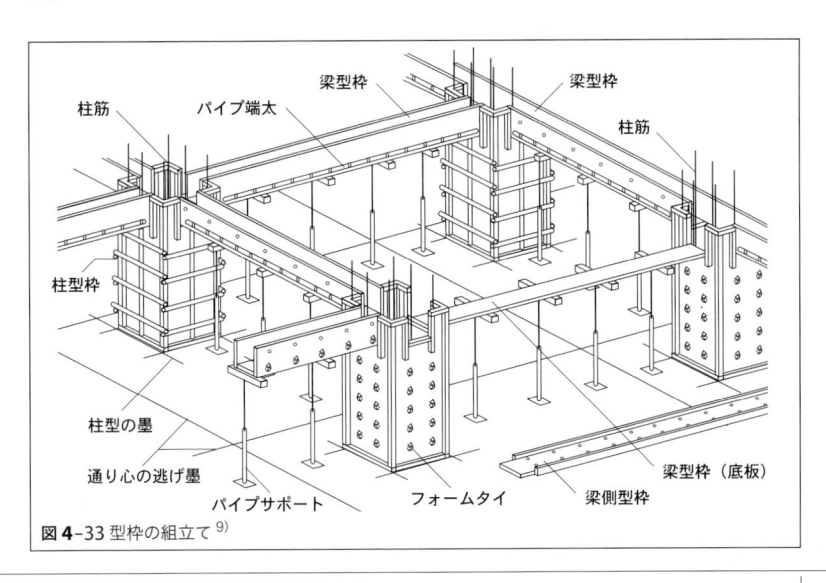

図4-33 型枠の組立て[9]

管理・検査

型枠工事の良し悪しが，コンクリート部材の良し悪しに大きく影響する。固まったコンクリート部材は，壊して打ち直すなど訂正に多大な労力を要する。型枠の管理・検査を，型枠工事の各段階で慎重に行うことが重要である。

型枠工事の品質管理・検査項目を，**表4**-7に示す。

型枠工事の変革

1）新しい材料

型枠に使われる材料は，多種多様である。コンクリートが固まるまでの仮設材であるので，比較的自由に材料を選定することができる。

型枠材料は，建築物の構造形式や規模の変化，型枠工事の合理化の追求，環境への影響など建築をめぐる社会環境の変化を受けて変化してきた。

従来は，鉄筋コンクリート造の比較的小さい建築物が多く，型枠材料も加工性がよい木材が主流であった。多くの熟練工が存在し，複雑な加工も可能であった。しかし，技能工の不足や高齢化，合板の原料となる南洋木材の乱伐などの社会問題，大規模・高層な建築物の増加など，周囲の環境が変化している。これらの変化に伴い，加工が少なく，より生産性が高い型枠工法が求められ，省力化工法が使われることが多くなった。使用される材料も，省力化工法に適した材料に変化してきた。鉄筋コンクリート造の大規模建築物や高層住宅建築物の床型枠では，ハーフPCaコンクリートを型枠にする工法や鋼板を曲げ加工したデッキプレートが主流となっている。

検査時期	検査内容
建込み前検査	・型枠の建込み位置を示す墨の有無，位置 ・加工した型枠材部材の寸法・形状
コンクリート打設前検査	・型枠の建込み位置・精度 ・埋込み部品の位置，数量 ・他工事との関連事項（鉄筋のかぶり厚さなど） ・支保工の位置・数量 ・締付け金物の位置・数量 ・型枠内の清掃状況
コンクリート打設中検査	・コンクリートの漏出 ・型枠の移動・変形 ・支保工の緩み，変形 ・締付け金物の緩み，変形
コンクリート打設後の検査	・コンクリートの漏出 ・型枠の移動，変形

表4-7 型枠工事の品質管理・検査項目

コンクリート表面に，複雑な模様をつけるためのプラスチック型枠も利用されている。

2) 型枠工事の合理化

型枠工事が労働集約的であり，躯体工事の中で，品質，工期，経済性，安全性のうえで，重要な工事であることは前述してきたとおりである。型枠大工の高齢化，技能工の不足といった専門工事業者側の環境の変化や，建築物の大規模化，複雑化，短工期化など社会のニーズの変化に呼応して，型枠工事の合理化の試みが数多くなされている。

主な型枠工事の合理化の例をまとめると，**表4-8**のとおりである。型枠材料・工法の合理化は今後も進められるべきものであり，多方面からの技術開発が望まれる。

3) 環境への取り組み

型枠材は仮設物であるため，コンクリートを成型する機能を終えると不要物となる。前述した合理化の流れに，省資源の観点を加えた型枠工法として，躯体兼用あるいは仕上材兼用の打込み型枠工法が数多く開発されている。建設現場からの廃棄物量の低減に役立っている。

また，リサイクル材料を原料とした型枠材料の開発や建設現場における型枠廃棄物の再資源化を狙った「分別回収」の動きなど，省資源化，環境負荷の低減化を図る動きが型枠工事にも広がっている。

合理化の狙い	合理化の手法	型枠の種類
組立て・解体作業の省力化	せき板・支保工一体型枠	システム型枠 ハーフPCa型枠 デッキ型枠 滑動型枠（スライディングフォーム）
	大型化	フライングショア シャタリング
解体作業の削減	打込み型枠	ラス型枠 薄肉PCa型枠 ハーフPCa型枠 デッキ型枠 鉄板型枠
他の工事との融合	仕上げ材一体型枠	タイル打込みハーフPCa型枠 化粧型枠
	鉄筋一体型枠	鉄筋付きデッキ型枠 トラス筋付きハーフPCa型枠
	構造材一体型枠	合成デッキ型枠 ハーフPCa型枠
コンクリートの改質	余剰水排除	透水型枠

表4-8 型枠工事の合理化

鉄筋工事

はじめに

　鉄筋工事は，鉄筋コンクリート造や鉄骨鉄筋コンクリート造だけでなく，鉄骨造の基礎などでも行われる。鉄筋工事の後，コンクリートが打設されるため鉄筋自体は見えなくなる。鉄筋工事に不具合があると，コンクリートがひび割れて錆汁を生じたり，地震時などに大きな被害を生じたりすることがある。鉄筋工事は構造物の耐力や耐久性を確保するうえで重要な工事であり，工事においていろいろ知っておかなければならない決まりごとがある。これらの多くは過去の不具合や地震などの被害から学んできたものであり，建築基準法で定められていたり，「JASS 5」などでその標準が示されている。

　近年では，超高層建築物や大規模構造物が建設されるようになり，使用される鉄筋も高強度かつ太径になっている。さらに，耐震性の観点から鉄筋量も増大し，鉄筋工事はますます難しく重要になりつつある。一方，建築工事の省力化などの要求から，鉄筋工事においても鉄筋先組工法やPCa工法などの合理化工法が行われることが増えている。継手も含め鉄筋工事において，留意しなければならないことが多くなっている。

鉄筋材料と部材構成

1）鉄筋材料

　建築では，鉄筋および鉄線として丸鋼，異形鉄筋，溶接金網などを使用するが，これらの品質・成分・寸法などは，JIS G 3112「鉄筋コンクリート用棒鋼」およびJIS G3551「溶接金網及び鉄筋格子」で規定されている。設計図書で指定されている鉄筋材料の強度と径を確認し，間違わないようにする。

　鉄筋の種類には，SR235，SR295，SD295A，SD295B，SD345，SD390，SD490がある。記号のSはsteel（鉄），Rはround（丸），Dはdeformed（異形）を表し，数字は降伏点強さを示している（鉄筋は降伏点強さまでは荷重と変形が比例関係にあり，荷重を除くと元に戻る弾性の性状を示し，降伏点を超えると変形だけが大きく増加し，荷重を除いても変形が残る塑性の性状を示す）。

　鉄筋径は，JISには異形鉄筋の場合D6〜D51まで13種類規定されて

いるが,「JASS 5」は D41 以下を対象としている。D の後の数字は呼び名に用いた数値を表し,単位長さ当たりの重量から算出される公称直径を丸めた数値である。鉄筋の納まりを検討する場合には,最外径（**表4**-9を参照）を使用する。

2）鉄筋コンクリート部材の構成

鉄筋工事は,各部材ごとに鉄筋を加工して組み立てる。鉄筋の加工や組

図4-34 異形鉄筋の形状

図4-35 RC 梁への外力と主筋の役割

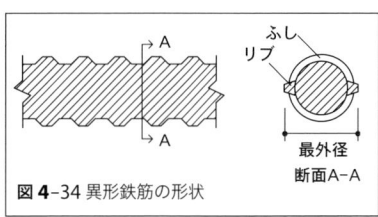

写真4-15 鉄筋先組工法

写真4-16 PCa 工法

呼び名	D10	D13	D16	D19	D22	D25	D29	D32	D35	D38	D41	D51
最外径	11	14	18	21	25	28	33	36	40	43	45	56

表4-9 異形鉄筋の最外径（mm）

Column 18
駄目（ダメ）－ダメ工事,ダメ穴とは？

駄目（ダメ）とは,建築工事において,ほとんど完成している状況で,部分的な手直し,未完成な部分などが残っている場所のことです。その部分を点検し,見回って探すことを「ダメ回り」,その部分を完成させる工事を「ダメ工事」あるいは「ダメ直し」などといいます。また,「ダメ穴」とは,型枠やサポートなどの仮設資材を,次の使用階（上階）へ上げやすくするために床に設けておく開口部のことで,通常では躯体工事の最終段階でコンクリートを打設します。

囲碁でいう「駄目詰め」,つまり最終局面で,勝負決定後の「目」,すなわち「駄目」を詰める（石を置く）作業に似ていることからきていると考えられます。

第4講 鉄筋コンクリート工事

立ての計画を行うためには，鉄筋工事担当者は各部材に入る鉄筋の名称を覚える必要がある。図4-36に，各部材の構成と鉄筋の名称を示す。

　断面内に生じる引張力を負担する引張鉄筋と，圧縮力を負担する圧縮鉄筋がある。引張鉄筋と圧縮鉄筋は，断面に加わる力の方向で定まる。

　柱に用いられるフープ（帯筋）や梁に用いられるスターラップ（あばら筋）

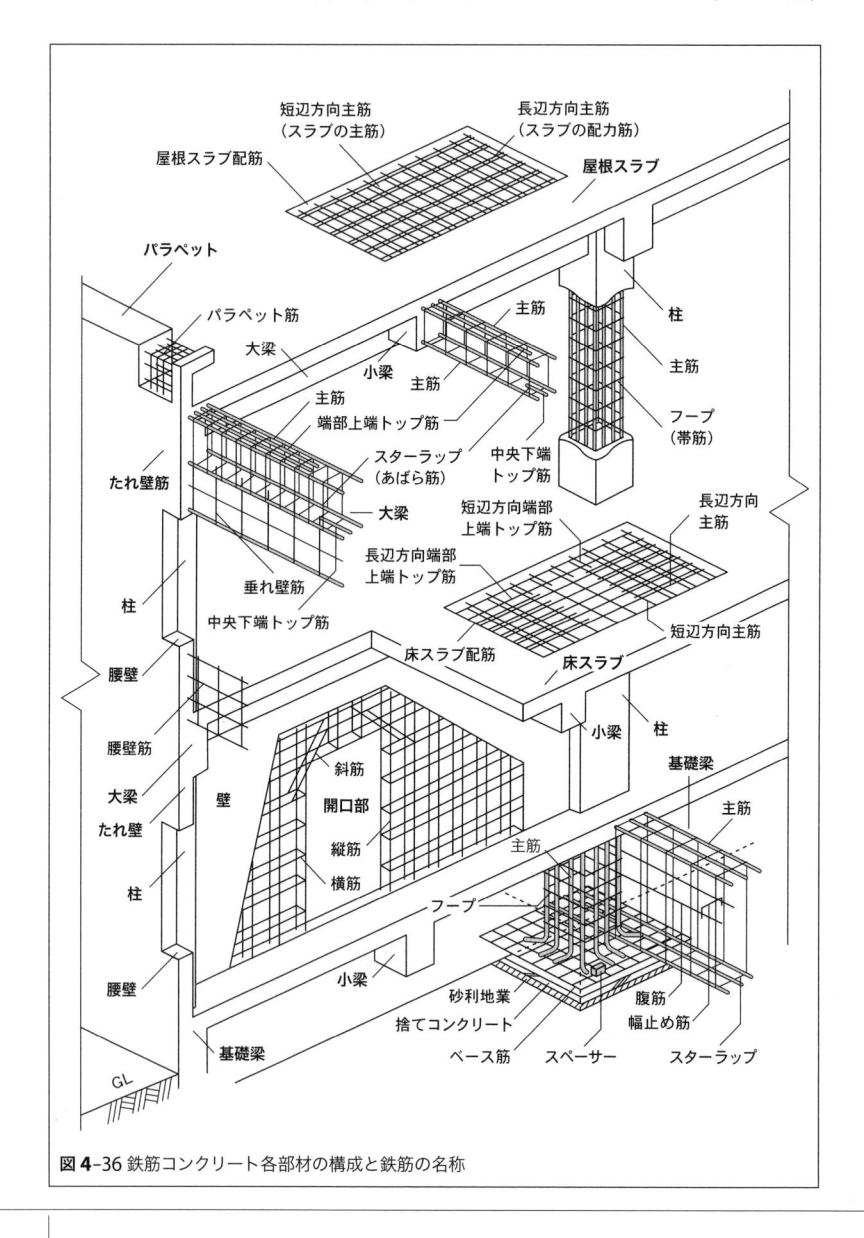

図4-36 鉄筋コンクリート各部材の構成と鉄筋の名称

は，せん断補強筋ともいい，断面内に生じるせん断力を負担する。1968年の十勝沖地震で鉄筋コンクリート造の柱が激しく破壊したが，これをせん断破壊といい，この地震以降，せん断補強筋の規定が強化されている。

鉄筋工事の計画

1）設計図書の確認

鉄筋工事は，**図4-37**に示すようなフローで行われる。

鉄筋工事担当者は，最初に設計図書をよく読み，**表4-10**に示す事項を確認するとともに，納まり上で問題になりそうな箇所をあらかじめ検討しておく。構造設計上の特性を理解するとともに，施工上の不具合がないようにするために，設計者と綿密に打ち合わせることが重要である。

設計図書を理解した後に鉄筋工事の計画を行うが，鉄筋工事の計画は，工程計画，仮設計画について行う。

2）工程計画

鉄筋工事の工程計画を検討する場合，他工事との関連を考慮する必要がある。例えば，鉄筋コンクリート造では，鉄筋工事は型枠工事と共同作業になり，工程が型枠工事に左右されることが多い。また，鉄骨鉄筋コンクリート造では鉄骨工事の工程に従うことが多い。鉄筋工事の歩掛り（建築工事の原価計算に用いる単位であり，鉄筋工事では1人の作業者が1日に施工できる鉄筋量"ton"で表す）は，構造種別や作業条件により大きく異なるが，工区分けや他工事との関連，組立て工法の検討などにより平準化を図るようにする。

3）仮設計画

仮設計画の検討にあたっては，足場だけでなく，運搬や材料置場，加工場についても検討する。運搬には，鉄筋専門業者の加工場から作業所

①特記仕様書，設計図（構造図）の把握
②構造図，意匠図，設備図の照合
③メーカーの指定の有無
④継手の指定の有無
⑤開口補強の指定の有無
⑥補強筋の指示の有無
⑦各種検査，試験の指示の有無

表4-10 設計図書の確認事項

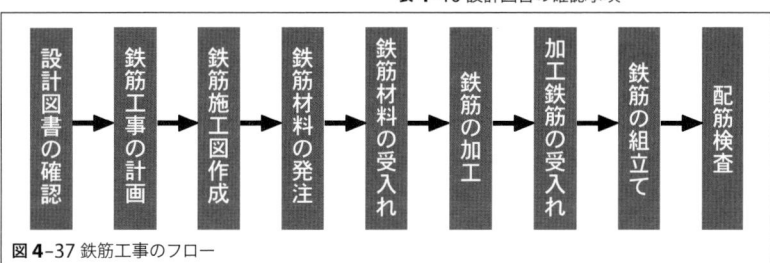

設計図書の確認 → 鉄筋工事の計画 → 鉄筋施工図作成 → 鉄筋材料の発注 → 鉄筋材料の受入れ → 鉄筋の加工 → 加工鉄筋の受入れ → 鉄筋の組立て → 配筋検査

図4-37 鉄筋工事のフロー

所までの場外運搬と作業所内での置場から施工場所までの場内運搬がある。場外運搬は，作業所周辺の交通を調べたうえで1回当たりの運搬量と，使用する車両などを鉄筋専門業者と打ち合わせる。場内運搬は総合仮設計画に左右されるため，揚重機の位置や能力を事前に検討する。また，デッキなどのスラブ型枠上に鉄筋材料を置く場合には，型枠に有害な変形が生じないように積載重量を検討する。足場は，型枠の組立てやコンクリート打ち，鉄骨のボルト締めなどの作業と兼用になることが多いので，総合仮設計画の中で検討する。鉄筋の加工は，ほとんどが鉄筋専門業者の加工場で行われるが，この場合，発注した鉄筋が間違いなく加工され，作業所に搬入されるように鉄筋専門業者と打ち合わせる。作業所内に組立場を設ける場合には，材料置場と組立場のレイアウトなどを検討する（**写真4**-17）。

4）鉄筋施工図の作成

鉄筋施工図は，加工図と組立図（納まり図）からなるが，加工図は一般的に鉄筋専門業者が設計図書をもとに鉄筋の強度別，サイズ別，長さ別に作成し，鉄筋工事担当者は加工図をもとに，鉄筋メーカー（商社）に鉄筋材料を発注する。加工図は鉄筋を加工するための絵符のようなもので，鉄筋の形状と寸法，本数，重量を書いている。一方，鉄筋工事担当者は，柱・梁接合部や基礎部など鉄筋が複雑に交差する部分について，組立図を描いて納まりを検討し，それをもとに加工図との整合を図る。

5）鉄筋の加工

鉄筋の加工は，一般的に鉄筋専門業者の加工工場（PCa工法の場合はPCa工場）で行われるが，鉄筋担当者は発注した鉄筋材料が確実に納入され，間違いなく加工されるように，鉄筋材料の受入検査，鉄筋の加工精度（「JASS 5」の表11.1参照），鉄筋の折曲げ形状と寸法（「JASS 5」の表11.2，表11.3参照）などについて，十分な打合せを行う。

写真4-17 作業所内の鉄筋置場と組立場

配筋工事

1) 加工鉄筋の受入

加工された鉄筋が現場に搬入されると、鉄筋工事担当者は、メタルタグ（金属製の札）（**写真4-18**）と鉄筋に印されたロールマーク*（圧延マークともいい、鉄筋の圧延時に鉄筋種別がわかるように鉄筋表面に刻印される（**写真4-19**））により材質とサイズを確認し、さらに、長さと本数をチェックし、発注した材料が間違いなく搬入されたかを確認する。また、ミルシートにより、機械的性質や化学的性質を確認する。

現場に搬入された鉄筋は、直接地面に接しないように端太角などを使用して、強度別、サイズ別、長さ別に分けて保管して、雨や泥などがかからないようにシートなどで養生する。

*SD295A：ロールマークなし、
　SD345：突起1個、SD390：突起2個、
　SD490：突起3個

2) 鉄筋の組立

鉄筋コンクリート造の一般階の配筋は、柱→壁→大梁→小梁→スラブの順序で行われる。鉄骨鉄筋コンクリート造では、建築物の形状によって、組立て順序が異なる場合があるので注意する。

鉄筋工事の前に、捨てコンクリートの上に出した芯墨を基準にして、柱・基礎・基礎梁などの各部材を示す地墨を出す。

基礎梁は梁せいが大きい場合が多いので、必要に応じて鉄筋足場や組立て用足場を設置して配筋を行う。基礎部分の配筋は、基礎→基礎部分の柱→基礎梁の順序で行われる。基礎梁の幅が柱断面より大きい場合には、基礎梁の後に柱の組立てを行うこともある（**写真4-20**）。

写真4-18 鉄筋のメタルタグ

写真4-19 鉄筋のロールマーク

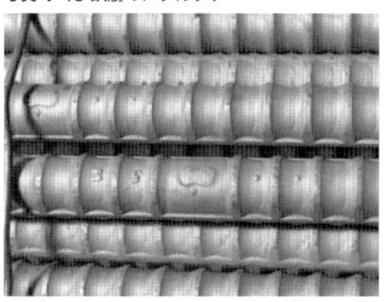

写真4-20 基礎の配筋状況

柱の配筋は，地墨に合わせて柱筋をセットした後に，下部のフープを挿入して組み立て，柱筋を継手により接合した後に，上部のフープを挿入して組み立てる。柱筋とフープは結束線を用いて動かないように固定するが，結束線には0.8mm程度のなまし鉄線を用いる。鉄骨鉄筋コンクリート造の柱・梁接合部では，フープが鉄骨梁のウェブを貫通するが，両端フック付きのフープではウェブの孔にフープを通すことができないため，必要に応じて割りフープ（L字などの形状に加工したフープをウェブの孔に通し，端部をフレア溶接または機械式継手で接合して閉鎖型フープを形成する。**図4-38**を参照）の使用を検討する。柱の配筋後に，型枠工事と同時に壁筋を配筋する。さらに，梁とスラブの型枠が組み立てられた後に大梁鉄筋を組み立て，さらに小梁，スラブの配筋を行う（**図4-39**）。

　梁の組立て方法には「落し込み工法」（**図4-40**）と「組込み工法」がある。落し込み工法では，梁型枠とスラブ型枠を組み立てた後に，スラブ型枠上に「かんざし」という鉄筋またはパイプを渡し，それに梁下端筋を載せ，「うま」と呼ぶ架台に上端筋を載せて，スターラップを配置して主筋と結束した後に，「かんざし」と「うま」を外して型枠内に落とし込む。組込み工法では，梁型枠の中で梁主筋とスターラップを組み立てるため，梁せいが大きい場合には作業が難しくなる。どちらの工法を行うか，鉄筋専門業者と打ち合わせて決める。

　1階分の配筋が終わった後に，工事監理者による検査を受け，合格すればコンクリートを打設する。工事監理者から不具合の指摘を受けた場合には，適切な訂正処置を行い，監理者の確認を受ける。打設に際しては，打設時のポンプ配管の衝撃や振動，作業員の歩行などにより鉄筋が乱れない

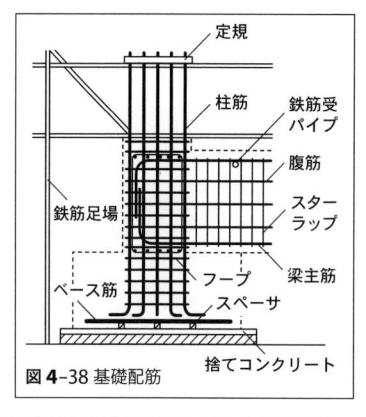

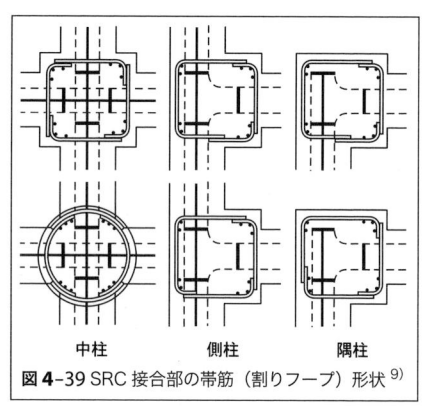

図4-38 基礎配筋

図4-39 SRC接合部の帯筋（割りフープ）形状[9]

ように注意する。

鉄筋工事での留意点

　鉄筋工事において，設計図書どおりの品質を確保するためには，柱や梁主筋の種別，径，数量などを確認するほかに，以下の点について留意する。

❶ 鉄筋と鉄筋のあき寸法
❷ 鉄筋のかぶり厚さ
❸ 鉄筋末端部のフック
❹ 鉄筋の定着
❺ ひび割れ補強
❻ 設備との関係

　これらは，鉄筋コンクリート構造物に必要な基本的性能である構造性能，耐火性能，耐久性能を確保するために重要である。以下に，各留意点とその理由などを説明する。

1）鉄筋と鉄筋のあき寸法

　柱や梁，主筋を多数並列して配筋する場合，鉄筋間に必要なあきを設けなければならないが鉄筋の最小あき寸法は，**図4**-41のように決められている。必要なあき寸法が確保されないと，コンクリートを打設したときに粗骨材が詰まり，コンクリートが鉄筋の周囲に十分に行きわたらず，ジャンカや豆板が生じるおそれがある。鉄筋周囲にジャンカなどがあると，コンクリートの耐久性低下の原因となったり，空気や

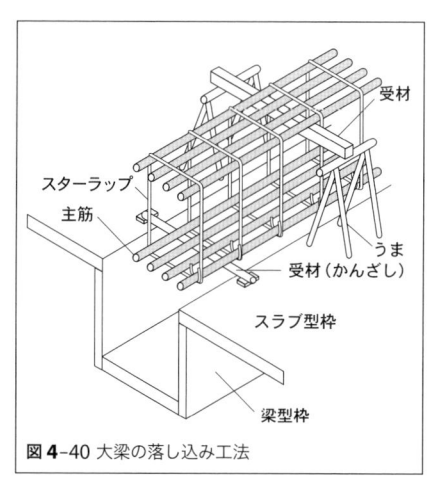

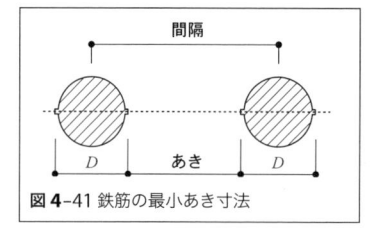

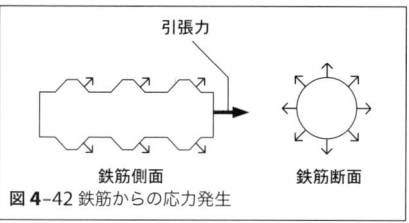

図4-40 大梁の落し込み工法

図4-41 鉄筋の最小あき寸法

図4-42 鉄筋からの応力発生

水の浸入により鉄筋が錆びるおそれがあるので、粗骨材最大寸法の1.25倍または25mm以上のあき寸法を確保する（**図4**-43）。

異形鉄筋では、表面の節と鉄筋周囲のコンクリートが機械的に噛み合うことにより、鉄筋はコンクリートから抜け出すことなく外力に対して、一体となって働くことができる。これを付着作用という。鉄筋に引張力が生じると、鉄筋周囲の節からコンクリートへ斜め方向の応力が生じる。この応力の鉄筋に平行する成分は付着力に相当するが、鉄筋に直交する成分は、周囲のコンクリートを押し広げようとする応力となる。すぐ近くに同様な鉄筋があると、互いにコンクリートを押し広げようとし、鉄筋を連ねるひび割れが生じるおそれがある。したがって、地震時などにひび割れが生じないように、隣り合う鉄筋のあき寸法は、鉄筋の呼び名の数値の1.5倍以上確保する必要がある（**写真4**-21）。

なお、柱や梁主筋の本数が多く、2段筋とする場合がある。この場合、1段筋と2段筋の間隔が大きすぎることが多い。これは部材耐力、曲げ耐力の減少となるので、S字金物などを使用して適正な間隔に保持するように注意する。

2）かぶり厚さ

鉄筋コンクリートでは鉄筋のコンクリートかぶり厚さの確保が重要となる。かぶり厚さは、鉄筋表面からコンクリート表面までの最短距離をいう。鉄筋工事では、建築基準法・同施行令で定められた最小かぶり厚さを確保するために、最小かぶり厚さに施工上の誤差10mmを加えた値を設計かぶり厚さとする。なお、目地を設ける場合は、鉄筋表面から目地底までを設計かぶり厚さとする（**図4**-44）。

鉄筋周囲に、十分なコンクリートかぶりを設ける理由は3つある（**図4**-45）。

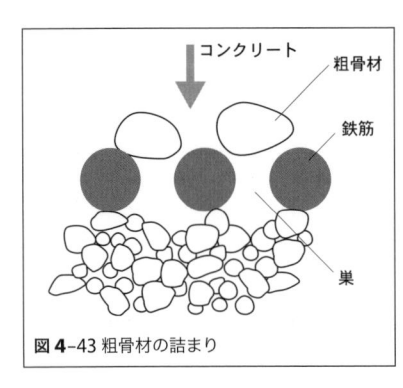

図4-43 粗骨材の詰まり

写真4-21 梁筋のあき不足の事例

1つは、耐久性能の確保のためである。鉄筋の錆が進行して断面欠損すると、実質的な鉄筋断面積が減少し、部材としての耐力が低下するため、鉄筋の錆を防ぐ必要がある。鉄筋に生じる錆は水と空気による酸化反応であるが、鉄筋周囲にアルカリ性であるコンクリートが存在することにより錆を防ぐことができる。しかしながら、空気中の炭酸ガスの影響により、コンクリートは表面からアルカリ性が失われる。これをコンクリートの中性化という。かぶり厚さが十分に確保されていると、中性化領域が鉄筋表面に達するまでに数十年以上かかる。かぶり厚さが小さいと、数年で中性化領域が鉄筋表面に達し、鉄筋が錆びやすくなるおそれがあるので注意する（**写真4-22**）。

　2つ目は、構造性能の確保である。あき寸法の場合に述べたように、鉄筋に力が生じると周囲の節からコンクリートを押し広げようとする応力が生じ、かぶり厚さが小さいと、その応力によりコンクリートにひび割れが生じる。鉄筋に生じる力が大きい場合には、かぶりコンクリートが割裂するおそれがある（**写真4-23**）。

　3つ目は耐火性能の確保である。鉄筋は600℃度以上に加熱されると降伏点強さが半分になるといわれている。火災時にコンクリート表面が

図4-45 かぶりコンクリートの役割

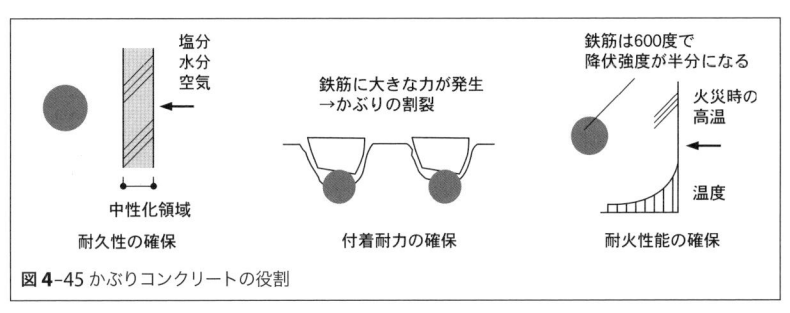

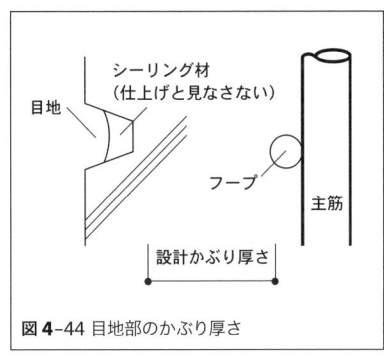

図4-44 目地部のかぶり厚さ

写真4-22 鉄筋腐食によるかぶりコンクリートの剥落

1,000℃以上に加熱されても，コンクリートは熱を伝達し難いため，十分なかぶり厚さがあると鉄筋が 600℃以上になることはない（**写真 4**-24）。

3）鉄筋端部のフック

下記に示す鉄筋の末端部には，フックを設ける必要がある。

❶ フープおよびスターラップ
❷ 柱および梁の出隅部分の鉄筋の定着および継手
❸ 柱筋の四隅の最頂部
❹ 片持ちスラブの上端筋の先端部
❺ 柱梁に囲まれた壁の開口部まわりの壁筋
❻ スラブの開口部まわりの上端筋
❼ 煙突の鉄筋

フープやスターラップの末端部を 90°フックにしていると，**写真 4**-25 のように地震時にかぶりコンクリートが剥落し，フープが外れて主筋を拘束できずに柱や梁が破壊するおそれがあるので，フープやスターラップの末端部には 135°フックを設ける。

柱や梁の出隅部分の主筋は，コンクリートかぶりが 2 方向になり，かぶり部分が割れやすいため，出隅の主筋を定着したり，重ね継手にする場合には末端部に 180°フックを設ける必要がある。また，柱主筋の 4 隅の最頂部の末端には，180°フックを設けるように指示されることが多い（**図 4**-46）。

片持ちスラブの上端筋には引張力が生じているが，鉄筋表面の節だけでは十分な付着性能が確保できないため，上端筋の先端部に 90°フックを設ける（**図 4**-47 (a)）。

写真 4-23 かぶり不足による地震時の剥落

写真 4-24 火災によるかぶりコンクリート剥離

写真 4-25 柱のせん断破壊状況

同様に，スラブに開口部を設けた場合は，スラブ筋の上端筋には引張力が生じているため，上端筋の端部には90°フックが必要である。

柱や梁に囲まれた耐震壁の壁筋は，地震時などに引張力が生じるので，開口部を設けた場合には壁筋の端部に90°フックが必要である（図4-47 (b)）。

4) 鉄筋の定着

柱と梁は一体となって，外力に抵抗する必要がある。そこで，一般的には梁主筋の末端を90°に折り曲げて柱部材に定着することによって，柱部材と梁部材を剛に接合している。建築基準法では，梁の引張鉄筋の定着長さを規定しているが，梁主筋の柱面から末端までの定着長さを確保するだけでは十分ではない。梁主筋の折り曲げ定着位置が柱芯を超えていないと（手前定着，図4-48 (b)，写真4-26参照），地震時など梁主筋に大きな引張力が生じた場合，折り曲げ部から大きな力が柱コンクリートに働き，コンクリートにひび割れが生じたり，割裂したりして，梁主筋が抜け出すおそれがある。したがって，梁主筋は柱芯を超えた位置で定着する必要がある（図4-48 (a)）。

2003年版「JASS 5」では，梁主筋の定着長さを柱面から折り曲げ起点までとし，余長を$10d$としている。

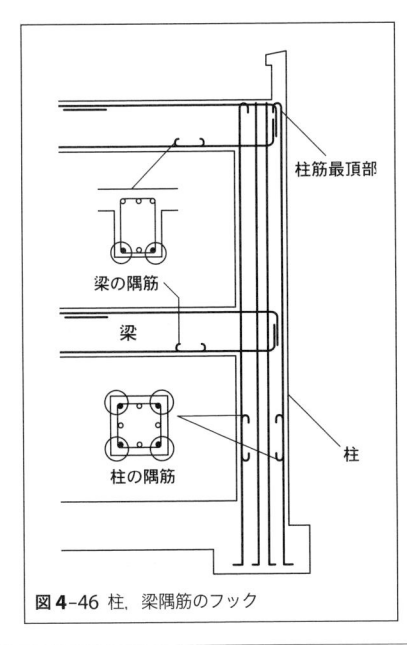

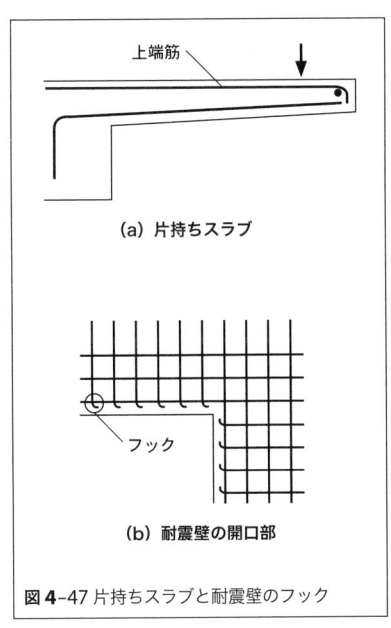

図4-46 柱，梁隅筋のフック

図4-47 片持ちスラブと耐震壁のフック

一方，梁下端筋の折り曲げ定着は，上曲げ定着を原則とするように1997年版「JASS5」において改定された。地震時には梁下端筋の端部に引張力が生じることがあり，下曲げにすると，折り曲げ部から生じる力でコンクリートにひび割れが生じ，梁主筋が抜け出すおそれがある。したがって，梁下端筋は上曲げで定着する（**図4-49**）。

近年，鉄筋コンクリート造建築物が高層化，巨大化するにつれ，鉄筋量が増大している。そのような構造物の柱・梁接合部では，梁主筋の折り曲げ定着を行うことが難しくなっており，新しい定着工法として機械式定着工法が使用されるようになっている（**写真4-27**）。これは，鉄筋端部に定着板（鋼製の円板など）を接続する工法であり，配筋作業が容易になるので，普及しつつある。この場合にも，柱芯を超え，柱せいの3/4倍の長さ以上の位置に定着板を設ける必要がある（**図4-50**）。

5）ひび割れ補強

バルコニーや庇などのはね出し構造部分は，施工中や施工後のひび割れや

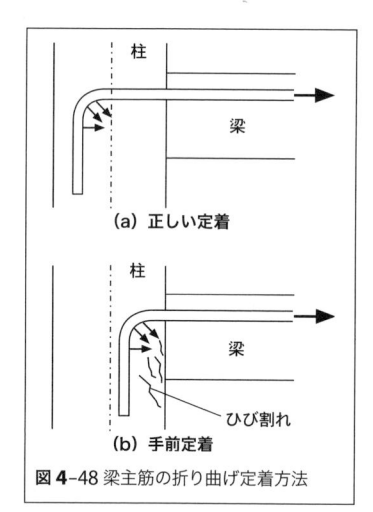

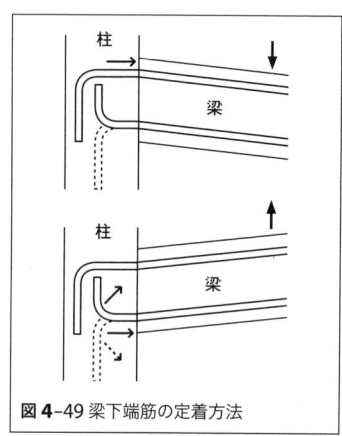

図4-48 梁主筋の折り曲げ定着方法
(a) 正しい定着
(b) 手前定着

図4-49 梁下端筋の定着方法

写真4-26 鉄骨鉄筋コンクリート造での梁主筋の手前定着の例

写真4-27 基礎梁での機械式定着の例

垂れ下がりを防ぐため，出隅部は，**図4**-51のように配筋する。図面に明示されていない場合は，工事監理者に確認する。

スラブに開口があると，断面欠損によるひび割れの発生が予想されるので，ひび割れ防止のための補強が必要となる。開口部の径が70cm以下の場合，開口によって失う鉄筋と同量の鉄筋で周囲を補強し，さらに斜め補強筋としてD13を2本配する（**図4**-52）。

外壁などの開口部では，隅角部にコンクリートの乾燥収縮によるひび割れが生じやすいため，誘発目地を設けるか，目地が設けられない場合は，溶接金網などを使用して補強を行う（**図4**-53）。

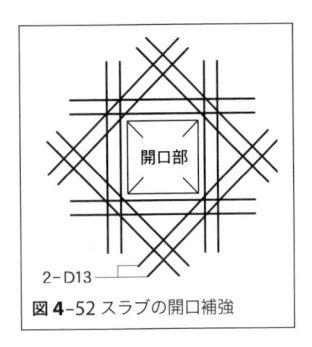

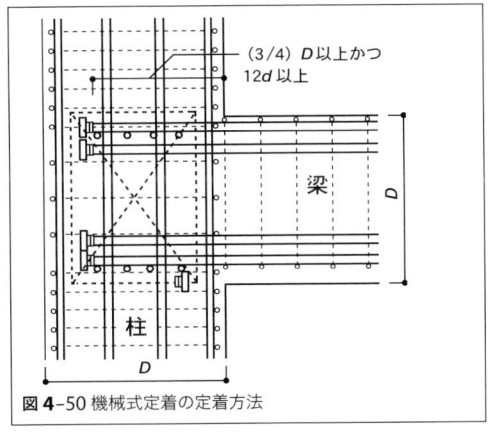

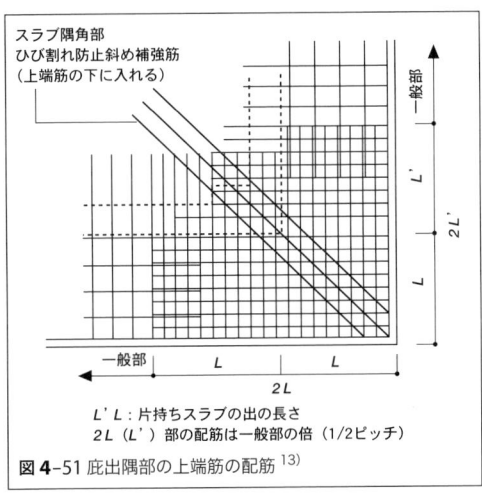

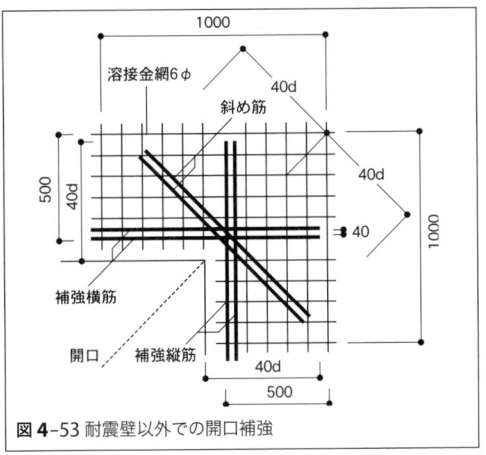

図4-50 機械式定着の定着方法

図4-51 庇出隅部の上端筋の配筋 [13]

図4-52 スラブの開口補強

図4-53 耐震壁以外での開口補強

6) 鉄筋工事と設備工事

スラブや梁などにスリーブを設けて設備用の開口とする場合、スリーブと鉄筋が接触しないよう十分なかぶり厚さを確保する。

スラブや柱部材内に電線などを通すための管を配置する場合、管と鉄筋の距離が近いとひび割れが生じたり、鉄筋の付着性能が損なわれたりするおそれがあるので、スラブ筋とは30mm以上、柱主筋とは50mm以上の間隔を設ける。

鉄筋継手

1) 継手の種類

鉄筋は定尺物として現場に搬入されるため、現場では鉄筋を接合する必要がある。この鉄筋を接合することを継手といい、各種継手工法がこれまで開発され、使用されてきている。これらの継手工法は、図4-54に示す4つに大別される。それぞれ長所と短所があるので、施工する構造物の状況に応じた適切な継手工法を選定する必要がある。

2) 継手位置

鉄筋の継手は、鉄筋母材と同等の性能を要求されるが、鉄筋母材より性能が劣るおそれもあり、継手は部材応力の小さい箇所に設けること、また、同一断面に継手を集中させないように、継手位置を互いにずらすことが原則である。この原則から、「JASS 5」には各部材での継手の好ましい位置と、各継手工法に対するずらし方が示されている。2000年の建築基準法改正

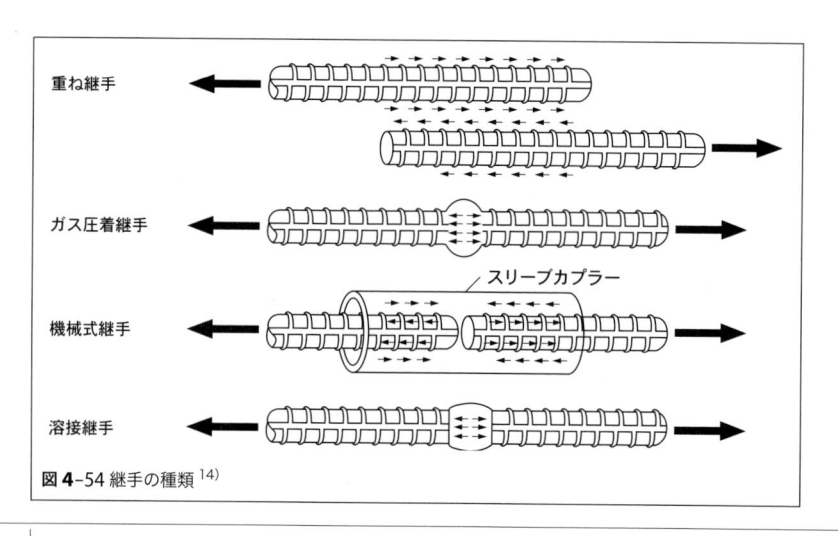

図4-54 継手の種類[14]

に伴い，告示案1463号が出され，応力が小さい部位に設けることを原則として，ガス圧接継手，機械式継手，溶接継手が法律で規定された。

一方，比較的応力が大きい部位にこれらの継手を設ける場合には，A級継手（**表4**-11）として評価された工法を選定しなければならない。機械式継手は1982年，溶接継手は1991年，ガス圧接継手は2004年に継手性能判定基準が制定され，規定された試験により，継手性能が評価されている。同時に制定された継手使用基準により使用箇所と継手の集中度が示されている。

3）重ね継手

重ね継手は，鉄筋の端部どうしを所定の長さに重ね合わせ，鉄筋とコンクリートの付着を利用して鉄筋どうしを一体化する継手工法である。太径鉄筋では付着破壊しやすくなると考えられ，原則として禁止され，一般的には壁筋やスラブ筋などのD16以下の細径鉄筋の継手として使用されている。しかしながら，太径鉄筋に関する数多く実験で構造性能が確認されたことにより，日本建築学会の1997年版「鉄筋コンクリート造計算規準・同解説」では，改訂によりD32までの重ね継手の使用を認めている。土木構造物では，鉄筋径の制限がないため，D51鉄筋でも重ね継手で施工される事例がある。原子力発電所建屋ではD38鉄筋まで重ね継手の使用が認められている。

最近の鉄筋コンクリート造超高層集合住宅では，梁の梁筋の先組工法において太径鉄筋の継手として重ね継手が適用された例がある（**写真4**-28）。

ここでは，梁筋を接合部を含む十字型に先組し，梁中央で重ね継手しているが，隣り合う主筋のあきを確保し，互いの主筋位置をそろえるために添え筋による上下重ね継手としている。

写真4-28 太径鉄筋での重ね継手の使用事例

SA級継手：強度，剛性，靱性に関してほぼ母材に相当する継手
A級継手：強度，剛性に関してはほぼ母材に相当するが，その他に関しては母材より劣る継手
B級継手：強度に関してはほぼ母材に相当するが，その他に関しては母材より劣る継手
C級継手：強度，剛性に関して母材より劣る継手

表4-11 鉄筋継手性能

4）ガス圧接継手

　ガス圧接継手は，垂直かつ平滑に切断された鉄筋の端面同士を突き合わせて，鉄筋周囲を加熱しながら，加圧して一体化する工法である。現在では柱や梁主筋の継手として80％以上の施工実績があり，主要な継手工法となっている。圧接できる鉄筋の種類は，JIS G 3112（鉄筋コンクリート用棒鋼）に規定する鉄筋のうち，SR235からSD490まで7種である。

　SD490鉄筋は，日本圧接協会「鉄筋のガス圧接工事標準仕様書」において1999年版から圧接可能な鉄筋に加えられたが，施工実績が少ないことから特別な品質管理が要求される。異種鉄筋の圧接は，メーカーに関わらず圧接可能であり，種別の異なる鉄筋も直近の鋼種（例えば，SD345とSD390）であれば圧接可能である。また，圧接可能な鉄筋径の差はD41とD51の場合を除いて，7mm以下とされている。

　圧接の品質の良否は，作業者の技量に影響されるため，鉄筋担当者は圧接作業者の資格を確認する必要がある。圧接作業は，鉄筋の端面処理→圧接器のセット→加熱・加圧の順序で行われる（**図4-55**）。出来上がりの品質を確保するには，それぞれの作業を確実に行うことが重要である。

　鉄筋の端面は直角でかつ平滑に加工し，錆やペンキ，泥などが付着していないことを確認する必要がある。ガス圧接仕様書では，鉄筋の切断は鉄筋冷間直角切断器を使用することを原則としている。

　鉄筋径に応じた適切な圧接器を用意し，鉄筋端面間の隙間が3mm以下で，鉄筋の偏心や曲がりがないようにセットする。また，圧接器の締め付けボルトは，先端が磨耗していないものを使用し，鉄筋表面に有害な傷をつけないように注意する。鉄筋工事担当者は圧接作業時の作業足場などについても，検討を行う必要がある（**写真4-29**）。加圧と同時に加熱を行うが，圧接面が完全に閉じるまでは還元炎により端面の酸化を防ぐ必要がある。

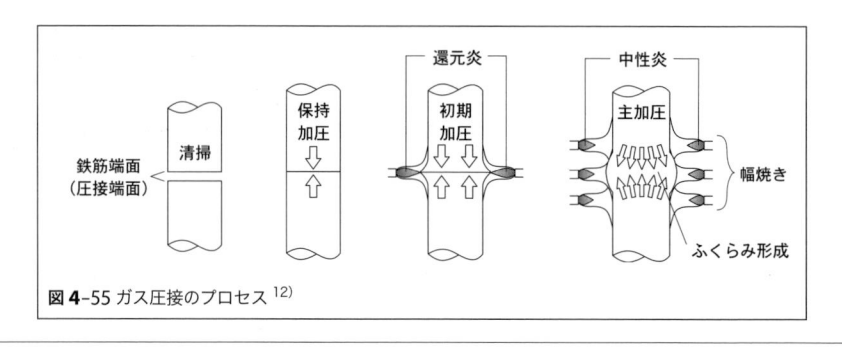

図4-55 ガス圧接のプロセス[12]

したがって，風によって還元炎が乱れないように適切な風除けを設けるか，強風時（風速4m以上）には作業を中止にする。また，降雨時には圧接部が急冷したり，鉄筋に付着した汚れが端面に付着したりするため，作業を中止する。

5）機械式継手

　機械式継手は，鉄筋表面の節とカプラーとの機械的な噛み合い作用を利用して接合する工法であり，ねじ節鉄筋継手，端部ねじ加工継手，圧着継手，充填継手などが開発されている。先組工法などではねじ節鉄筋継手，プレキャスト工法などでは充填継手が，主に使用されている。

　機械式継手では，カプラーの径が鉄筋径より大きいため，かぶり厚さや継手部間のあきに注意する。かぶり厚さを確保するために，継手部のフープ筋をほかより1ランク細径のものを2丁掛けで使用する例もある（**写真4-30**）。ねじ節鉄筋継手，端部ねじ加工継手では，鉄筋端面に曲がり（シアー切断を行った場合，切断刃が鋭角でないと鉄筋端部が少し曲がるおそれがある）などがあると，カプラーに挿入できないため，鉄筋の切断は鋸盤などで行う。

❶ ねじ節鉄筋継手

　ねじ節鉄筋継手は，ねじ節鉄筋を使用し，雌ねじ加工したカプラーの中に鉄筋を挿入して接合するが，カプラーと鉄筋の節の間に隙間があり，すべりを生じる。このため，カプラーの両端にロックナットを締め付け，緊張力を作用させてすべりをなくすトルク方式と，カプラーの中央に開けた穴から樹脂やモルタルを充填して隙間を無くすグラウト方式がある。建築物では，後者のグラウト方式が手軽であるため，一般的に使用されている。樹脂は熱に弱いため，建築物でグラウトに樹脂を使用する場合には，かぶり厚さ（80mm以上）に注意する。

写真4-29 ガス圧接施工状況

写真4-30 機械式継手部のフープ筋

第4講　鉄筋コンクリート工事

❷ 端部ねじ加工継手

　端部ねじ加工継手には，機械的に加工したねじ部を摩擦圧接（鉄筋と接合する物を回転させて接触させると摩擦熱により両方が加熱され，赤熱状態になったところでガス圧接と同様に加圧することにより接合する方法）などにより鉄筋端部に接合する工法などがある。この継手は，雌ねじ加工されたカプラーに鉄筋端部のねじ部を挿入し，両端をロックナットで締め付けて固定する。

❸ 充填継手

　充填継手は，太めの鋼管スリーブの中に鉄筋を挿入し，鉄筋とスリーブの間の隙間に高強度モルタルを充填して接合する工法である。この継手はほかの機械式継手より，スリーブの径や長さが大きめである。内径が大きいことから，多少鉄筋の位置がずれていても挿入することができるため，突き出た鉄筋が固定されている PCa 工法用の継手として主に使用されている。先組工法は PCa に比べ鉄筋の固定度が高くなく，かぶり厚さの点

図 4-56 ねじ節鉄筋 [13]

図 4-57 端部ねじ加工継手例 [13]

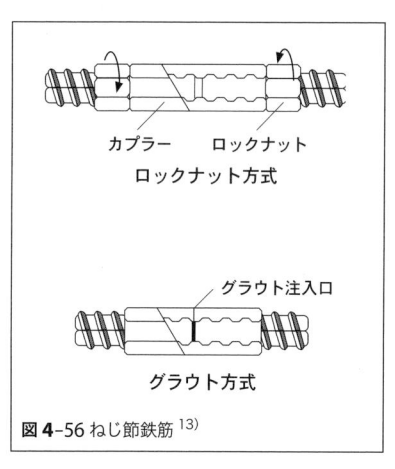

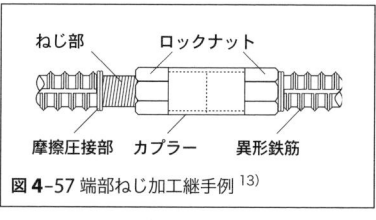

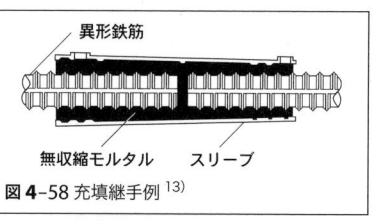

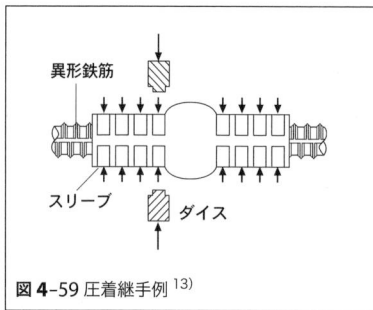

図 4-58 充填継手例 [13]

図 4-59 圧着継手例 [13]

写真 4-31 エンクローズ溶接の施工状況

からより外径の小さい継手が要求されるため，最近では先組用として，より径の小さい充填継手も開発されている。

❹ 圧着継手

圧着継手は，比較的太い鋼管スリーブに鉄筋を挿入したのち，外部よりジャッキを用いてスリーブを押しつぶして，鉄筋表面の節と密着させて接合する工法である。圧着装置が大きいために施工性が悪く，建築工事では使用が少ない。

一般的には，工場で鉄筋の一端にスリーブを圧着した状態で現場に搬入されることが多い。

6）溶接継手

溶接継手としては，主筋の継手として使用される突合せアーク溶接継手，フープ筋やスラブ筋などの細径鉄筋の継手として使用される重ねフレアグルーブ溶接継手，閉鎖型せん断補強筋の継手として使用される突合せ抵抗溶接継手などがある。

❶ 突合せアーク溶接継手

突合せアーク溶接継手は，鉄筋どうしを開先間隔を設けて突き合わせ，溶接棒や溶接ワイヤーを溶融させることにより，鉄筋母材も溶融して接合するものである。溶融金属が溶接部から流れ出ないように，開先周囲を裏当て（U型の鉄板や銅板など）で囲み，一方向から溶接するエンクローズ溶接が主に使用されている。A級継手として性能が評価されており，比較的応力の大きい部位で全数継手として施工されることが多い。

Column 19

丸鋼と異型鉄筋

日本で初めて鉄筋コンクリート造の建物が建設されたのは，明治の末です。「では，その頃の鉄筋は？」と尋ねると，ほとんどの人が丸鋼と答えます。実は，アメリカの異型鉄筋が使用されていたというのが正解です。ところが，昭和の初めの頃はこれらの異形鉄筋は姿を消し，丸鋼が使用されていました。その理由は1923（大正12）年の関東大震災にあります。この地震では，鉄筋コンクリート造建物が大きな被害を受けました。調査をした某先生が「被害の原因は異形鉄筋だ」と言ったために，使われなくなったといわれています。第二次大戦後，改めて異形鉄筋の付着性能が見直され，1953（昭和28）年に告示が出て，以降，異型鉄筋が使用されるようになりました。地震被害を教訓に進歩してきたわが国の耐震規準ですが，時には誤った方向に行った例もありました。

❷ 重ねフレアグルーブ溶接継手

　鉄骨鉄筋コンクリート造の割りフープ（**図4-39**参照）の接合やスラブ筋の接合などで，重ねフレアグルーブ溶接継手が使用されることがある。これは鉄筋を所定の長さで重ね合わせ，その側面を溶接棒を用いて手溶接する工法である。溶接長さは両面溶接で $5d$（d：鉄筋の呼び名）以上，片面溶接で $10d$ 以上とし，鉄筋の重ね長さは両端 $1d$ 以上余長を確保して，両面溶接で $7d$，片面溶接で $12d$ とする。また，溶接を行う者は有資格者とする。

鉄筋工事の品質管理

1）品質管理の原則

　鉄筋工事では，設計図書および各種仕様書の規定を守るとともに，鉄筋の加工と組立てを正確に行うことにより，必要な構造性能を確保することができ，かつ，コンクリートのひび割れや鉄筋の発錆を防ぎ，構造物の寿命を延ばすことができる。特に鉄筋はコンクリートを打設した後には見えなくなるため，鉄筋工事の各工程での品質管理が重要となる。品質管理は，鉄筋材料の受入検査，鉄筋の組立て時あるいは組立て後の配筋検査として行われる。

2）受入検査

　鉄筋の加工は，鉄筋専門業者の加工場で行うことがほとんどである。材料の取り違えなどの不具合が生じないように，加工場での品質管理について鉄筋専門業者と入念な打合せを行う。

　受入検査では，加工された鉄筋の数量と寸法を納入表などにより確認する。必要に応じて，スケールなどを用いて測定する。加工寸法の許容値は，JASS 5による。鉄筋の種類と径は建築物の構造性能に直接関わるので，鉄筋束に付けられたタグ（鋼板プレート）の表示だけでなく，鉄筋表面のロールマークでもチェックする。

3）配筋検査

　鉄筋の組立てにあたっては，必要なかぶり厚さが確保できるように適したバーサポートやスペーサを，適切な間隔で配置する必要がある。鉄筋担当者は，施工要領書において各部材で使用するバーサポートやスペーサについて種類と配置間隔を記述しておき，組立て時あるいは組立て後に要領書どおり配置されているかを目視で確認する。

鉄筋種別や径，本数，鉄筋間隔や2段筋の位置，定着位置と長さなどについては，組立て時あるいは組立て後に，鉄筋専門業者が全数について目視またはスケールなどを用いて自主検査を行う。鉄筋担当者は抜き取りで，目視またはスケールなどを用いて配筋検査を行う。特に柱や梁については，できるならば全数について検査を行う。

工事監理者による配筋検査で指摘された事項については，確実に訂正を行い，処置後は監理者の確認を得てからコンクリートを打設する。

4）鉄筋継手の管理

❶ 重ね継手

重ね継手性能に影響する要因は，重ね長さ，継手位置，かぶり厚さ，鉄筋間隔である。

かぶり厚さと鉄筋間隔は配筋検査でチェックされるので，重ね継手の品質管理は，主に重ね長さと継手位置の検査となる。設計図書には重ね長さと継手位置が示されており，鉄筋専門業者は配筋中または配筋後に全数について目視またはスケールを用いて確認する。鉄筋担当者は抜き取りで目視またはスケールを用いて寸法を確認して，写真に記録する（**写真4-32**）。

❷ ガス圧接継手

建設省告示第1463号では，ガス圧接継手について，圧接部の膨らみの直径を主筋径の1.4倍以上，長さを1.1倍以上，圧接面のずれを1/4倍以下，鉄筋中心軸の偏心量を1/5以下とすること，また，圧接部は折れ曲がりや焼き割れ，へこみ，垂れ下がり，および内部に欠陥がないものとすると規定している（**写真4-33**）。膨らみ部の形状は目視による外観検査が原則であり，必要に応じてノギスなどの器具を用いる。内部に欠陥がないことを確認する検査には，引張試験と超音波探傷試験がある。構造物の継手を直

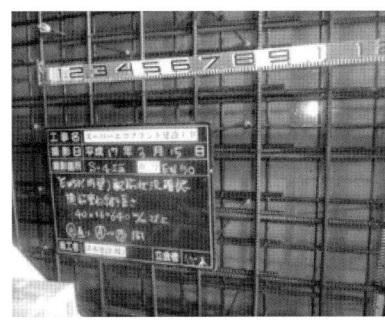

写真4-32 重ね継手の検査状況　　　**写真4-33** 軸偏心のある圧接部

接検査できることや，検査による工程への影響がないことなどから，「鉄筋のガス圧接工事標準仕様書」では品質管理として外観検査と超音波探傷検査を規定している。現場では超音波探傷検査も増えてきているが，鉄筋母材の強度も確認できることから引張試験を指示する工事監理者などもいる。

　圧接作業者は施工後に，外観検査として継手全数について圧接部の形状を確認する。鉄筋担当者は抜き取りで，圧接部の外観検査を行う。

　引張試験は抜き取り検査とし，1検査ロット（通常，同一作業班が同一日に施工した圧接箇所）ごとに3本ないし5本を試験片として，圧接部を中央として鉄筋を切り出して公的機関で引張試験を行う。引張試験で不合格が1本以上あれば，倍数を抜き取り，再試験を行う。再試験でも不合格があれば工事監理者と協議し，そのロットについて再圧接するか，添え筋補強を行う。

　超音波探傷検査は抜き取り検査（ただしSD490鉄筋は全数検査）とする例が多く，資格を有する者が1検査ロットごとに30箇所の抜き取り検査を行う。不合格数が1個以下なら合格とし，2個以上不合格がある場合に残りの全数について検査を実施する。不合格となったものについては，工事監理者と協議し，再圧接するか，添え筋補強を行う。

❸ 機械式継手

　機械式継手の品質管理で共通な点は，鉄筋のカプラーへの挿入長さの確認である。一般的には鉄筋端部の所定位置にマーキングが行われ，鉄筋とカプラーを接合した後に，カプラー端からマーキングまでの距離が所定の許容値内にあるかどうかを確認する。

　グラウト式のねじ節鉄筋継手の場合，カプラー中央からグラウト材として樹脂やモルタルを充填するが，カプラー中央から充填したグラウト材が両端から漏れ出たことを確認することにより充填度を確認する（**写真4-34**）。

　トルク式のねじ節鉄筋継手や端部ねじ加工継手の場合は，抜き取りでトルク値を確認する。

　充填継手は，下部の開口からモルタルを充填し，上部の開口からモルタルが漏れ出たことを確認することにより充填度を確認する。

❹ 溶接継手

　溶接継手の継手性能は，作業者の技量に大きく影響される。できれば，

すべての作業員に実際と同じ条件で継手施工させ，外観検査や曲げ試験または引張試験で継手性能を調べ施工前試験により技量を確認する。施工後の検査では，資格を有する検査者が，1ロット当たり10%程度の継手部について外観検査を行い，形状，鉄筋の偏心，有害と認められる欠陥の有無を調べるとともに，超音波探傷検査を行う（**写真4-35**）。工事監理者からの指示があれば，引張試験などの破壊検査を行う。

写真4-34 グラウト材の充填状況

写真4-35 溶接継手部の検査状況

Column 20
鉄筋の形状

　鉄筋の断面は丸いというのが私たちの常識です。明治の末に輸入されたアメリカの異形鉄筋の断面にはユニークなものが多くあります。ある建物の解体で見た鉄筋はカーンバーといい，鉄筋の側面にカレイの縁側のように薄いリブがついていて，所々リブが切れてひげのように曲げられた鉄筋でした。このリブのひげが付着に有効と考えられたのでしょうか。ユニークな鉄筋はアメリカだけではなく，過去にはわが国にもありました。写真は，三角断面の鉄筋です。「TRICON」という製品名で実際に多くの建物で使用されたそうです。付着に有効ということで開発され，圧接性も調べられたようですが，方向性がなく使用しやすい円形断面に対して，三角鉄筋は曲げ加工などが難しかったのではないかと考えられます。これが理由で姿を消したのでしょうか。

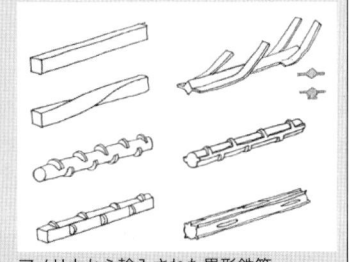

アメリカから輸入された異形鉄筋

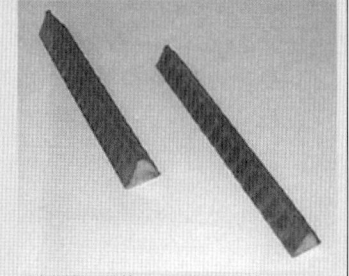

三角断面の鉄筋

第4講　鉄筋コンクリート工事

コンクリート工事

コンクリート工事の特徴

　よいコンクリートとは，所定の強度，仕上りが確保され，欠陥のない，耐久性に優れたコンクリートということができる。しかし，コンクリートは工場製品とは異なり，レディーミクストコンクリートという半製品を現場に運搬し，型枠に打ち込み，コンクリートが硬化した後，初めて製品になるという特徴をもっている。コンクリートの仕上りは，型枠を取り外した後でなければ確認できないし，強度は通常打ち込み後 28 日経ってからの確認となる。例えば，材齢 28 日の強度試験結果が所要の強度を下回り，その部分のコンクリートを撤去してやり直すというような事態になった場合は，その間にも工事は進捗しており，膨大な費用，工期がかかり，社会的な信用も失うということになる。したがって，コンクリート工事においては，良質なコンクリートを用い，入念な施工を行い，工事の各プロセスにおいて品質を検証していくことが重要となる。そのためには，コンクリート工事の基本的な知識と施工技術を習得することが必要であり，この項では，コンクリート工事において最低限知っておく必要のある事項について述べる。

コンクリートの材料

　コンクリートはセメント，細骨材（砂），粗骨材（砂利），水，混和材料から構成されている。いずれの材料も「JIS」や「JASS 5」に規定されており，基本的には規定に適合するものを使用する。

1）セメント

　セメントはポルトランドセメントと混合セメントの 2 種類に大きく分けることができる。混合セメントは，普通ポルトランドセメントに高炉スラグ微粉末やフライアッシュなどの混和材を混合したものを指す。現在，セメントの種類は 20 種程度あるが，一般に使われている代表的な 6 種セメントの特徴と用途を**表 4**-**12** に示す。

2）細骨材

　細骨材は骨材の中で粒の最大寸法が 5mm 以下のものをいい，採取場所によって，川砂，山砂，海砂，また岩石を砕いてつくった砕砂などがある。細骨材の種類，品質は地域によって大きな差があり，コンクリートの調合

や品質に与える影響が大きいので、使用する細骨材の種類、品質を十分に把握しておく必要がある。比重が小さいもの、吸水率、粘土塊量、洗い損失量、有機不純物量、塩分量などが多いものは、細骨材として適さないため、それぞれの項目について品質規定が設けられている。また、細骨材の粒度分布の範囲も定められているので、これらの規定に合格しているものを使用する。

3）粗骨材

粗骨材の粒の最大寸法は 15 から 80mm まで数種類あるが、建築工事では主に 20、25、40mm のものが用いられている。通常の構造物では 20、25mm の粗骨材が用いられるが、基礎部分などのマスコンクリート部材（部材寸法の大きいもの）では、骨材寸法が 40mm のものを用いることもある。細骨材と同様に、粗骨材も川砂利、陸砂利、山砂利、砕石などがあり、種類、品質も地域により大きな差があるため、細骨材と同様の注意が必要である。粗骨材の品質規定も細骨材と同様に設けられているので、これらの規定に合格しているものを使用する。

細骨材、粗骨材に共通した注意事項としてアルカリ骨材反応といわれるものがある。これは、反応性シリカを含む骨材と、セメントなどに含まれるアルカリ金属イオンが反応し、反応生成物が膨張することにより、コン

種類	特徴	用途
普通ポルトランドセメント	一般的なセメントで、全セメント生産量の 70%を占める	一般の建設工事に用いられる
早強ポルトランドセメント	早期に所定の強度が得られる。普通ポルトランドセメントの 3 日強度を 1 日で、7 日強度を 3 日で発現する	緊急工事、冬期工事、コンクリート製品などに用いられる
中庸熱ポルトランドセメント	水和熱が普通ポルトランドセメントより低い。初期強度は普通ポルトランドセメントより低いが、長期強度は同等以上	マスコンクリート、高強度コンクリートなどに用いられる
低熱ポルトランドセメント	中庸熱ポルトランドセメントよりさらに水和熱が低い。初期強度は低いが、長期強度は高い	マスコンクリート、高流動コンクリート、高強度コンクリートに用いられる
高炉セメント	普通ポルトランドセメントに高炉スラグを混入したもの。混入量により A 種（30% ≧、> 5%）、B 種（60% ≧、> 30%）、C 種（70% ≧、> 60%）がある。化学抵抗性、耐海水性に優れている	海水、硫酸塩の作用を受けるコンクリート、土中・地下構造物コンクリートに用いられる
フライアッシュセメント	普通ポルトランドセメントにフライアッシュを混入したもの。混入量により A 種（10% ≧、> 5%）、B 種（20% ≧、> 10%）、C 種（30% ≧、> 20%）がある。水和熱、乾燥収縮が小さい	主に、マスコンクリートに用いられる

表 4-12 代表的なセメントの特徴と用途

クリートに**写真4-36**に示すようなひび割れ，剥落などを引き起こすものである。コンクリートが打ち込まれた後にアルカリ骨材反応が判明しても，対策は非常に難しいため，事前に十分確認しておく必要がある。使用する骨材がこのような反応性鉱物を含んでいないかどうかについては，「骨材のアルカリシリカ反応性試験」を行い確認する。反応性のある骨材は使用しないのが原則であるが，使用しなければならない場合，コンクリート中のアルカリ量を低減する，アルカリ骨材反応に対して抑制効果のある混合セメントを使用するなどの対策を講じる必要がある。

4）水

コンクリートに用いる練混ぜ水には，上水道水，地下水，工業用水，河川水，湖沼水などがある。上水道水はそのままで使用できるが，それ以外の水を使用する場合にはJIS規格に「上水道以外の水の品質」が規定されており，この規定に適合するものを使用する。

レディーミクストコンクリート工場では，運搬車やプラントのミキサー，ホッパーなどに付着したコンクリートを洗浄した水を回収し，練混ぜ水（回収水）として用いている。回収水に関しても「回収水の品質」がJISに規定されており，この規定に適合するものを使用する。

5）混和材料

混和材料はコンクリートに薬品的に少量添加される混和剤と，比較的多量に使用される混和材の2つがある。

混和剤は，フレッシュコンクリート（まだ固まっていないコンクリート）の性質や，硬化したコンクリートの性質を改良または調整するために使用される。現在，混和剤は多くの種類が用いられているが，主要なものとして，AE剤，減水剤，AE減水剤，高性能AE減水剤，流動化剤などがある。これらの混和剤の特徴を**表4-13**に示す。

混和材もコンクリートの性質を改良，調整するために用いられ，フライアッシュ，膨張材，高炉スラグ微粉末，シリカフュームなどがある。

コンクリートの調合

1）コンクリートの調合条件

コンクリートの調合は，構造物の

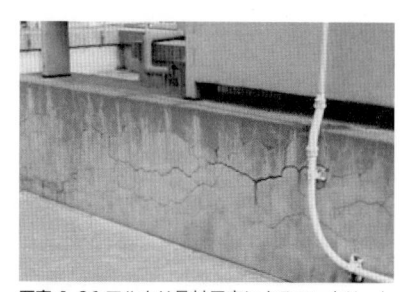

写真4-36 アルカリ骨材反応によるコンクリートのひび割れ

種類や規模，施工場所や時期，コンクリートが打ち込まれる部材の種類，大きさ，形状，配筋状態などによって異なってくる。具体的には，型枠の断面形状や配筋状態からフレッシュコンクリートのワーカビリティ（施工難度と均一性：一般にスランプで表現）が定まり，構造体の設計から設計基準強度が定まる。また用途や環境条件（寒冷地や海岸地帯など）から耐久性にかかわる単位水量や単位セメント量，空気量が決まってくる。これらの調合条件は通常，設計図書に特記仕様として記されているので，それをもとに調合検討を行う。

　コンクリートのワーカビリティや強度，耐久性などの特性は，コンクリートに使用するセメントの種類や骨材などの材料特性と，コンクリートの材料構成比率（調合）によって決まってくる。コンクリートの強度はセメントと水の重量比（水セメント比）で決まり，スランプはセメントペースト（セメント＋水）や混和剤の量を多くすると大きくなる。ただし水を多くすると，ブリーディング（コンクリートから水が分離して表面に浮き上がる現象）や乾燥収縮が大きくなり耐久性が低下するなど，材料構成から決まるコンクリートの性質は複合しているため，バランスのよい調合を選択する必要がある。

2) コンクリートの強度

　コンクリートの調合を定める際に一番基本となる強度として，設計基準強度と耐久設計基準強度の2つがある。設計基準強度は構造設計で確保すべき所要の強度を，耐久設計基準強度は耐久設計で確保すべき所要の強

種類	特徴
AE剤	空気連行剤とも呼ばれる。コンクリート中に無数の微細な空気泡を連行する。コンクリートのワーカビリティーを改善し，コンクリート中の水分凍結による凍結融解作用に対する抵抗性を向上させる。過剰に空気泡を連行すると強度低下が大きくなるので，通常4.5%程度の空気量としている
減水剤・AE減水剤	減水剤は界面活性剤の一種で，コンクリートの作業性を損うことなく，使用水量を減少させることができる。このような減水効果に加えて，コンクリート中に微細な空気泡を連行するものがAE減水剤と呼ばれる。減水剤，AE減水剤を用いることにより，同じスランプのコンクリートをつくるために必要な単位水量を15%程度まで減少させることができる。コンクリートの混和剤としては，最も多く使用されている
高性能AE減水剤	AE減水剤の減水性能をさらに高めたもので，単位水量を18%以上減少させることができる。超高層建築物に用いられる高強度コンクリートや，高流動コンクリートを製造するためには不可欠な材料となっている
流動化剤	工事現場で，コンクリート打込み前にトラックアジテータ（生コン車）内で添加し，コンクリートの流動性を増大する目的で使用される。成分的には高性能減水剤と同様である

表4-13 主要な混和剤の特徴

度のことをいう。この設計基準強度と耐久設計基準強度の大きい方の値に一定の割増し（通常 3N/mm²）を加えた値を品質基準強度といい，品質基準強度をもとに，コンクリートの調合を定める場合に目標とする調合強度が決まる。

調合強度は品質基準強度に対する不良率（強度が品質基準強度を下回る確率）が4％以下となるように，コンクリート強度のばらつきを考慮した割増しと，気温が低い場合に強度の補正値を加えた値となる。前述した概念を**図4**-60に示す。

なお，ここではコンクリートの調合強度の考え方をわかりやすくするために，本来考慮しなければならないコンクリート強度の最小限界値の規定（コンクリートの圧縮強度がある限界値以下となる確率が0となるように，調合強度を定める規定）や，設計基準強度，耐久設計基準強度に加える割増しの考え方，気温による強度補正値の考え方などについての説明は省略している。コンクリートの強度に関して，より詳細に知りたい場合は「JASS 5」の「2.5 構造物の総合的耐久性」「3.4 品質基準強度」「5 節，調合」を参考にするとよい。

3) ワーカビリティとスランプ

コンクリートのワーカビリティとは，フレッシュコンクリートの打込み作業の容易さと，打込み作業時にコンクリートの均一性が失われないという総合的な性質を表わしている。しかしワーカビリティを直接測定する試験方法がないため，通常はフレッシュコンクリートの流動性の程度を表わすスランプを指標としている。スランプ試験は**写真4**-37に示すように，スランプコーンを引き上げた後のコンクリート頂部の下がりで表わし，スランプ値が大きいほど流動性が高くなる。しかしスランプが過大になると，

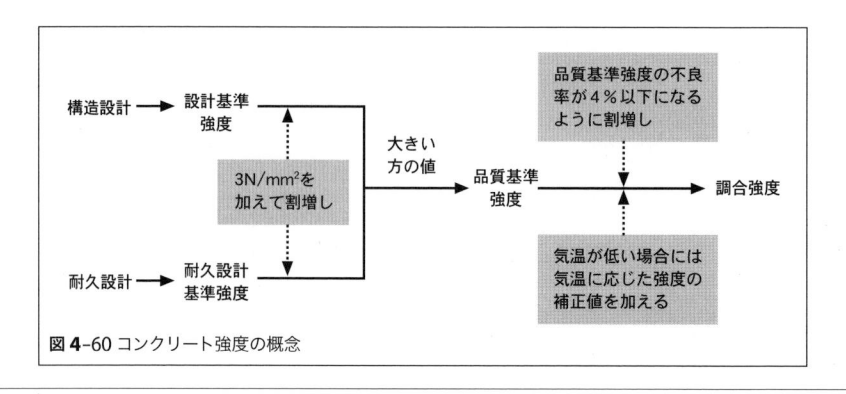

図4-60 コンクリート強度の概念

粗骨材の分離やブリーディング量の増大により、鉄筋との付着強度が低下したり、乾燥収縮量が大きくなってひび割れが生じやすくなったりする。そのため「JASS 5」ではコンクリートのスランプの最大値を、コンクリートの品質基準強度が33N/mm² 以上の場合21cm 以下、33N/mm² 未満の場合は18cm 以下と規定している。

4）水セメント比

水セメント比は、「水の重量÷セメントの重量× 100（%）」で表わされる。コンクリートの圧縮強度と水セメント比の間には一定の関係があり、**図4**-61に示すように、水セメント比の逆数のセメント水比と圧縮強度はほぼ直線関係で表わすことができる。この関係から、所要の強度を得る水セメント比を求めることができる。ただし水セメント比が大き過ぎると、良好なワーカビリティや均一性が得られないなどの不具合が生じるため、「JASS 5」では、水セメント比の最大値の規定を設けている。規定ではポルトランドセメントと混合セメン

写真4-37 コンクリートのスランプ試験

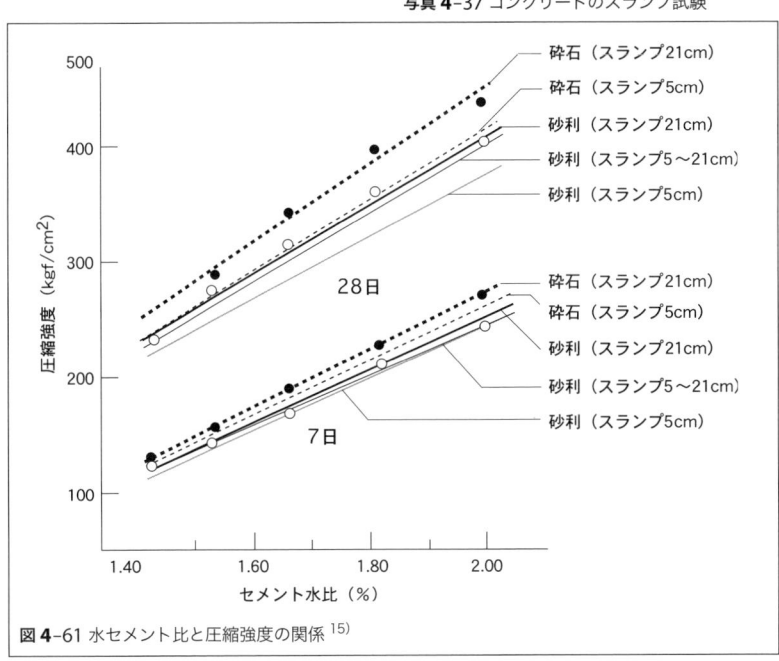

図4-61 水セメント比と圧縮強度の関係 [15]

トのA種を用いる場合には65%，混合セメントのB種を用いる場合には60%を水セメント比の最大値としている。

写真4-38 乾燥収縮によるコンクリートのひび割れ

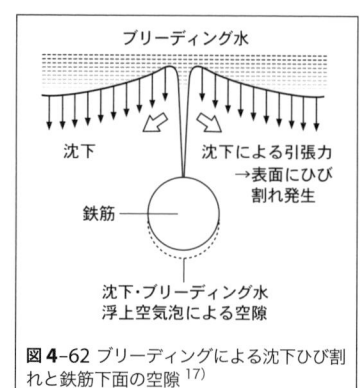

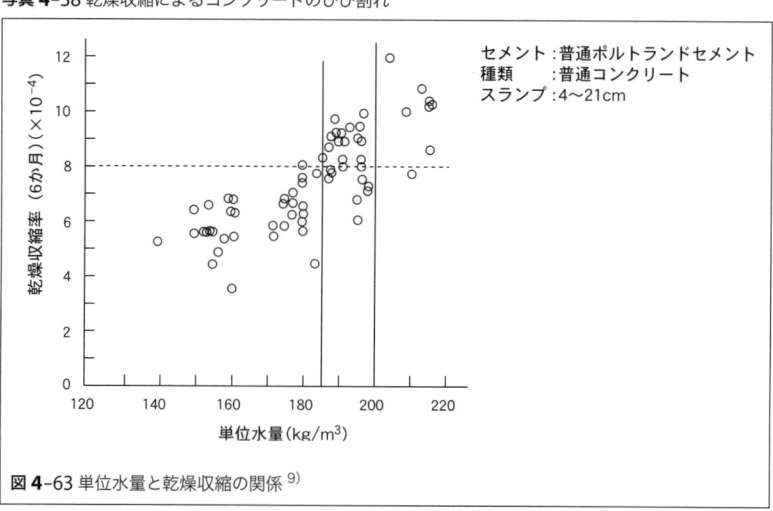

図4-62 ブリーディングによる沈下ひび割れと鉄筋下面の空隙[17]

図4-63 単位水量と乾燥収縮の関係[9]

セメント：普通ポルトランドセメント
種類　　：普通コンクリート
スランプ：4〜21cm

調合強度 (N/mm²)	スランプ (cm)	空気量 (%)	水セメント比 (%)	粗骨材の最大寸法 (mm)	細骨材率 (%)	単位水量 (kg/m³)	絶対容積 (l /m³)			質量 (kg/m³)			化学混和剤の使用量 (ml/m³) または (C×%)
							セメント	細骨材	粗骨材	セメント	細骨材	粗骨材	混和材

表4-14 調合の表し方[9]

5）単位水量

コンクリートの単位水量が多くなると，乾燥収縮やブリーディングが大きくなり，**写真4-38**に示すような乾燥収縮ひび割れが生じたり，**図4-62**に示すようなブリーディングに伴うコンクリートの沈下ひび割れを誘発したり，鉄筋下面に空隙が生成され鉄筋の付着力の低下を招いたりする。単位水量と乾燥収縮の間には**図4-63**のような関係があり，「JASS 5」ではコンクリートの乾燥収縮率 8×10^{-4} 以下を目標値として，単位水量を $185 kg/cm^3$ 以下の範囲で，できるだけ小さくすることとしている。単位水量が $185 kg/cm^3$ を上回ってしまう場合は，高性能AE減水剤を使用することにより，単位水量を $185 kg/cm^3$ 以下にすることができる。

6）空気量

コンクリート中に微細な空気泡を連行させると，単位水量の低減，ワーカビリティの改善，凍結融解作用に対する抵抗性の改善が図られる。微細空気泡はAE剤，AE減水剤，高性能AE減水剤を使うことにより連行することができる。このように，コンクリート中に微細な空気泡を連行させたコンクリートをＡＥコンクリートと呼ぶが，現在ほとんどのコンクリートがＡＥコンクリートとなっている。空気泡の量は6％程度以上となると，ワーカビリティの改善効果が頭打ちとなり，逆に圧縮強度の低下や乾燥収縮が増加するため，JISでは4.5％を標準値としている。

7）コンクリートの調合の表し方

表4-14に，コンクリートの調合の表わし方を示す。骨材の質量は普通骨材の場合，その含水状態が絶乾状態であるか，表面乾燥飽水状態であるかを明示する。軽量骨材については，絶乾状態で表わす。

コンクリートの製造・発注

1）レディーミクストコンクリート工場

コンクリートを製造方法で分類すると，レディーミクストコンクリートと工事現場練りコンクリートに分けることができる。現在では建築工事において，工事現場練りコンクリートが使用されることはほとんどなくなっている。レディーミクストコンクリートは，**写真4-39**に示すような専用の工場で製造され，工事現場まで配達される。全国に4,300を超すレディーミクストコンクリート工場があり，建築工事が行われる場所ではほぼ確実にレディーミクストコンクリートの購入が可能となっている。

レディーミクストコンクリートに関しては，日本工業規格：JIS A 5308 レディーミクストコンクリートがあり，新 JIS マーク認証制度で JIS Q1011 による認証を受けた種類のコンクリートについて，JIS マークの表示が認められる。平成 16 年時点では，全国 4,364 のレディーミクストコンクリート工場の内 4,029 の工場が JIS 表示認定工場となっている。

　また現在，生コンクリート品質管理監査会議による監査が行われ，この監査に合格した工場には㊜マークの表示が許可されているので，工場選定の際には参考にするとよい。

2）レディーミクストコンクリートの発注

　現在，レディーミクストコンクリートの購入者である施工者が，レディーミクストコンクリート工場と直接購入契約を結ぶことはほとんどなく，施工者は商社と，商社は生コンクリート協同組合と契約を結び，工場選定（工場の割当て）は生コンクリート協同組合が行うことが多い。

　施工者は，商社を通して提出されたレディーミクストコンクリートの配合報告書，各種試験成績書，工場概要などをチェックして，問題がなければ契約を結び，コンクリートの打設予定日が確定した段階で，商社にコンクリートを発注する。JIS A

写真 4-39 レディーミクストコンクリート工場

コンクリートの種類	粗骨材の最大寸法（mm）	スランプまたはスランプフロー*（cm）	呼び強度													曲げ 4.5
			18	21	24	27	30	33	36	40	42	45	50	55	60	
普通コンクリート	20, 25	8, 10, 12, 15, 18	○	○	○	○	○	○	○	○	—	—	—	—	—	
		21	—	○	○	○	○	○	○	○	—	—	—	—	—	
		45	—	—	—	○	○	○	○	○	—	—	—	—	—	
		50	—	—	—	—	—	○	○	○	—	—	—	—	—	
		55	—	—	—	—	—	—	○	○	○	—	—	—	—	
		60	—	—	—	—	—	—	—	○	○	—	—	—	—	
	40	5, 8, 10, 12, 15	○	○	○	○	○	○	—	—	—	—	—	—	—	
軽量コンクリート	15	8, 12, 15, 18, 21	○	○	○	○	○	○	○	—	—	—	—	—	—	
舗装コンクリート	20, 25, 40	2.5, 6.5														○
高強度コンクリート	20, 25	12, 15, 18, 21	—	—	—	—	—	—	—	—	—	○	—	—	—	
		45, 50, 55, 60	—	—	—	—	—	—	—	—	—	○	○	○	—	

＊荷卸し地点の値であり，45cm，50cm，55cm および 60cm はスランプフローの値である

表 4-15 レディーミクストコンクリートの種類（JIS A 5308　2019 年）

5308レディーミクストコンクリートでは，レディーミクストコンクリートの種類を**表4**-15のように規定しており，粗骨材の最大寸法，スランプ，呼び強度を組み合わせた表中の○印がJIS規格に適合したコンクリートになる。JIS規格に適合しないコンクリート，例えば呼び強度が60N/mm^{2}を超える高強度コンクリートなどは，使用にあたって建築基準法37条の規定によって，国土交通大臣の認定が必要になる。なお，呼び強度とは品質基準強度に気温補正強度を加えた値で，レディーミクストコンクリートの発注に際しての強度は，呼び強度によって行う。レディーミクストコンクリートの呼び方は，下記のとおりである。

「普通 33 18 20 N」は，**普通**コンクリートで，呼び強度**33**N/mm^2，スランプ**18**cm，粗骨材最大寸法**20**mm，普通セメント（**N**）使用のものを表している

ただし，レディーミクストコンクリートは，地方性の強い製品であり，各地方で産する粗骨材，細骨材などを原料に製造するものである。したがって，これら材料が異なっていれば，表示は同じ「普通 33 18 20 N」であっても，強度，スランプ，空気量，粗骨材最大寸法などの値のほかは，まったく異なったコンクリートと考えた方がよい。

コンクリートの試し練り

試し練りは，調合計画したコンクリートが目標としたコンクリートの性能を満足しているかを確認するために行うもので，原則としてコンクリートの調合は試し練りによって定めることとなっている。ただし，JIS A 5308に適合するレディーミクストコンクリートを用いる場合は，工事監理者の承認を受けて試し練りを省略することができる。

試し練りは，工事監理者，施工者が立ち会って，使用材料の確認，フレッシュコンクリートの性状確認，圧縮強度試験用供試体などの採取を行う。試し練りによるコンクリートの性能確認は，圧縮強度試験結果が出た後に終了する。そのため強度管理材齢が28日の場合は，コンクリート打込み予定日の1か月以上前に試し練りを行う必要がある。

試し練りにおいては，使用する材料が所定のものかどうか確認し，コンクリートのスランプ，空気量，温度，塩化物量，ワーカビリティを検査する。スランプおよび空気量は，**表4**-16，**表4**-17の許容差内であれば合格となる。塩化物量については所定の塩化物測定器を用い，塩化物量が

0.3kg/m³ 以下であることを確認する。ワーカビリティの判定は目視により行うが，判定の参考として**写真4-40**を示す。フレッシュコンクリートの検査結果が合格となったものについては，圧縮強度試験用の供試体を採取し，標準養生（20℃の水中での養生）で管理材齢まで養生し，圧縮強度試験を行う。

コンクリートの打設計画

1) 運搬＊方法の検討

コンクリート打設の計画に当たって，まずコンクリートの運搬方法を検討する。運搬方法には，いくつかの方法がある。ここでは，現在最も一般的に使われているコンクリートポンプによりコンクリートを圧送する「ポンプ打ち」とクレーンによってコンクリートバケットを吊り打設する「バケット打ち」について述べる。

計画する1回の打設量（速度），運搬距離，運搬高さ，コ

スランプ (cm)	スランプの許容差 (cm)
2.5	±1
5 および 6.5	±1.5
8 以上 18 以下	±2.5
21	±1.5*

＊呼び強度27以上で，高性能AE減水材を使用する場合は，±2とする

表4-16 スランプの許容差 [9]

コンクリートの種類	空気量 (%)	空気量の許容差 (%)
普通コンクリート	4.5	±1.5
軽量コンクリート	5	
舗装コンクリート	4.5	
高強度コンクリート	4.5	

表4-17 空気量の許容差 [9]

| ワーカビリティが良好なコンクリート（スランプ18cm） | 粘性が小さく，ぱさぱさした材料分離を生じやすいコンクリート（スランプ18cm） | 粘性が大きく，もったりとしたコンクリート（スランプ18cm） |

写真4-40 コンクリートのワーカビリティ

ンクリートのワーカビリティなどによって運搬方法を決定する。まず、ブーム付きのポンプ車が使えるか否かを建物の高さ、平面形状、規模などから検討する。大型のポンプ車であれば、高さ20m、通常の建物の6階程度までは打設可能である。一例を図4-64に示す。これ以上の高さを打設する場合、あるいは平面的に広く、ブームが届かない範囲が残る場合などは配管による。配管は圧送抵抗の大きくなる曲り管、テーパ管、フレキシブルホースなどをできる限り少なくしなければならない。また、高所、長距離になるほどポンプの能力は高くなければならないが、同様にコンクリートのワーカビリティが低いほど、ポンプに高い能力が求められる。詳細な検討方法は「JASS 5」の「7.2 コンクリートの運搬」に詳しいので、参照するとよい。ポンプの所要の能力を算定したら、その1.25倍以上の能力を持つポンプを使用するのが一般的である。打設時の詳細については後述する。

　打設量（速度）がそれほど多くなく、かつクレーンなどの重機が現場に

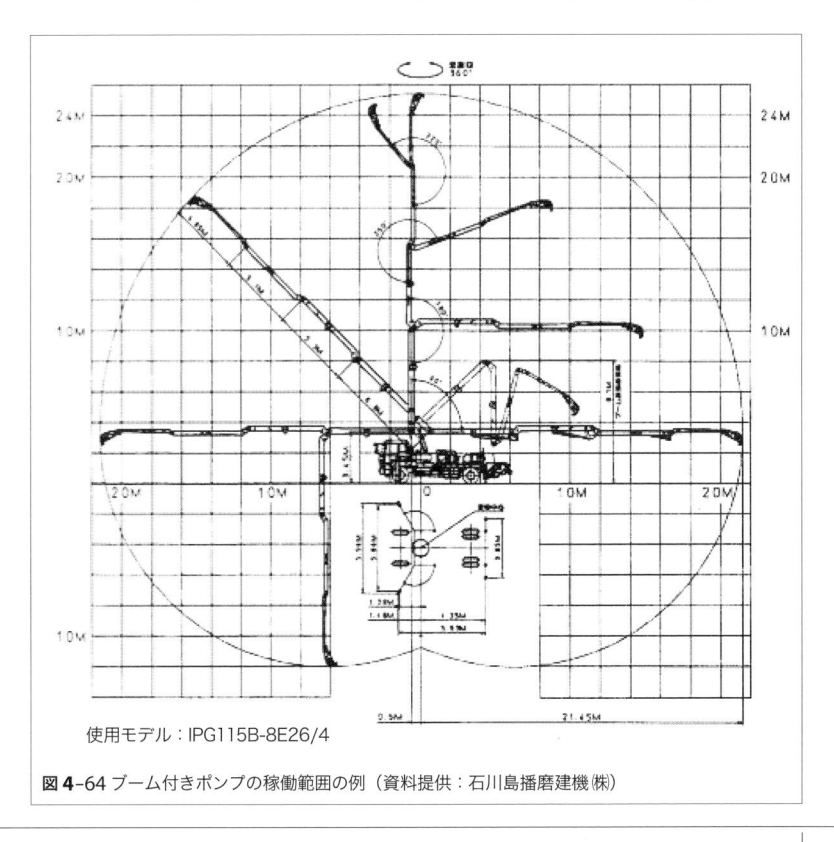

図4-64 ブーム付きポンプの稼働範囲の例（資料提供：石川島播磨建機㈱）

ある場合，バケットによる打設も行われる。超高層 RC 建物などで，立上りを柱と梁スラブに分けて打設を日で 2 分する VH 分離方式を採る場合，柱コンクリートの打設にはバケットが使われる例が多い。

＊JASS 5 では，コンクリートの「運搬」とは（レディーミクストコンクリート工場で製造されたコンクリートがアジテータ車で現場まで「輸送」され）荷卸しされた後，コンクリートを打設箇所まで運ぶ行為をいう。

2) 標準的な打設量

打設量，つまり打設速度の最大値は，コンクリートポンプの能力で決定する。しかし，平均打設速度は現場の条件により，ポンプの受入れホッパーにレディーミクストコンクリート車を 2 台同時に付けることができるか否かで，大きく異なる。2 台付けが可能な場合は $30m^3$/Hr.，1 台のみの場合は $15m^3$/Hr. 程度を平均打設量として計画する。つまり，ポンプ車 1 台当たり $250m^3$ 弱 / 日を最大量として計画する。

3) コンクリート打設時の標準的な人員配置

通常のスランプ 18cm のコンクリートをポンプ車 1 台（平均 $30m^3$/Hr. 程度の速度）で打設する場合，すなわち $200m^3$/ 日程度を打設する場合の協力会社の平均的な人員配置を**図 4**–65 に示す。これら全体を指揮する者として，上部打設階，打設下階に各 1 人，計 2 人の建設会社の担当者がつくのが一般的である。

4) コンクリート打込み

前述したように，通常立上りを 1 回の打設区画として打設するが，地下階や地上 1 階などで，階高が高い場合は，上下 2 回に分けて打設することもある。また，2 回に分けない場合でも，型枠にかかる側圧が過大になるのを防ぐ意味で「まわし打ち」という打設方法を採る場合がある。これは，まず下部のコンクリートを打設し，そのコンクリートの側圧が小さくなる時期を見計らい，上部のコンクリートを打設し，型枠に作用する側圧を制御するも

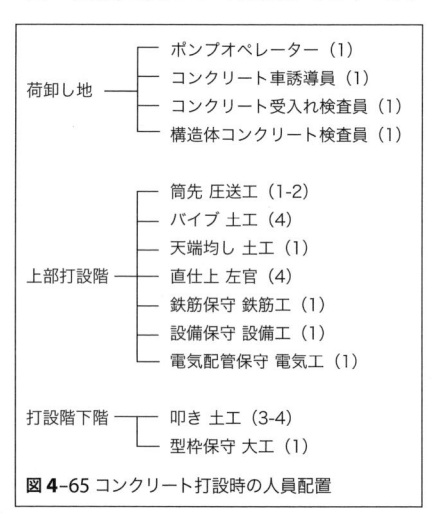

```
荷卸し地 ─┬─ ポンプオペレーター (1)
          ├─ コンクリート車誘導員 (1)
          ├─ コンクリート受入れ検査員 (1)
          └─ 構造体コンクリート検査員 (1)

上部打設階 ─┬─ 筒先 圧送工 (1-2)
            ├─ バイブ 土工 (4)
            ├─ 天端均し 土工 (1)
            ├─ 直仕上 左官 (4)
            ├─ 鉄筋保守 鉄筋工 (1)
            ├─ 設備保守 設備工 (1)
            └─ 電気配管保守 電気工 (1)

打設階下階 ─┬─ 叩き 土工 (3-4)
            └─ 型枠保守 大工 (1)
```

図 4–65 コンクリート打設時の人員配置

のである。この際，上下（新旧）のコンクリートが一体化するように，十分な締固めが必要である。

一方，「まわし打ち」をせずに立上りを上部まで（実際は梁およびスラブを残し，梁の下端まで）建物の片側から打ち上げて行く「片押し」で打設する場合は，前記の上下（新旧）のコンクリートが一体化しない不具合（コールドジョイント）の発生を防ぐことができる反面，型枠や鉄筋に横方向の力が加わり，変形することがあるので注意が必要である。

コンクリート打込み時の注意事項は後述する。

5) 締固め

「標準的な打設量」でポンプ能力からの打設量の目安を示したが，打設量（打設速度）の決定は締固め能力から決定しなければならない。詳細は後述する。

6) こて押え

床のコンクリートの直押えは，通常期には，夕刻のコンクリート打込み終了後，22～24時頃，つまり当日中に終了するのを目安として計画する。冬期には，同上の条件で，翌早朝終了するのを目安とする。

7) 突発事態への対処

下記のような事態への対処方法は，あらかじめ監理者と打ち合わせておかなければならない。

❶ 降雨

突然の降雨には，屋根，シートなどで覆うほか，立上り途中で中断（VH分離）するなどの対策の可能性も検討しておく。

❷ レディーミクストコンクリート工場の故障

上記と同等の対策，あるいは可能であれば予備のレディーミクストコンクリート工場から納入させる。

❸ 配管の破裂

常時予備の配管を備えて置くほか，曲がり管など破裂しやすい部分を常時チェックする。

❹ スランプロス対策

高性能AE減水剤を現場に備えておき，監理者の承認を得てスランプロスしたコンクリートのスランプを回復させて打ち込む。

コンクリートの運搬

　コンクリートの運搬は，フレッシュコンクリートをレディーミクストコンクリート工場から工事現場まで運ぶ「輸送」と，コンクリートを荷卸しした後に，打込み地点まで移送する「運搬」に分類される。コンクリートをレディーミクストコンクリート工場から工事現場まで輸送する方法は，ほとんどの場合，一般に生コン車とよばれるトラックアジテータ(**写真4-41**)が使用されている。コンクリートの場内運搬は，コンクリートポンプ(**写真4-42**)やコンクリートバケット(**写真4-43**)が主に使われている。

　コンクリートポンプによるコンクリートの圧送においては，コンクリートの圧送に先立ち，配管内の潤滑性を確保するために先送りモルタルを圧送する。先送りモルタルを省略すると，コンクリートのモルタル分が管壁にとられ，セメントペーストやモルタルの少ないコンクリートとなり，品質が低下するばかりでなく，配管内でのコンクリートの閉塞を引き起こし，圧送が不可能となる場合がある。配管内での閉塞が生じた場合には，閉塞した部分の配管を切り離し，閉塞により品質が変化したコンクリートは廃棄しなければならない。先送りモルタルは，配管の先端から吐出された状態を確認し，品質が損なわれた部分は廃棄し，残りは型枠内に分散して打

写真 4-41 トラックアジテータ

写真 4-42 コンクリートポンプ車 (資料提供：大阪生コンクリート圧送協同組合)

写真 4-43 コンクリートバケット [20]

ち込み，後から打ち込んだコンクリートと一体化させる。したがって，先送りモルタルも打ち込まれるコンクリートと同等以上の品質が必要であり，使用するコンクリートよりも 3N/mm^2 程度強度の高いものを使用する。コンクリートポンプの機種には圧送能力によりいろいろな種類があるので，圧送距離や圧送高さに応じて圧送負荷を算定し，適切な機種を選定する。

コンクリートバケットは，高層建築物の柱やスリップフォーム工法などに使用される。コンクリートバケットを使用する際には，バケット中に長時間コンクリートを入れておくとブリーディングの発生やワーカビリティの低下がみられたり，コンクリートの排出ができなくなることがある。そのため，揚重時間計画を十分に行い，速やかにコンクリートを打込む必要がある。

なお，コンクリートは製造されてから時間が経過するとともに，スランプや空気量が減少し，ワーカビリティが低下するため，なるべく早く打込む必要がある。そのため「JASS 5」では，コンクリートの練混ぜから打込み終了までの時間の限度を，外気温が 25℃未満で 120 分，25℃以上で 90 分と定めている。

コンクリートの打込み

1) コンクリートの打込み準備

コンクリートの打込み前には，型枠・鉄筋の位置，寸法，かぶり厚さを確認し，バイブレータなどの機械器具類の点検・確認を行う。また，型枠内を点検し，木片，木屑，コンクリートガラ，溜り水などは清掃，除去しておく。また水が凍結する心配のない場合は，型枠内に水が溜まらない程度に散水しておく。

2) コンクリートの打込み方法

コンクリートの打込みは，出来上がる構造体の良否を決める重要な作業である。関係者に作業内容を周知し，十分な管理を行う必要がある。

コンクリートの打込みは，**図 4**-66 に示すようにコンクリートポンプ車から最も遠

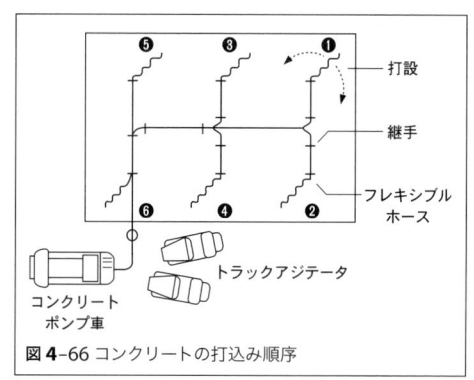

図 4-66 コンクリートの打込み順序

い区画から打ち始め，コンクリートポンプの配管を順次短くしながら，コンクリートポンプの手前で終了するように行う。

　壁，柱，梁などの垂直部材の打込み方法を図4-67に示す。打込みに当たっては，コンクリートの分離が生じやすくなる横流しをできるだけ避け，目的の位置に近づけて打込む。また，コンクリートの落下高さが大きいと，コンクリートが分離して部材下部に砂利だけの層ができたりするので，シュートやホースを差し込んだり，型枠の中間部に打込み用の開口部を設けるなどしてコンクリートの落下高さが2m以内となるようにする。

　柱，壁は，梁下でいったん打ち止め，1～2時間経過してコンクリートが落ち着いた後，梁・床のコンクリートを打込む。これは梁・床まで一度にコンクリートを打ち上げると，柱・壁のコンクリートは時間とともに沈下するが，梁・床のコンクリートは鉄筋に支えられて沈下しないために，梁下にひび割れが生じることがあるためである。

　コンクリートの打込み継続中の打重ね時間間隔が長くなると，コールドジョイントが発生し，部材の一体性が損なわれる。そのため，打重ね時間間隔は，外気温が25℃未満の場合は150分，25℃以上の場合は120分を目安として打込みを行う。

　鉄骨鉄筋コンクリート（SRC）造の梁では，鉄骨梁の下面にコンクリートの未充填部分（巣）ができやすい。そのため，鉄骨鉄筋コンクリート造の梁の打込みは図4-68に示す方法で打込み，巣の発生を防止する。

　床のコンクリートは梁に引き続いて打込むが，鉄筋を踏み荒らして鉄筋の位置が所定の位置より下がらないように注意する。また，コンクリート

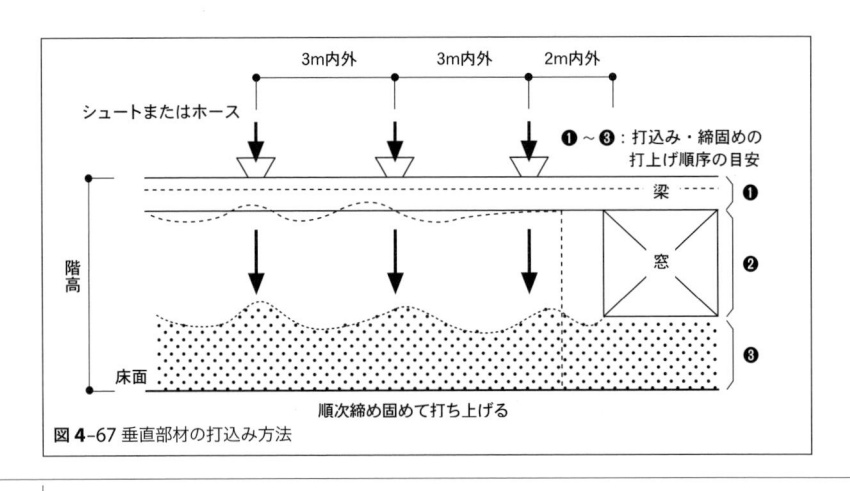

図4-67 垂直部材の打込み方法

の沈下が鉄筋の部分で拘束されて、コンクリートに鉄筋に沿ったひび割れ（沈みひび割れ）が生じることがある。沈みひび割れは、打込み後1時間くらい後に、叩き（タンピング）を行うことで防ぐことができる。

第3講「根切り・山留め工事」にある逆打ち工法の場合は、上階の床・梁のコンクリートが施工された後に、下階の柱・壁のコンクリートを打込むことになる。そのため、コンクリートの打込みも通常の方法とは異なり、図4-69に示す❶アゴ打ち工法、❷スリーブ打ち工法、❸圧入工法などによって行われる。また、逆打ち工法の場合は、打継ぎ部の応力伝達性・防水性・気密性・耐火性を確保するために、コンクリートのブリーディン

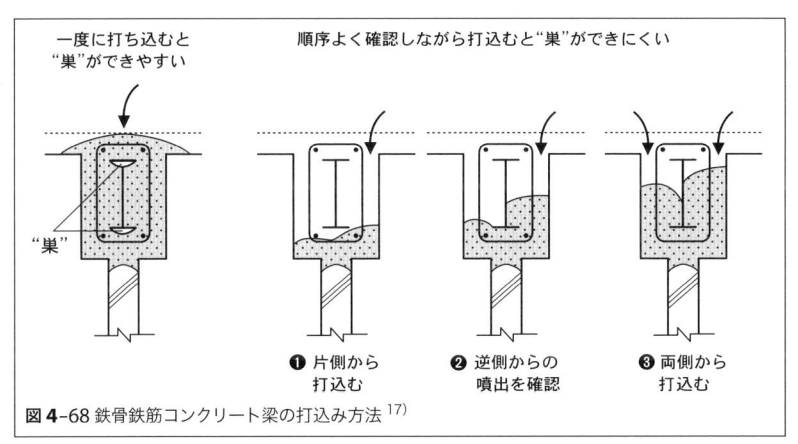

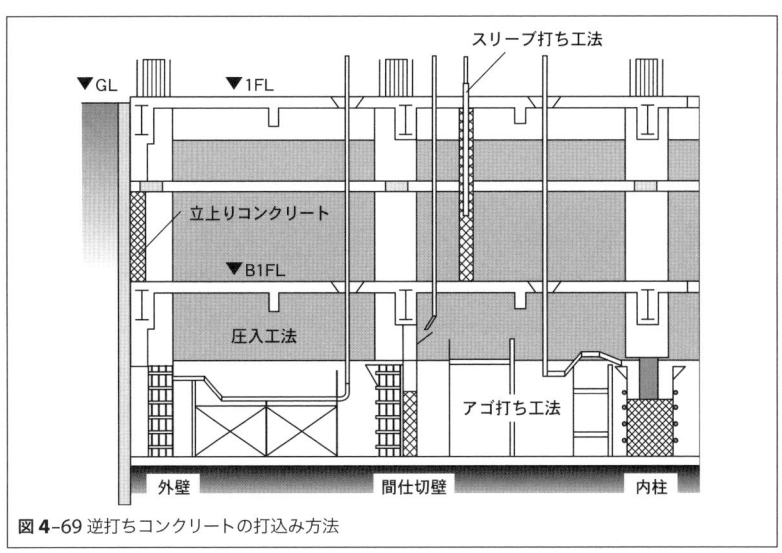

図4-68 鉄骨鉄筋コンクリート梁の打込み方法[17]

図4-69 逆打ちコンクリートの打込み方法

グや沈下に対する対処を十分に行う必要がある。打継ぎ部の処理方法としては，図4-70に示す❶充填法，❷注入法，❸直接法などがある。直接法の場合は，膨張コンクリートを使用するなどの配慮が必要である。

耐震スリットを設ける壁あるいは手摺などを打設する場合，耐震スリット部材の両側のコンクリートの側圧がほぼ同等となるよう注意しないと，耐震スリット部材が変形し，コンクリート硬化後スリットとして働かない事態が生じる。耐震スリット回りのコンクリート打設には細心の注意が必要である。曲がってしまった耐震スリットの例を，写真4-44に示す。

3）締固め

締固めは，打ち込まれたコンクリートを密実に充填するために行われるものである。締固め器具としては，コンクリート内部に挿入して振動で締め固める棒状バイブレータと型枠面に押し付けて振動を与えて締め固める型枠バイブレータがある。そのほかに「突き」と呼ばれる，突き棒による突固めや，「たたき」と呼ばれる木槌で型枠面を叩いて行う締固めも行われる。

棒状バイブレータは，コンクリートに垂直に挿入し，挿入間隔は60cm程度以下，1層の打込み厚さは60〜80cmとし，2層以上に打込む場合は，バイブレータの先端を下層のコンクリートに10cm程度挿入して締め固める。バイブレータをコンクリートに挿入して加振する時間は1か

図4-70 打継ぎ部の処理方法

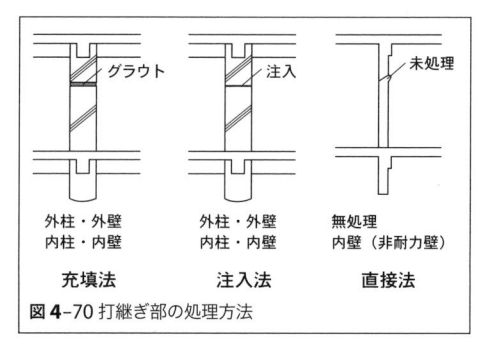

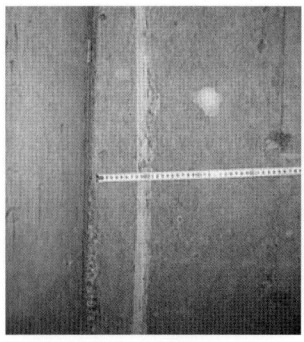

写真4-44 曲がった耐震スリット

写真4-45 棒状バイブレータによる締固め [17]

所当たり 10 〜 15 秒とし，バイブレータの先端は鉄骨，鉄筋，埋込み配管，金物，型枠などに，極力接触しないようにする。棒状バイブレータによる締固め状況を，**写真 4**-45 に示す。

　型枠バイブレータは，型枠の端太角や丸パイプに取り付け，せき板を介して振動をコンクリートに伝える器具で，取付け間隔は通常壁の場合 2 〜 3m/ 台が目安となる。振動はコンクリートの打込み高さが，型枠バイブレータの取り付け位置より 15 〜 20cm 程度上にきた時点で加振する。加振時間は 1 〜 3 分程度が目安となる。

養生

　コンクリート打込み終了後，コンクリートの硬化が十分に進行するまでの間，養生を行う。養生の目的は，❶ 硬化初期の期間中における，セメントの水和反応に必要な水分の供給，❷ 強度確保のための適度な温度環境の保持，❸ 振動，外力からの保護の 3 点である。

　❶ の湿潤養生については，「JASS 5」に湿潤養生を行わなければならない期間および，湿潤養生を打ち切ることができるコンクリートの圧縮強度が，**表 4**-18，**表 4**-19 に示されている。

　湿潤養生の方法としては，透水性の少ないせき板による被覆，養生マットや水密シートによる被覆，散水・噴霧，膜養生剤の塗布などがある。

　❷ の養生温度については，寒冷期で早強ポルトランドセメントを用いる場合は，打込み後 3 日間以上，早強ポルトランドセメント以外を用いる場合は 5 日間以上，コンクリートの温度を 2℃以上に保つ。また，コンクリート打込み後，初期凍害を受けるおそれがある場合は，保温や給熱による初期養生を行い，5N/mm^2 以上の圧縮強度が得られるまでは，コンクリー

セメントの種類	計画供用期間の級 一般および標準	長期
早強ポルトランドセメント	3 日以上	5 日以上
普通ポルトランドセメント	5 日以上	7 日以上
その他のセメント	7 日以上	10 日以上

表 4-18 湿潤養生の期間)[9]

セメントの種類	計画供用期間の級 一般および標準	長期
早強ポルトランドセメント	10 以上	15 以上
普通ポルトランドセメント	10 以上	15 以上

表 4-19 湿潤養生を打ち切ることができるコンクリートの圧縮強度（N/mm^2）[9]

トの温度を 0℃以上に保つ。マスコンクリートについては，コンクリートの内部と表面部の温度差や内部の温度降下速度が大きくならないよう保温養生などを行う。

❸の振動・外力については，コンクリート打込み後，少なくとも 1 日間はその上で作業を行わないことと，鉄筋，型枠などの重量物を床の上に集中しておかないようにする。

型枠の取外し

基礎，梁側，柱，壁のせき板は，コンクリートの圧縮強度が 5N/mm^2 以上であることを確認してから取り外す。ただし平均気温が 10℃以上の場合は，コンクリートの材齢が**表 4-20** に示す日数以上経過すれば，圧縮強度試験を行わなくても，取り外すことができる。スラブ下，梁下の支保工とせき板は，原則として設計基準強度の 100％以上のコンクリートの圧縮強度が得られたことを確認した後に取り外す。せき板を取り外した後は，ジャンカ，コールドジョイント，コンクリートの硬化不良がなどの不具合がないことを確認する。**写真 4-46 ～ 4-48** に不具合の事例を示す。これらの不具合に対しては，事前に工事監理者と検査方法，判定基準，補修方法を決めておき適切な処置を行う。

コンクリートの品質管理

使用するコンクリートの主な品質管理項目としては，レディーミクストコンクリートの受入検査，構造体コンクリートの仕上りおよびかぶり厚さの検査，構造体コンクリート強度の検査がある。レディーミクストコンクリートの受入検査は 172 頁の**表 4-21** に示す項目について，試験・検査を行い合否を判定する。構造体コンクリートの仕上りおよびかぶり厚さの検査は部材の位置，寸法や仕上り，外観，かぶり厚さなどについて行う。詳

セメントの種類 平均温度	コンクリートの材齢（日）		
	早強ポルトランドセメント	普通ポルトランドセメント 高炉セメント A 種 シリカセメント A 種 フライアッシュセメント A 種	高炉セメント B 種 シリカセメント B 種 フライアッシュセメント B 種
20℃以上	2	4	5
20℃未満 10℃以上	3	6	8

表 4-20 基礎・梁側および壁のせき板の存置期間を定めるためのコンクリートの材齢[9]

細は「JASS 5」の「13.8 構造体コンクリートの仕上りおよびかぶり厚さの検査」を参考にするとよい。構造体コンクリート強度の検査は，工事現場で試料を採取し，**表4-22** に示す判定基準で合否を判定する。ここで受入検査におけるコンクリート強度の検査は，呼び強度の確認のために行うものであり，構造体コンクリート強度の検査とは試験方法や合否の判定基準が異なっている。そのため，これらの検査はそれぞれ別個に行う必要がある。

写真4-46 ジャンカ [17]

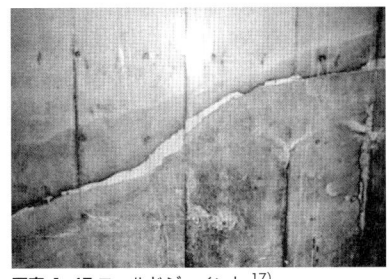

写真4-47 コールドジョイント [17]

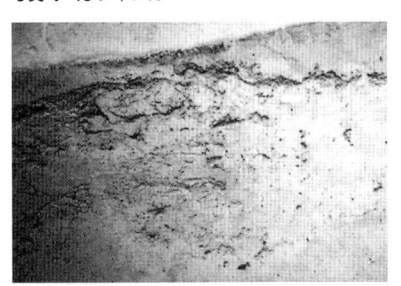

写真4-48 コンクリートの硬化不良 [17]

強度管理材齢	供試体の養生方法	判定基準
28日	標準水中養生	$X \geq F_q + T$
	現場水中養生	$X \geq F_q$
28日を超え，91日以内のn日	現場封かん養生	$X_n \geq F_q$

ただし，F_q：コンクリートの品質基準強度（N/mm²）
　　　　X：材齢28日の1回の試験における3個の供試体の圧縮強度の平均値（N/mm²）
　　　　X_n：材齢n日の1回の試験における3個の供試体の圧縮強度の平均値（N/mm²）
　　　　T：構造体コンクリートの強度管理材齢を28日とした場合の，コンクリートの打込みから28日までの予想平均気温によるコンクリート強度の補正値（N/mm²）

表4-22 構造体コンクリートの圧縮強度の判定基準 [9]

項目	判定基準	試験・検査方法	時期・回数
コンクリートの種類 呼び強度 指定スランプ 粗骨材の最大寸法 セメントの種類 輸送時間 納入容積	発注時の指定事項に適合すること	納入書による確認	受入れ時 運搬車ごと
単位水量	規定した値以下であること	調合表およびコンクリートの製造記録による確認	打込み当初，および打込み中品質変化が認められた場合
アルカリ量*	$R_t = 0.01 \times R_2O \times C + 0.9 \times Cl^- + R_m \cdots (1)$ で計算した場合 3.0kg/m^3 以下 $R_t = 0.01 \times R_2O \times C \cdots (2)$ で計算した場合 2.5kg/m^3 以下	材料の試験成績書，配合報告書およびコンクリート製造管理記録による確認	打込み日ごと
ワーカビリティーおよびフレッシュコンクリートの状態	ワーカビリティーがよいこと，品質が安定していること	目視	受入れ時，および打込み中随時
スランプ	a) JIS A 5308 の品質規定による。 b) JIS A 5308 によらないレディーミクストコンクリートの場合，特記による。特記のない場合は JIS A 5308 に準じる	JIS A 1101 JIS A 1116 JIS A 1118 JIS A 1128	圧縮強度試験用供試体採取時，構造体コンクリートの強度検査用供試体採取時および打込み中品質変化が認められた場合
空気量			
圧縮強度		JIS A 1108 ただし養生は標準養生とし，材齢は 28 日とする	a) JIS A 5308 による場合，原則として試験回数は，打込み。工区ごと・打込み日ごと，かつ 150m^3 またはその端数ごとに 1 回，1 検査ロットに 3 回とする（圧縮強度の 1 回の試験には 3 個の供試体を用いる） b) JIS A 5308 によらない場合，特記による。特記のない場合は上記 a) 項による
塩化物量		JIS A 1144 JASS 5T-502	海砂など塩化物を含むおそれのある骨材を用いる場合，打込み当初および 150m^3 に 1 回以上。その他の骨材を用いる場合は 1 日に 1 回以上とする
軽量コンクリートの単位容積質量	16.8** に適合すること	JIS A 1116	受入れ時，および打込み中随時

*アルカリ量の試験・検査は JIS A 5308 付属書 1 の区分 B の骨材を用い，アルカリ骨材反応抑制対策として，コンクリート 1m^3 中に含まれるアルカリ量（酸化ナトリウム換算）の総量を 3.0・以下とする対策を採用する　場合に適用する．
**JASS 5 の節番号

表4-21 レディーミクストコンクリートの受入検査[9]

Column 21
コンクリートのいろいろ

　建設工事では，一般的なコンクリートとして普通コンクリートと呼ばれているものが多く使われています。しかし，これ以外にも特殊な材料，環境，用途で用いられるコンクリートもいろいろあります。一例を挙げると，軽量コンクリート，寒中コンクリート，暑中コンクリート，高流動コンクリート，高強度コンクリート，マスコンクリート，水中コンクリートなどです。ここでは高流動コンクリートと高強度コンクリートを紹介します。

　高流動コンクリートは，流動性が大きくかつ材料の分離対抗性を高めたコンクリートです。このコンクリートを使用すると，ほとんど締固めをせずに，狭い空隙を通過し，型枠の隅々までコンクリートを充填することができます。写真❶が普通のコンクリート，写真❷が高流動コンクリートですが，違いがよくわかると思います。このコンクリートは鋼管圧入コンクリートや逆打ちコンクリートなどに使用されています。

　次に，高強度コンクリートです。通常用いられるコンクリートは設計基準強度が $24N/mm^2$ 程度が多いのですが，設計基準強度が $36N/mm^2$ を超えるコンクリートを高強度コンクリートと呼んでいます。コンクリートの高強度化技術の発展は近年目覚しいものがあります。現在では設計基準強度が $150N/mm^2$，通常用いられるコンクリートの実に6倍の強度をもったコンクリートも実用化されています。高強度コンクリートを用いることにより，建築物の高層化，長スパン化が可能になります。写真❸は $130N/mm^2$ の高強度コンクリートを用いた地上58階，高さ196mの超高層マンションです。なお，コンクリートの強度は荷重，地震力で決まるため，下層階が一番強度が高く，上層階にいくほど強度は低くなります。

写真❶　普通コンクリート

写真❷　高流動コンクリート

写真❸　$130N/mm^2$ の高強度コンクリートを用いた超高層マンション「勝どき6丁目（前田建設工業㈱）

【参考・引用文献】

1) 日本コンクリート工学協会「コンクリート便覧（第二版）」技報堂出版，1995 年
2) studio nobu's HP「横浜の近代建築その後」(http://www.nobus.biz/kenchiku/index.html)
3) 建築施工実務研究会「イラストによる建築施工実務入門」彰国社，1993 年
4) 川崎一雄イラスト，建築業協会関西支部編集「イラスト『建築施工』」建築業協会関西支部，2005 年
5) 日本コンクリート工学協会コンクリート施工基本問題検討委員会「コンクリート施工基本問題検討委員会報告書」日本コンクリート工学協会，2001 年
6) 大久保孝昭，岩波光一，宗永芳，小柳光生，佐藤孝一，中込昭「図解 型枠工事」東洋書店，2003 年
7) 関口博，戸田光夫，萩原浩，梶田秀幸「高強度のプレキャストコンクリートを使用した超高層集合住宅の施工」コンクリート工学 2000 年 2 月号
8) 建築工程図編集委員会（日建情報センター）「絵で見る建築工程図シリーズ・6『鉄筋コンクリート造 3 階建ビル』」建築資料研究社，1989 年
9) 日本建築学会「型枠の設計・施工指針案」日本建築学会，1988 年
10) 日本建築学会「建築工事標準仕様書・同解説 JASS 5　鉄筋コンクリート工事」日本建築学会，2003 年
11) 上村克郎他「疑問に答える 建築型枠の設計・施工ノウハウ」近代図書，1995 年
12) プラン 21 コーポレーション HP (http://www.plan21.co.jp/piolite/index.html)
13) 日本建築学会「鉄骨鉄筋コンクリート造配筋指針・同解説」日本建築学会，2005 年
14) 清水建設社内資料
15) 日本圧接協会「鉄筋継手マニュアル」日本圧接協会，2005 年
16) 岡田清，六車熙「コンクリート工学ハンドブック」朝倉書店，1981 年
17)「コンクリートのひび割れと防止のポイント」建築技術 1999 年 5 月号
18) 加賀秀治「建築技術別冊 10　コンクリートの上手な打込み」建築技術，2003 年
19) 日本建築学会「コンクリートの調合設計指針・同解説」日本建築学会，1999 年
20)「コンクリート工事困ったときのノウハウ集」建築技術 1995 年 10 月号
21)「ポンプ工法から見直す構造体コンクリートの品質」建築技術 2004 年 3 月号

第5講 プレキャストコンクリート工事

プレキャストコンクリート工法は，建築生産を工業化するための手段の1つとして開発・導入されました。「工業化」とは，単に現場で使う部材を工場で製作するというだけではなく，設計から工事に至る建築生産システムを近代化，高度化するということを意味します。その観点から見ると，この工法はいまだ完成した技術ではなく，発展途上といえます。社会情勢の変化に応じながら，今後も進化し続けなければなりません。設計〜製造〜工事の連携がなにより重要ですが，現場を仕切るあなた自身がその推進役になるのです。

プレキャストコンクリート工法概説

プレキャストコンクリート工法の歴史と，各種工法ならびに工法の生産技術面での特性について，その概要を説明する。

プレキャストコンクリート工法は，長年 PC 工法と略称されている。一方で，プレストレストコンクリートを略して PC と表現することもあるため混同を避ける意味で，前者を PCa と表記することもある。ここでは，プレキャストコンクリートを PCa と略記する。

PCa 工法の歴史

1) 工法の導入とその後の推移

わが国の PCa 工法開発の歴史は古く，大正時代にさかのぼるといわれている。その後も建築の耐震，耐火を目的として研究が続けられたが，本格的に実用化されたのは 1950 年代以降である。第二次大戦後の都市部の住宅不足への対応策の 1 つとして開発が進められたもので，まず壁式構造によるコンクリート系住宅の大量生産のシステムとして完成した（WPC 工法，**写真 5**-1）。

その後，この工法を住宅以外の建築物へも適用する試みが各方面でなされている。特にラーメン構造の PCa 化が実用化されて以来（RPC 工法，**写真 5**-2），適用領域は一気に拡大し，現在では住宅のみならず，学校，店舗，事務所，工場など，あらゆる種類のコンクリート系の建築物に広く適用されるようになっている。一方で，PCa 部材を在来工法に組み込むことによって，その合理化を図る試みもなされてきた。現場での作業性が悪い部位，例えばバルコニーや階段などを PCa 化したり，型枠兼用の半製品の PCa 部材を用いて工事全体の生産性の向上を図るもので，PCa 複合化構・工法と呼ばれている。

2) 海外の PCa 工法

PCa 技術発祥の地であるヨーロッパをはじめとする欧米諸国においては，各国の建築技術の伝統や気候風土に適応しながら発展した。

組積造の伝統を持つヨーロッパでは，建築物のファサードへの適用も一般的であり，旧ソ連，東欧，北欧などの寒冷地では屋内で生産できる住宅建築技術として広く用いられた（**写真 5**-3）。

また，米国における高層ビルの外壁への使用（カーテンウォール）や，

プレストレス技術を用いたカナダのアビタ'67（**写真 5**-4），オーストラリアのシドニーオペラハウス（**写真 5**-5）など，さまざまな形で PCa 技術が適用されている。

各種 PCa 工法

わが国に導入された PCa 工法は適用領域拡大の流れや，適用性改善の試みの中で，要素技術の開発を伴いながら各種 PCa 工法として開発された。各種 PCa 工法と適用対象とされる建築物の用途との組合せを**表 5**-1 に示す。

写真 5-1 大規模住宅団地 [3]

写真 5-2 RPC 工法による店舗建築

写真 5-3 旧ソ連の PCa 住宅

写真 5-4 アビタ'67（撮影：新建築写真部）

写真 5-5 シドニーオペラハウス（撮影：村井修）

各種 PCa 工法の中から代表的な工法として，WPC 工法および RPC 工法を選び，近年適用事例の増えた PCa 複合化構・工法の例とともにその概要を説明する。

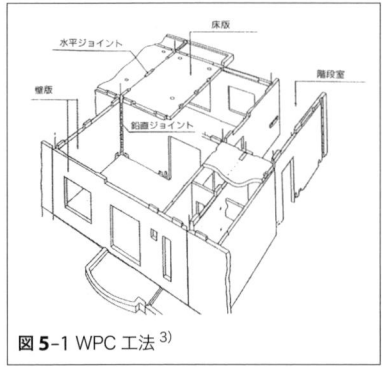

1）WPC（壁式プレキャスト鉄筋コンクリート）工法

PCa 工法のルーツである。PCa の壁および床で構成される 5 階建までの中層住宅を対象としている（**図 5**-1）。この工法は，設計〜製造〜施工を一貫した生産システムとし，躯体のみならず設備，仕上げまでを組み込み，高度にシステム化したも

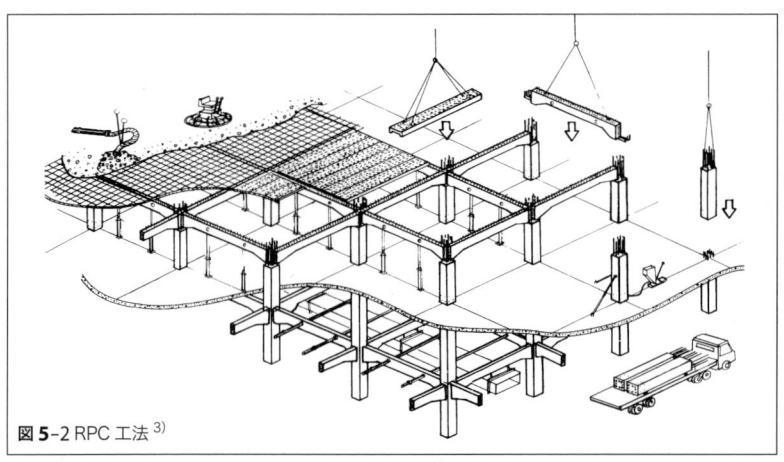

図 5-1 WPC 工法[3)]

図 5-2 RPC 工法[3)]

工法名称	構造形式	構造種別	主な用途							
			住宅	店舗	物流	事務所	工場	学校	病院	その他
WPC 工法	壁式構造	RC 造	○							
WRPC 工法	複合形式	RC 造	○							
RPC 工法	ラーメン構造	RC 造	○	○	○	○	○	○	○	
高層 RPC 工法	ラーメン構造	RC 造	○							
SRPC 工法	ラーメン構造	SRC 造	○			○			○	
SPC 工法	ラーメン構造	S 造	○	○	○	○	○	○		
PCa・PC 構法	ラーメン構造	PS 造		○	○	○	○	○		
PCa・PC 構法	折板・シェル	PS 造								○
ハイブリッド構法	ラーメン構造	複合構造		○	○	○	○	○		

表 5-1 各種 PCa 工法と用途の組合せによる分類

のものとして完成した。

2) RPC（ラーメンプレキャスト鉄筋コンクリート）工法

柱と梁をPCa部材とし，その接合部を現場打ちコンクリートで接合する（**図5**-2）。ラーメン構造であるので，壁式構造に比べて設計計画面での自由度が大きく，幅広い用途に適用されている。

3) プレキャスト複合化構・工法

PCa工法と在来工法のそれぞれの長所を組み合わせることにより，コスト，工期，労務量などを総合して，最適なシステムとして組み合わせる構法である（**図5**-3）。建築物に応じて，鉄筋の先組みや型枠兼用のPCa部材，部分的なPCa部材などを組み合わせて用いる。PCa工法というよりも在来工法の合理化の手法と捉える方が妥当であろう。近年，超高層RC住宅の建設にもさまざまなかたちで適用されている。

PCa工法の特性

PCa工法における工法上の特性をコスト，工期，労働生産性，品質，環境の各面から在来工法と対比して述べる。

1) コスト

PCa工法および，在来工法の直接工事費の構成を**図5**-4に示す。

一般にPCa工法を用いることにより，労働生産性は向上し，建設に要する総労務費は減少する。また，仮設足場などが合理化されること，および清掃片付費が削減されるため，直接仮設費は在来工法に較べて少なくなる。さらに，総合仮設設備に関してPCa工法は，工期短縮により生じるメリットがある。

現場経費について，PCa工法は，少人数による管理が可能となること，および全体工期が短縮されることにより，在来工法に比べ削減される。一方で，工場を設置し，運営するために要する固定費の償却および工場経費，部材の運搬費用が発生する。

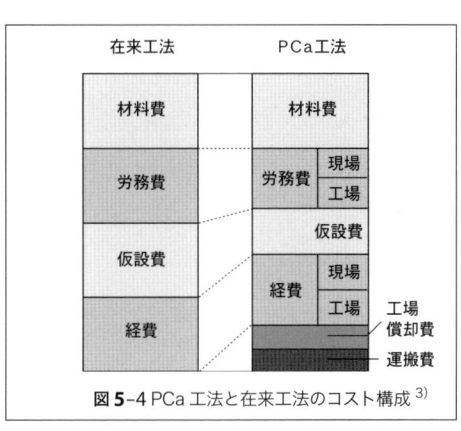

図5-4 PCa工法と在来工法のコスト構成 [3)]

2) 工期

PCa工法を適用した場合の全体工期は躯体工事期間の短縮に加え，関連する設備工事，仕上工事などの着手時期が早まることにより，通常，約20%程度短縮される（**図5-5**）。ただし，そのためには部材製造期間ならびにその準備期間の確保が前提となる。

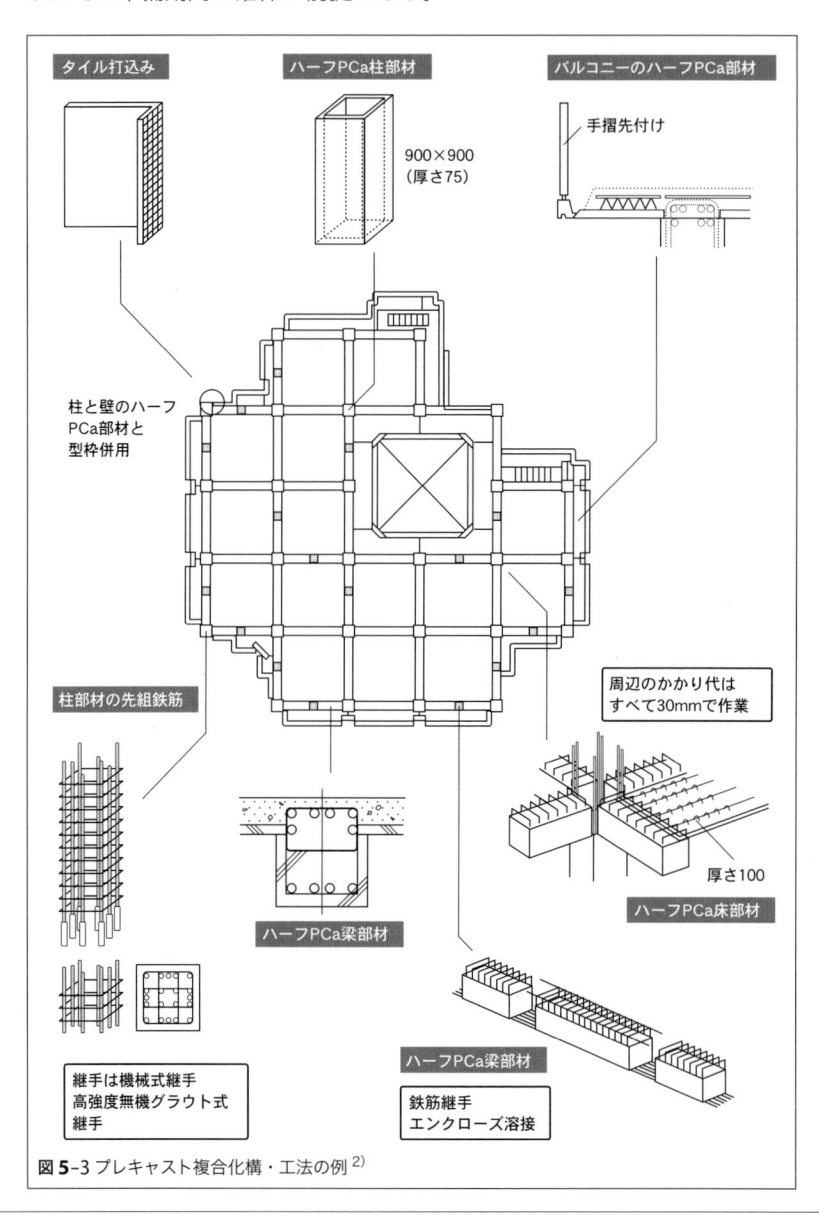

図5-3 プレキャスト複合化構・工法の例[2]

3）労働生産性

　PCa工法導入の当初の狙いは，工期の短縮とともに省力化であった。今後ますます進行する少子高齢化社会において，建築生産における労働生産性の向上は依然重要な課題である。**図5-6**は，WPC工法の開発初期に行われた工法の省力効果の調査結果である。躯体工事の省力化もさることな

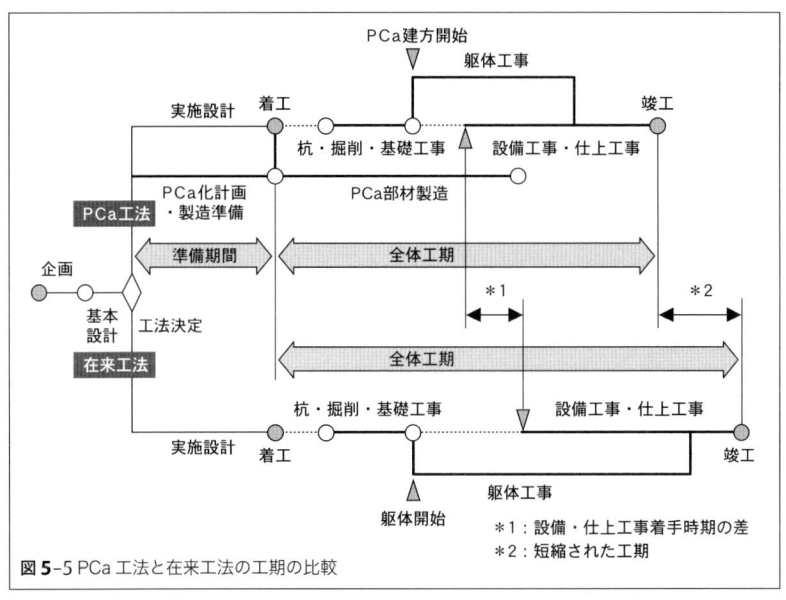

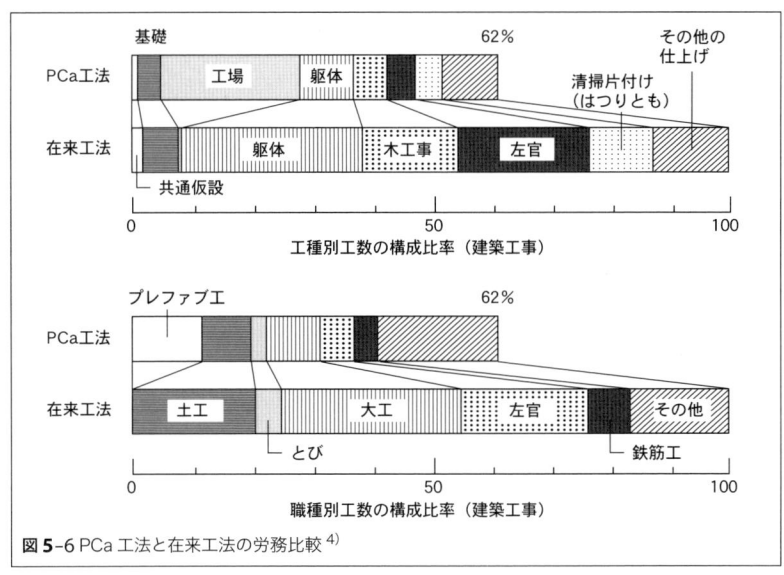

図5-5 PCa工法と在来工法の工期の比較

図5-6 PCa工法と在来工法の労務比較[4]

がら，木工事，左官工事などの仕上工事や清掃片付けを含めたトータルの省力化が図られていることがわかる。

4）品質

概して，PCa 工法による建築物では，以下の理由により躯体の寸法精度や耐久性などの性能が，在来工法に比べ良好であるとされている。

❶ 精度が高い型枠を用いて屋内作業により，入念な作業と品質管理が行われるため，精度の高い部材が得られる。

❷ 部材製造工程における作業条件がよいため，高品質で耐久性のあるコンクリートを使用することができる。

また，PCa 工法では現場作業の合理化を図る目的で，タイルなどの各種仕上材やサッシ，断熱材などを躯体に打込むことがしばしば行われる。このことにより，部材の性能や品質を高める効果が生じる。例えば，タイルの打込みにより，躯体との接着性能が高まり，タイルの剥落防止を図ることができる。また，サッシ先付けでは，サッシまわりの防水性能や遮音性能が向上する。

5）環境負荷

PCa 工法は環境負荷の面から在来工法と比較した場合，施工時および完成後において，建築物の周囲の環境に与える影響の軽減を図ることができる。

施工時に発生する環境負荷として，型枠材料の使用による森林資源の消費や仮設材による産業廃棄物の発生ならびに，騒音，振動，交通への障害などのいわゆる建設公害がある。前者は PCa 工法の採用により削減することができ，後者は作業内容の変化および作業量の減少に加え，工期の短縮により軽減される。

また，建築物の使用後に生じる解体・廃棄処分を環境負荷と捉えた場合，建築物の耐久性向上による耐用期間の延長は，相対的な環境負荷の軽減と考えることができる。さらに，耐用期間終了後における部材レベルの再利用の可能性も考えられる。

PCa工事概要

　PCa工事について，工法の選定から施工に到る業務全体の流れ，部材および接合部の設計，部材の製造，組立ておよび接合工程の概要を示す。

工法選定から施工までの業務全体の流れ

　PCa工法を用いて建築物を建設する際の企画から始まり，設計，計画，工事に至る一連の業務の流れを，在来工法と対比して**図5-7**に示す。PCa工法においては，以下の業務が発生する。

1) PCa化計画

　工法選定の結果，PCa工法が選定された後，部材の分割法や接合法などの検討を行い，部材および接合部を設計し，実施設計に反映する。これらの業務は通常，設計者（建築・設備），施工者（建築・設備），部材製造者が共同して行う。

2) 生産設計および部材の製造

　設計図をもとに製造や施工に必要な情報を取り込んだ生産設計を行い，部材製作図を作成する。それと併行して部材の製造計画を作成したのち，部材を製造する。

3) 部材の組立ておよび接合

　設計図および部材製作図をもとにPCa工事計画を作成した後，部材の組立ておよび接合を行う。

部材および接合部の設計

　PCa工法の技術はすなわち建物の部材単位への

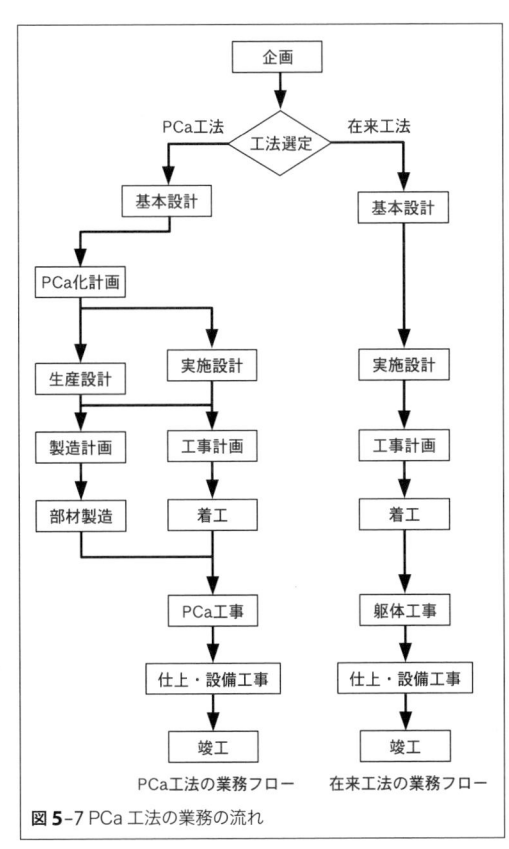

図5-7 PCa工法の業務の流れ

第5講　プレキャストコンクリート工事

分割，およびその組立て・接合方法の技術といえる。PCa造構造物は**図5-8**に示すようにPCa部材および接合部，ならびに現場打ちコンクリートにより構成されている。

　PCa部材および接合部はこの工法特有のものであり，その設計は表裏一体をなすものである。

　部材の割付けは部材の製造や運搬，組立て時の設備的な能力と接合部の構造的性能を考慮して検討されるが，一般的には可能な限り部材を大きくする方が生産効率がよく，接合箇所数の削減を図ることもできる。

　部材の接合法に関して，PCa工法開発当初は接合部の鉄筋や金物を溶接したうえでコンクリートを充填する，いわゆるウエットジョイントが主体であった。その後，鉄筋の接合法については各種の技術開発がなされたが，PCa工法に多用されているのは，エンクローズ溶接とモルタル充填型のスリーブ継手である。これらの継手の実用化によりPCa工法における部材の組立て・接合法は大きな変革を遂げ，各種の工法の開発につながったともいえる。

　スリーブ継手を用いた柱脚部接合の例を，**図5-9**に示す。

部材の製造

　WPC工法およびRPC工法をモデルに，部材製造のフローを**図5-10**に示す。型枠は一般に鋼製とし，製造ラインに設置する。鉄筋は通常製造ライン外で加工，組立てをし，ユニット化したものを型枠内に配置する。製造ラインでは型枠内に鉄筋ユニットや部品類を組み込んで，打込み前の検査を行った後，コンクリー

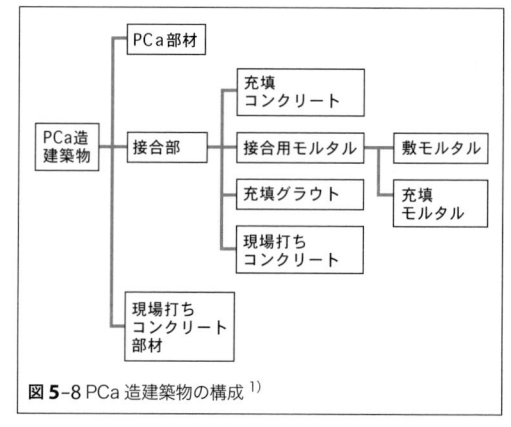

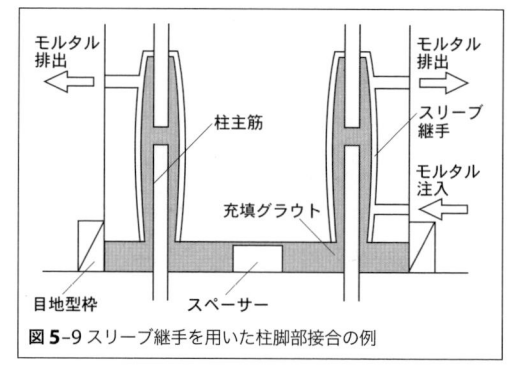

図5-8 PCa造建築物の構成 [1)]

図5-9 スリーブ継手を用いた柱脚部接合の例

トを打設する。打設したコンクリートの養生終了後，製品を型枠から取り出す。

　養生においては製造時間の短縮による製造効率の向上を図り，また貯蔵期間を短くするために，早期にコンクリートの所要の強度が得られるよう

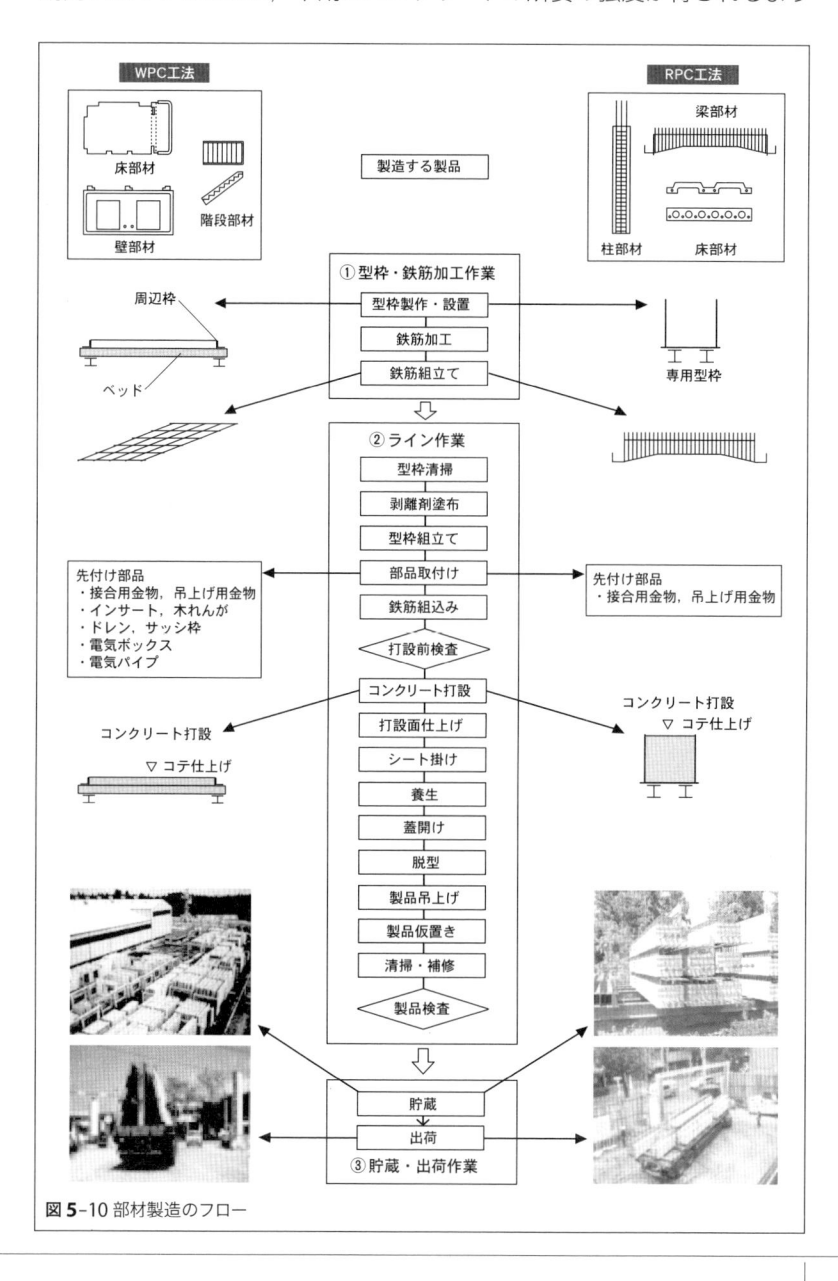

図 5-10 部材製造のフロー

に，蒸気養生などの加熱養生を行う。

製品を取り出した型枠は，清掃後再度組み立てた後，同じ工程を繰り返す。製品は検査終了後，貯蔵ヤードに貯蔵し，現場へ出荷する。

部材の組立ておよび接合

部材の製造と同様，WPCおよびRPC工法をモデルに，施工現場での部材の組立ておよび接合のフローを**図5**-11に示す。

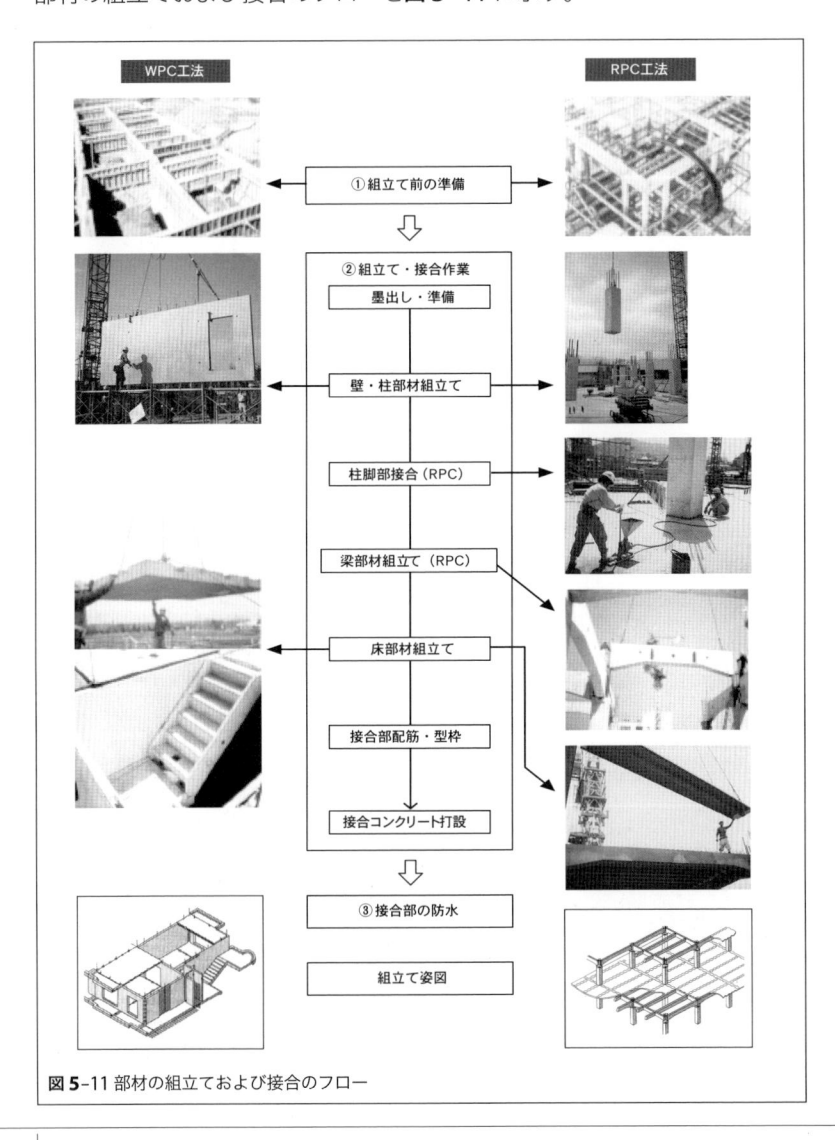

図5-11 部材の組立ておよび接合のフロー

基礎部は通常，在来工法により施工される。この部分はPCa部材と接合されるため，特に接合用の鉄筋や金物の位置の精度の確保が重要である。部材の組立て作業では，最初に柱，壁などの垂直部材を組み立てた後，梁，床などの水平部材を組み立てる。部材の組立て作業に続いて，接合作業を行う。鉄筋の接合法として，PCa工法においてはフレアグルーブ溶接やエンクローズ溶接，スリーブ接合などがよく用いられる。部材同士の接合部は充填コンクリートや現場打ちコンクリートにより一体化される。

　部材の接合部は，必要に応じて防水を行う。WPC工法においては，独自の材料および工法が開発されている。

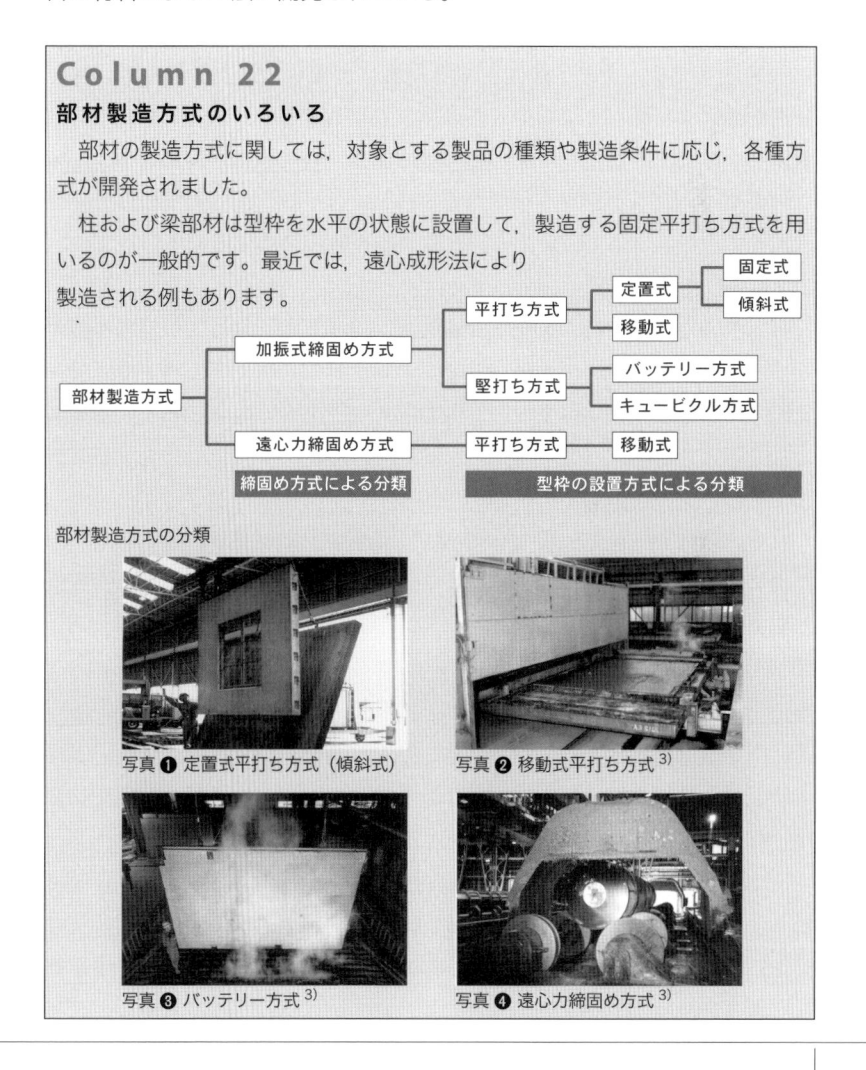

Column 22
部材製造方式のいろいろ

　部材の製造方式に関しては，対象とする製品の種類や製造条件に応じ，各種方式が開発されました。

　柱および梁部材は型枠を水平の状態に設置して，製造する固定平打ち方式を用いるのが一般的です。最近では，遠心成形法により製造される例もあります。

部材製造方式の分類

写真❶ 定置式平打ち方式（傾斜式）

写真❷ 移動式平打ち方式 [3]

写真❸ バッテリー方式 [3]

写真❹ 遠心力締固め方式 [3]

施工計画

　PCa 工事における施工計画のポイントを述べた後，部材の製造および運搬計画，仮設計画，部材の組立ておよび接合計画，安全計画ならびに品質管理計画について，その要点を説明する。

PCa工事における施工計画のポイント

　PCa 工法の特徴を活かして施工の合理化を図り，建築物の品質を確保するための施工計画上のポイントを以下に示す。

1）総合的な判断

　PCa 工事では，生産活動が工場と現場に分離される。そのため，施工計画を検討する際も，工事側と製造側にしばしばトレードオフの関係（利害得失が相反すること）が生じる。特に建方日程と製造日程のスケジュールの調整や，PCa 化範囲の検討などに際しては，総合的な見地からの評価，判断を行うことが，工事全体の経済性や品質確保の面で重要である。

2）工法の特性の活用

　PCa 工法においては，部材を工場で製造することによって，現場作業が減少し単純化する。特に型枠，鉄筋，コンクリート各工事に要する仮設が省略できることが多い。また，工場であらかじめタイルなどの仕上材を部材に打込むことによって現場作業が省略できるため，作業用足場などの仮設工事の合理化を図ることが可能となる。

　また，型枠や支保工が少ない特徴を活用して，躯体工事と並行して仕上工事や設備工事に用いる資機材をあらかじめ荷上げすることにより，揚重作業の効率化を図ることができる。

3）計画の早期策定

　PCa 工事においては，工事工程の他に準備工程や部材製造工程に要する時間を確保する必要がある。工法決定を早め，準備工程や部材製造工程の時間を十分確保することにより，計画の自由度が増し，工法の特長を活用した効率のよい計画とすることができる。

　PCa 工法においては，部材の事前製造により躯体工程の期間が短縮されるとともに，部材接合後，直ちに設備工事や仕上工事の着手が可能となる。しかし，事前に部材製造を行うため設備工事計画の前倒しが必要となる（図 5-5 および図 5-7）。

部材の製造および運搬計画

　PCa工事における施工計画の中で，部材製造計画は部材の組立ておよび接合計画とともに大きな比重を占める。部材の製造と運搬に関する計画に関しては以下の項目がある。

1）工場の選定

　製造開始に先立つ準備期間の余裕度は，部材製造コストにも大きな影響を及ぼす。そのため運搬距離，製造能力，品質管理水準などを考慮したうえで，早期に部材製造工場を決定することが重要である。

　PCa部材製造工場を運営形態，生産品目で分類して図5-12に示す。仮設工場（サイト工場）を計画する場合は，十分な検討と準備期間が必要である。仮設工場の利点は，運搬費を節減できるほか，道路輸送にかかわる法的な規制がないため，大型部材もプレキャスト化できるなどの点にある。一方，固定工場並みの製造設備や貯蔵スペースを設けることができないため，よりきめ細かい品質管理や工程管理をすることが必要となる。

2）製造計画

　製造日程計画においては工事日程計画をもとに検討し，製造開始日および日産量（生産規模）を決定する。製造開始日の決定にあたっては，製造開始以降の習熟期間の算定と定常状態になった後の製造量の変動をあらかじめ設定することが必要となる。製造量は図5-13に示すように，製造開始後の習熟期を経て定常状態に入り，製造終了直前には出荷に合わせて数量の調整が行われるため減少する。製造開始時期を早めることにより，準備する型枠数や製造ラインの面積など製造規模を抑えることができるが，一方で最大貯蔵量が増加する。

　PCa部材の製作に用いる型枠は，各工事物件ごとに準備することが多い。型枠は一般に鋼製のもので，製作費用もかさむため極力製作個数を抑え，1つの型枠を転用して，複数の種類の部材を製造する必要がある。そのため各部材の製造順序などの詳細な計画をもとに転用計画を立てたうえで，型枠を準備しなければならない。準備する型枠数は製造する部材の種類と製造数量

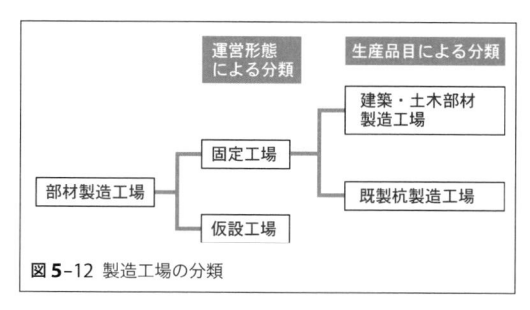

図5-12 製造工場の分類

ならびに製造期間により定まるが，転用のための改造に要する時間を見込んだ型枠の稼働率の設定が重要な要件となる。

　部材に打ち込む鉄筋は，鉄筋加工・組立てヤードで作成した鉄筋ユニットを製造ラインに運搬して使用する。先付け部材とともに，部材図をもとに準備する。

　コンクリートは，部材製造工場に設けられたプラントで製造されるのが通常である。設計図書をもとに打設作業，養生条件を考慮して設計基準強度，脱型時所要強度，出荷日所要強度を定め調合を行う。必要に応じて試し練りを行い，使用するコンクリートの調合を決定する。

3）貯蔵計画

　製造された部材はコンクリートの養生ならびに現場工程との調整のために，一定期間貯蔵される。製造スケジュールと出荷予定から貯蔵量を算定し，貯蔵ヤードの計画を立てる。また，部材によっては，コンクリートの湿潤養生を行ったり，収縮クリープなどによって生じる変形防止の対策を講じなければならない。

4）運搬計画

　部材の運搬は製造と工事の接点であり，双方に関連するが，通常は部材製造工場側が担当して行われる。

　部材の損傷を防ぎ安全に運搬するためには，壁や床などの板状の部材は竪積みをし，柱や梁などの線状の部材は平積みとするのが一般的である（**写真 5-6**，**写真 5-7**）。また，計画の段階で輸送関係法令を調べ，事前に対応をする必要がある。

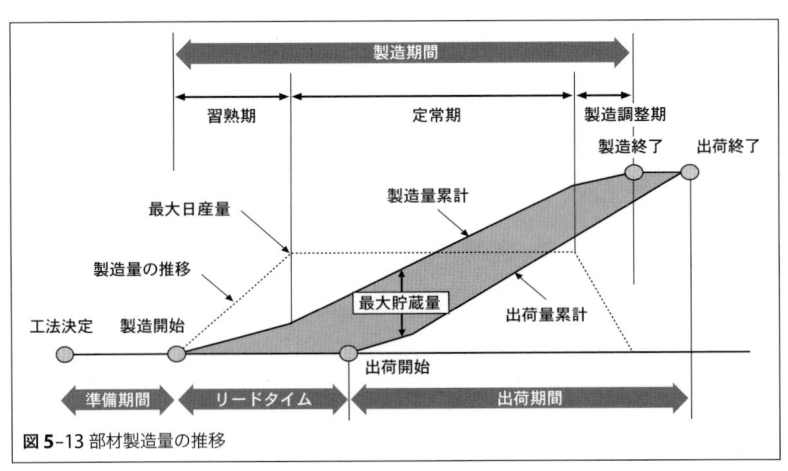

図 5-13 部材製造量の推移

仮設計画

　PCa 工事においては，部材の組立て作業に大型の揚重機を用いる。また，現場では部材の組立て，接合作業が中心になるので，仮設足場の役割や機能が在来工法のものと比べ異なったものとなる。PCa 工事における揚重機計画と部材組立用治工具，仮設足場について以下にその概要を示す。

1）揚重機計画

　PCa 工事で用いられるクレーンは，定置式と移動式の 2 種類に分類できる。建築物の平面形状が板状の場合には移動式（**写真 5-8**）を使用し，平面形状が正方形に近く広大な場合や高層の場合には定置式（**写真 5-9**）

写真 5-6 床部材竪積みの例 [1]

写真 5-7 梁部材平積みの例 [1]

写真 5-8 移動式クレーンの例

写真 5-9 定置式クレーンの例

が用いられることが多い。

工事現場の敷地条件と建築物の配置，高さ，揚重部材の形状などとともに，PCa部材以外の資機材の揚重を含めた稼働率を綿密に検討したうえで，機種ならびに使用方法を計画する。

2）部材組立用治工具

部材を安全に精度よく組み立てるための治工具として，バランスビームなどの吊上げ治具，ワイヤー類，組立用斜めサポート，垂直測定器などがある（**写真 5**-10）。

3）足場計画

足場の検討にあたっては，部材組立て・接合時の作業用足場と躯体工事後における仕上工事，設備工事用の足場の双方を考慮する必要がある。部材組立て作業の進捗とともに，足場や安全設備の必要な作業域が随時変化していくことをあらかじめ想定しておかなければならない。PCa工事における作業の進行パターンに合わせて，移動足場を工夫することも多い。

部材の組立ておよび接合計画

1）工区分割とサイクル工程

PCa工法を採用して工事を行う場合，一定規模の面積を単位として工事区画を定めたうえで，作業工程の流れをパターン化し，その繰返しにより，躯体工事を進めていく。この場合，定めた工事区画を工区といい，その工区の中で繰り返される一連の工程の流れをサイクル工程という。工区分割とサイクル工程計画は，以下の項目を考慮しながら作成する。

❶ 揚重機の稼働率を高め，その活用を図る。

❷ 作業の定常化を図り，習熟効果を高める。

バランスビーム 　　斜めサポート 　　垂直測定器

写真 5-10 部材組立用治工具の例

❸ 部材の組立ておよび接合作業と,在来工法部分の作業量ならびに作業時間のバランスに配慮し,労務配置の平準化を図る。

WPC 工法と RPC 工法の標準的なサイクル工程の例を,図 5-14 および図 5-15 に示す。

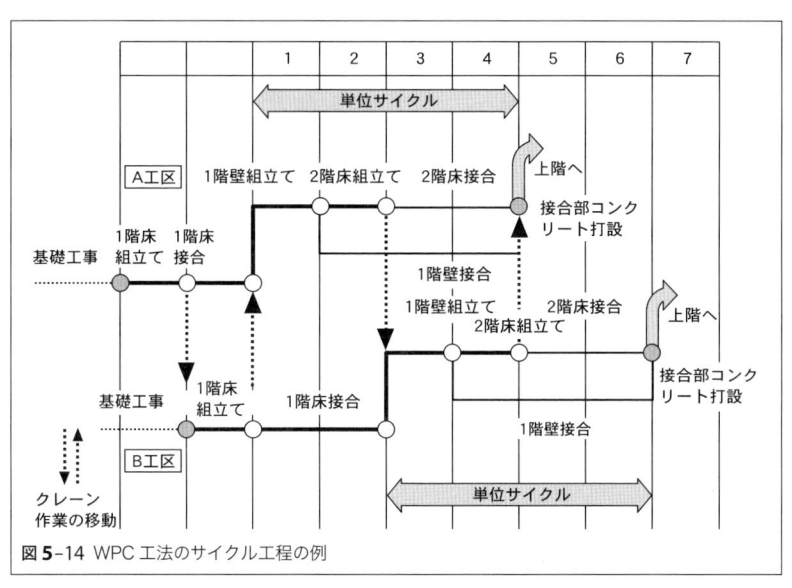

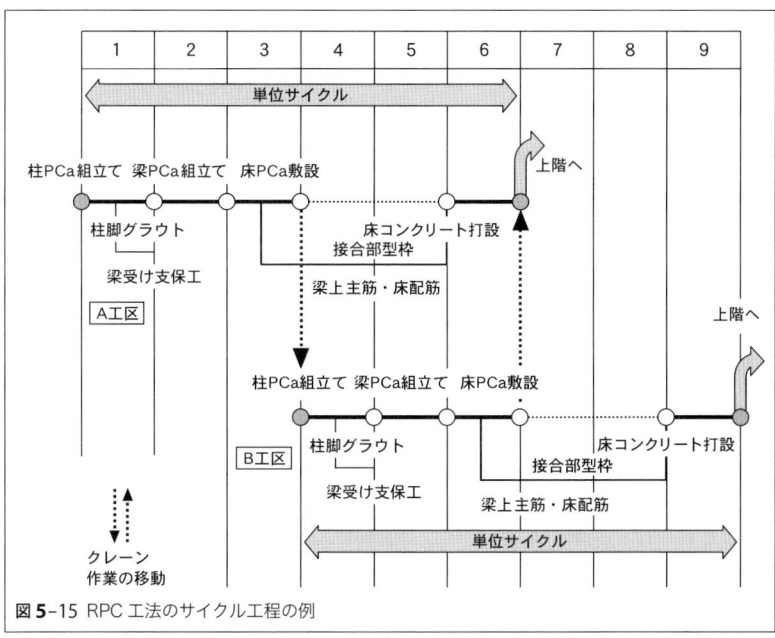

図 5-14 WPC 工法のサイクル工程の例

図 5-15 RPC 工法のサイクル工程の例

2) 部材の組立て

部材の組立て作業においては，作業手順や留意点について具体的に定めた施工要領書を作成し，その周知徹底を図る。部材の組立て作業は各工法に則した作業チームを編成し，同じメンバーにより繰返し行う。

WPC工法とRPC工法の作業チームの編成の例を，**表5-2**に示す。

3) 部材の接合

部材の接合作業は，構造体の品質を確保するために重要な作業である。部材の接合の種類および方法は特記または設計図によるが，鉄筋継手などの接合作業はメーカーの施工要領書により行い，必要な資格が定められている作業については有資格者が行うことが必要である。

安全計画

現場で行われるPCa工事は，大型揚重機を用いて重量物を取扱う作業となる。万一吊上げ作業中に部材が落下したり，組立て中に倒壊をすると重大事故につながる。そのため十分な能力を持つ設備と，周到な作業手順の設定をしておかねばならない。

また，組立ておよび接合作業はクレーン運転手やとび工，溶接工など，所属母体の異なるメンバーによる混成チームとして編成されるので，作業の指揮系統などの管理体制を明確にしておくことが重要である。

品質管理計画

PCa工事における品質管理は，工場における品質管理および現場における品質管理の双方となる。総合した品質管理を行うためには，双方に関する技術に精通した技術者を配置したうえで，管理体制や管理区分を明確にしておかねばならない。品質管理を進めるにあたっては，部材の製造から運搬，部材の組立て，接合に至る各工程ごとに，検査の方法や不良箇所発

	WPC工法	RPC工法
クレーン運転作業員	1	1
とび工(含作業指揮者)	4	4
溶接工	2	0
防水工	1	0
左官	2	0

表5-2 組立チーム編成の例

見時の処理方法などを具体的に定めた品質管理工程表(通称:QC 工程表という)を作成して行う。

品質管理の具体的な進め方は,196 頁の「施工管理と品質管理」による。

Column 23
揚重の合理化

在来工法においては,打設した躯体のコンクリートの強度が発現し,型枠や支保工を除去した後でなければ,仕上工事や設備工事に用いる資機材を持ち込むことができません。一方,PCa 工法においては,型枠や支保工が少ないので躯体工事と揚重作業を並行して行うことができます。

PCa 部材の組立て用クレーンを用いて,ALC 板,軽鉄下地,ユニットバスなどの資機材を躯体工事と並行して揚重する(先行揚重)ことにより,揚重作業における工程数が減少し,大幅な効率化を図ることができます。

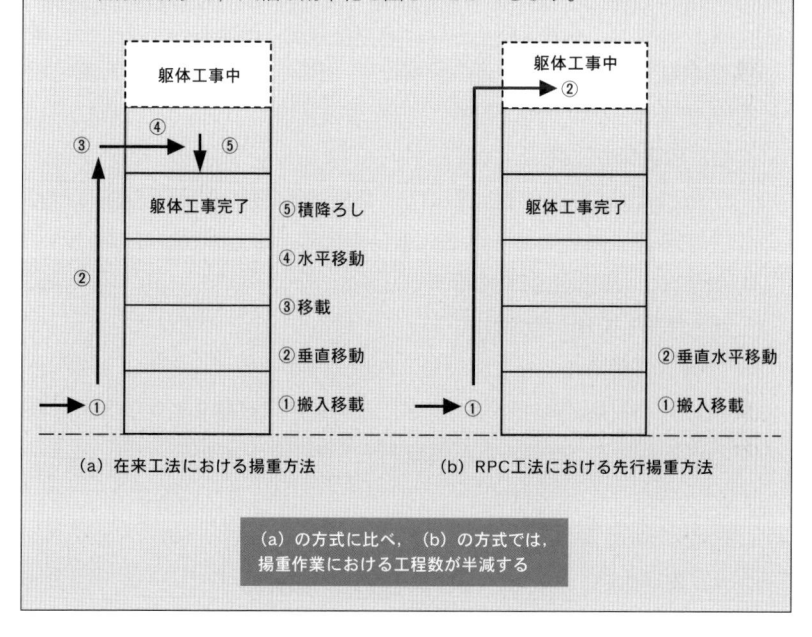

(a) 在来工法における揚重方法
① 搬入移載
② 垂直移動
③ 移載
④ 水平移動
⑤ 積降ろし

(b) RPC 工法における先行揚重方法
① 搬入移載
② 垂直水平移動

(a)の方式に比べ,(b)の方式では,揚重作業における工程数が半減する

第5講 プレキャストコンクリート工事

施工管理と品質管理

PCa工事における施工管理と品質管理のポイントを述べた後,部材の製造,部材の運搬と受入れ,ならびに部材の組立てと接合について,その要点を説明する。

PCa工事における施工管理と品質管理のポイント

PCa工事の施工管理と品質管理を行うにあたっては,PCa工法を採用した狙いと工法の特性を確認したうえで,管理のポイントを明確にして行わなければならない。

1）事前の検討

現場で部材の組立てや接合作業が開始された時点で,不具合や欠陥が発生した場合,工場ではすでに大量の部材が生産されている。特に接合部の納まりや建築と設備の取合いなどは,設計・計画段階での詳細な検討と検証を行うことが重要である。

2）部署間の連携

PCa工法においては,管理を行う主体と場所が工場と現場に分割される。施工管理においてもそれぞれの分担を明確にし,重複による無駄を省き,効率のよい管理を行わなければならない。

3）作業と管理の標準化

設計の標準化とともに作業と管理の標準化を図ることにより,作業と管理の効率を高めることができる。その結果,正確なスケジュール管理を行うことができ,安定した品質を確保することができる。

施工管理と品質管理

1）管理体制

PCa工事では,生産活動が部材製造工場と現場に分離される。それにより,品質管理も部材製造工場における品質管理と現場における品質管理に分別される。そのため,双方で一貫した品質管理が行われるように,双方の品質管理を統括する品質管理責任者を定めて行われる。品質管理責任者は,部材製造工場における工程と現場における工程の双方の技術に精通した技術者であることが要求される。

2）準拠基準

施工管理を行うに際し，設計図書のほかに，下記の諸基準が参考となる。

❶ 日本建築学会「建築工事標準仕様書・同解説 JASS 10　プレキャスト鉄筋コンクリート工事」
❷ 日本建築学会「建築工事標準仕様書・同解説 JASS 5　鉄筋コンクリート工事」
❸ 日本建築学会「プレキャスト複合コンクリート施工指針（案）・同解説」
❹ プレハブ建築協会「プレキャスト鉄筋コンクリート工事施工技術指針」

部材製造の管理

「部材の製造」で示した部材製造のフロー（図5-10）に沿って，部材の製造および貯蔵に関する管理の要点を示す。

1）製造工程中の品質管理

❶ 型枠の管理

型枠の精度により，製品の寸法精度は定まる。したがって，型枠の精度は重要な管理項目の１つである。最初の部材を打設する際は，設計，製造，工事各部門の立会いのもとで慎重な検査を行う。

❷ 鉄筋の管理

PCa部材に打ち込まれる鉄筋は，通常型枠の外で組み立てたものを型枠の中に配置する。かぶり厚さの確保は，躯体の耐久性能と密接に関係するため，型枠内に配置する際は，特にかぶり厚さの確保に留意しなければならない。

❸ コンクリート打込み前の検査

コンクリート打込み前に型枠，配筋，先付け部品などについて，主として目視により打込み前検査を行う。

❹ コンクリートの管理

PCa部材に用いるコンクリートは通常の場合，PCa工場内に設けられたバッチャープラントで製造される。

PCa部材に用いるコンクリートは在来工法で用いられるコンクリートに比べ固練りのものが用いられ，一般に蒸気養生などの促進養生が施されることが多い。品質管理については，品質基準強度のほかに脱型時所要強度および出荷日所要強度が管理項目として設定される。

❺ 部材の製品検査

製造ラインで製造された部材は，形状寸法，ひび割れ，破損，金物・先付け部品の取付け状態，部材表面の仕上り状態，かぶり厚さの各項目について製品検査を行う。

各検査項目のうち形状寸法および金物・先付け部品の精度の許容値および測定方法の例を，表 5-3 および図 5-16，図 5-17 に示す。

項目	許容差（単位mm）				
	柱・壁柱	梁	耐力壁	床・屋根	その他
部材の長さ	±5	±10	±10	±5	
部材の幅，せい	±5			—	±5
部材の厚さ	—			±3	
面のねじれ	5				
面の反り	5				
面の凹凸	5				
部材辺の曲がり	3	5		5	
対角線長差	5	10		5	
接合用金物の位置	±3			±5	
接合用鉄筋の位置	±5		±10		
接合用鉄筋の傾き	1/40			—	
先付け部品の位置	±3〜10				

表 5-3 形状・寸法および金物・先付け部品の精度の許容値の例 [1]

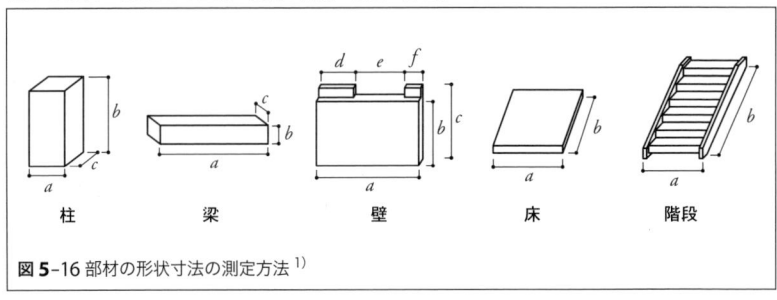

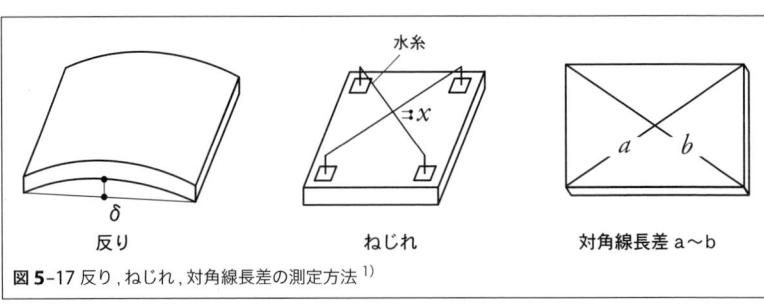

図 5-16 部材の形状寸法の測定方法 [1]

図 5-17 反り，ねじれ，対角線長差の測定方法 [1]

2）部材の貯蔵および出荷の管理

　製品検査に合格した部材は出荷日所要強度が得られた後も，現場での組立てが行われるまで貯蔵される。貯蔵方法は部材の形状や配筋，表面仕上げの種別に適した方法で行う。床部材を例に，平置を行う場合の注意点を**図 5**–18 に示す。

　これらの注意点は，曲げ応力やせん断応力によりひび割れが生じたり，コンクリートのクリープによって部材に反りや曲がりなどの変形が生じるのを防ぐものである。これらのひび割れや変形は床などの比較的小さい断面の部材に生じやすいが，梁などの長い部材でも生じることがあるので注意が肝要である。

　出荷に際しては部材コンクリートの圧縮強度の確認とともにひび割れ，破損，変形などについて目視による検査を行う。

運搬および受入れの管理

　部材の運搬に際しては損傷防止対策を講じたうえで，法規を遵守して安全運行を行う。

　一般の自動車の場合，道路交通法施行令により，積載物の寸法制限は**図 5**–19 に示すように規定されている。この規定を超えて運搬する場合，出

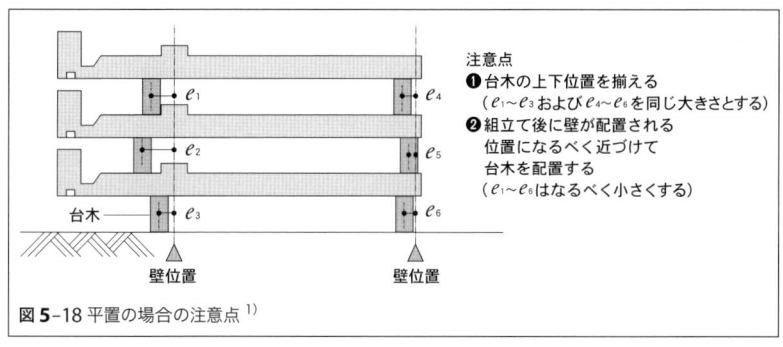

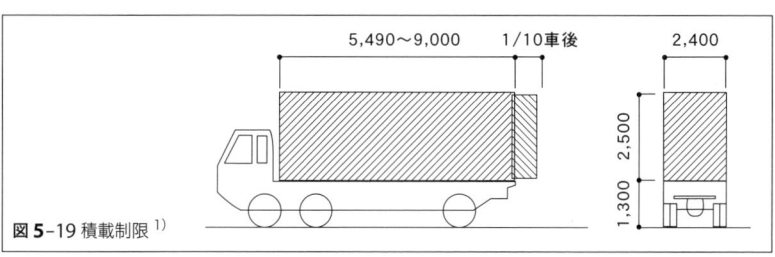

図 5–18 平置の場合の注意点 [1]

注意点
❶ 台木の上下位置を揃える
　（$\ell_1 \sim \ell_3$ および $\ell_4 \sim \ell_6$ を同じ大きさとする）
❷ 組立て後に壁が配置される
　位置になるべく近づけて
　台木を配置する
　（$\ell_1 \sim \ell_6$ はなるべく小さくする）

図 5–19 積載制限 [1]

発地の警察署長や道路管理者などの許可を受ける必要がある。

部材の運搬に際しては，輸送時に生じる衝撃や振動などによる外力が働いても，破損しないような対策を講じなければならない。バルコニー板の運搬時の補強の例を，**写真 5**-11 に示す。

部材製造者（工場）と部材発注者（現場）との部材に関する受渡しは，現場内へ到着した運搬車の車上とするのが通例である。部材の受入れの際は，運搬中に生じたひび割れ，破損，変形などの項目について目視による受入れ検査を行う。

部材の組立ておよび接合の管理

部材の組立てと接合はPCa工事の主要な工程であり，出来上がった躯体の品質と性能を左右する。また，揚重機を用いて重量物である製品を取り扱う作業となるので，安全にも十分注意しなければならない。

「部材の組立ておよび接合」で示した施工フロー（**図 5**-11）に沿って，部材の組立ておよび接合に関する管理の要点を示す。

1）部材組立ての管理

部材の組立てに要求される精度基準は，建築物の種別や最終的な仕上げ，あるいは接合部のデイテールにより異なる。そのため，組立て精度の基準は工事ごとに設計図書により指示されるのが通常である。また，組立て精度の良否は後続の作業の作業性にも影響を与えるので，PCa工事の工程管理，安全管理を順調に進めるために，組立精度の管理は重要である。

一般的な組立て精度判定基準の例を，**表 5**-4 に示す。

写真 5-11 バルコニー板補強の例[1]

2) 部材接合の管理

PCa工法において，部材の接合の品質は建築物の品質・性能と直接に関連する。PCa工法で用いられる各種の部材接合方法に関して，その管理の要点を以下に示す。

❶ 溶接接合および機械式継手

PCa工事で行われる溶接接合は通常，現場でPCa部材を組み立てた後に部材に埋め込まれた鉄筋や鋼材の溶接を行う。その時点では，部材とともに鉄筋や鋼材が固定されているため，位置の調整の自由度がほとんどない。そのため，あらかじめ部材に埋込む鋼材の位置精度や部材の組立て精度の確保が重要である。PCa工法に多用される溶接方法としては，エンクローズ溶接やフレアグルーブ溶接がある。エンクローズ溶接の管理は，メーカーの仕様書やJASS10にすればよい。また，フレアグルーブ溶接の管理はJASS10および（社）プレハブ建築協会「プレキャスト鉄筋コンクリート工事施工技術指針」を参考にすればよい。

機械式継手のうち，PCa工事に使用される継手としてスリーブ継手がある。スリーブ継手を用いる場合の管理項目としては，下記のものがある。
・スリーブ継手が精度よく正確な位置に取付けられていること
・接合用鉄筋が精度よく挿入され，挿入長が定着長以上であること
・スリーブ内にモルタルが確実に充填され，その圧縮強度が所要強度以上確保されること

❷ 充填コンクリートおよび現場打ちコンクリート

充填コンクリートはWPC工法における，壁板相互の鉛直方向接合部に打込み，一体化を図るコンクリートである。一般に打込み部分の断面積が

	項目	試験方法	時期・回数	判定基準
柱・耐力壁	建込み位置	床上に印した基準墨とのずれをスチロールテープなどで測定する	組立て後全数[1]	±5mm以下[2]
	傾き	下振り，スロープスケールなどにて測定する		
	天端の高さ	レベルにて測定する		
梁・床	建込み位置	梁の場合は床上に印した基準墨とのずれを，床の場合は梁・墨への掛かり代などをスチールテープ・曲尺などで測定する		
	天端の高さ	レベルにて測定する		

(注) 1) 組立て作業中の仮固定完了後，次の部材が組立てられる前とする
    2) 鉄骨柱の場合は，柱長さの1/1000以下とする

表 5-4 部材組立て精度の例 [1]

Column 24
部材コンクリートの強度管理

PCa 部材の強度管理は工程に応じて，以下の3段階の管理が行われます。

1) 脱型時所要強度

製造ラインにおいて養生終了後に，部材を吊り上げる作業を行う際に必要な強度です。一般に平打ち方式で部材を建て起こす場合は，自重により部材に曲げ応力が生じるため，12N/mm^2 程度の強度が必要とされています。

2) 出荷日所要強度

貯蔵期間を経て現場へ出荷する際に必要とされる強度であり，部材の運搬中および組立て時に発生する応力に対して安全な強度を定めます。

3) 設計基準強度

構造体としての部材コンクリートが最終的に満足していなければならない強度であり，あらかじめ設定した保証日において，供試体が品質基準強度を満足することにより確認します。

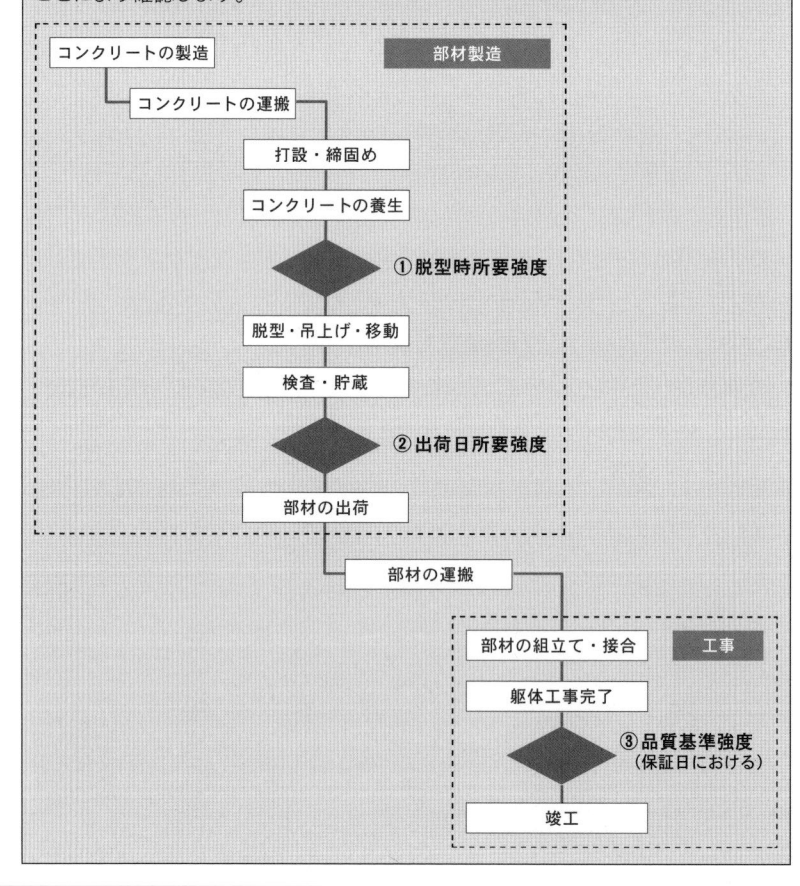

```
[部材製造]
コンクリートの製造
  ↓
コンクリートの運搬
  ↓
打設・締固め
  ↓
コンクリートの養生
  ↓
◆ ①脱型時所要強度
  ↓
脱型・吊上げ・移動
  ↓
検査・貯蔵
  ↓
◆ ②出荷日所要強度
  ↓
部材の出荷
  ↓
部材の運搬
  ↓
[工事]
部材の組立て・接合
  ↓
躯体工事完了
  ↓
◆ ③品質基準強度（保証日における）
  ↓
竣工
```

小さく，また鉄筋量が多いため，密実に打ち込めるよう調合や締固め方法について，あらかじめ検討しておく必要がある。

現場打ちコンクリート工事の管理は原則として第4講によるが，ハーフプレキャストコンクリート部材を用いる場合については（社）日本建築学会「プレキャスト複合コンクリート施工指針（案）・同解説」の基準に準じる。

❸ **敷モルタルおよび充填グラウト**

敷モルタルは上部躯体の荷重を下部へ伝達するために，PCa部材の底部に配置するモルタルで，柱や壁部材を組み立てる前に先置きされる。構造耐力上重要な材料であり，フレッシュモルタルの状態，施工軟度，圧縮強度などの品質管理も十分に行う必要がある。JASS10では施工軟度および、圧縮強度の試験方法をJASS10T-101およびJASS10T-102に定めている。

充填グラウトは柱脚部の接合目地部に圧入するものでスリーブ継手への注入と同時に同じ材料をグラウトする場合が多い（**図5-9**）。管理方法はスリーブ継手の注入に倣い，メーカーの仕様書によることとなる。

【引用文献】
1) 日本建築学会「建築工事標準仕様書・同解説 JASS 10 プレキャスト鉄筋コンクリート工事」日本建築学会，2003年
2) 日本建築学会「プレキャスト複合コンクリート施工指針（案）・同解説」日本建築学会，2004年
3) 「PCa化の変遷，現状と今後の方向性」建築技術 1995年5月号
4) 柳瀬貞男「PC工法と在来工法の工数比較」日本住宅公団量産試験場技術研究報告，1969年

【参考になる本】
- 日本建築学会「建築工事標準仕様書・同解説 JASS 5 鉄筋コンクリート工事」，2003年
- プレハブ建築協会「プレキャスト鉄筋コンクリート工事施工技術指針」，2005年
- 日本建築学会「プレキャスト鉄筋コンクリート構造の設計と施工」日本建築学会，1986年

- プレストレスト・コンクリート建設業協会「プレストレストコンクリート建築マニュアル」1999年／2002年
- PCa技術研究会「プレキャストコンクリート技術マニュアル」彰国社,2000年
- 内田祥哉,江口禎「プレファブ効果の原理」日本建築学会論文報告集第89号,1953年
- 建設省建築研究所他「プレキャスト工法に関する研究報告」1992年
- 椎野潤「PC部材製造工場のオートメーション化,PC住宅生産のCIM構築(その1)」日本建築学会技術報告集第1号,1995年

第6講　鉄骨工事

鉄骨造は，建築物着工床面積で40％の高い比率を持っています。材料が粘り強いことから，高い（超高層），広い（大空間）建物までつくることができます。また，断面を自在に変えて，住宅や小さな仮設建築物などにも使用されます。

本講では，住宅などに使われる軽量鉄骨を除く鉄骨について，発注方法，工場での部材製作方法，現場での組立て方，施工管理の方法などを，一般の事務所ビルとドームのような大空間建築を例に，やさしく解説します。

共通事項

鉄骨構造の特徴

鉄骨構造（S造）の特徴を理解するうえで，鉄筋コンクリート構造（RC造）と比較するとわかりやすい。鉄骨構造の長所，短所の代表的なものを以下に示す。

長所としては，以下の4点を挙げることができる。

❶ **表6**-1に示すように，鉄骨構造は鉄筋コンクリート造（RC造）に比べて軽いことから，建物全体として軽くすることができる。

❷ 鉄骨は環境にやさしい材料である。**図6**-1に示すように，鉄骨はほぼ100％リサイクル可能であるが，コンクリートのリサイクル率は50％程度である。

❸ 部材のほとんどが工場製作で，現場での作業は組立てのみであるため，現場で1階ずつつくっていくRC造に比べて工期が短い。

❹ 材料が粘り強いことから，高い（超高層），広い（大空間）建物をつくることができる。

短所としては，以下の3点を挙げることができる。

❶ 耐火的ではないことから，耐火被覆が必要となる（**写真6**-1）。

❷ 腐食しやすいことから，錆止めや塗装，溶融亜鉛めっきなどの腐食防止の処置が必要となる（**写真6**-2）。

❸ 鉄骨造の建築物は，一般に鉄筋コンクリート造や鉄骨鉄筋コンクリート造に比べて梁の剛性が小さいため，歩行などにより揺れやすい。住宅や病院など人が静かに居住する建物は，鉄筋コンクリート造や鉄骨鉄筋コ

項目	鉄骨造（S造）	鉄筋コンクリート造（RC造）	鉄骨鉄筋コンクリート造（SRC造）
鉄筋・鋼材およびコンクリート合計重量（kg/m^2）	1,293（55％）	2,343（100％）	1,904（81％）
鉄筋・鋼材重量（kg/m^2）	178（116％）	153（100％）	194（127％）
解体時のコンクリート廃材（kg/m^2）	1,115（51％）	2,190（100％）	1,710（78％）
備考	柱：角形・丸形鋼管 梁：H型鋼 床：デッキプレート＋鉄筋＋コンクリート	柱・梁，床：鉄筋＋コンクリート	柱：十字型鉄骨柱に鉄筋＋コンクリート 梁：H形鋼に鉄筋＋コンクリート

＊比較建物は，一般的な仕上げで10階建程度の中層建築物を想定

表6-1 鉄骨構造と他の構造の重量比較

ンクリート造とすることが多い

　鉄骨造は，純鉄骨構造と鉄骨鉄筋コンクリート構造の2つに大別できる。鋼材の使用量では，後者が前者よりも多いことが一般的である。鉄骨は，軽量鉄骨，普通鉄骨，重量鉄骨の3種類に分類できる。

❶ 軽量鉄骨（薄板，板厚4.0mm未満の軽量溝形鋼・角形鋼管）は，住宅をはじめ，小規模な工場・倉庫に使用される。延床面積当たりの鉄骨歩掛り（鋼材の使用量）は20〜70kg/m^{2}である。

❷ 普通鉄骨（板厚4.0mm以上）は，ビルから工場・店舗に適していて，延床面積当たりの鉄骨歩掛りは60〜100kg/m^{2}である。

❸ 重量鉄骨は，超高層建築，講堂などの大スパン構造に用いられる。通常の延床面積当たりの鉄骨歩掛りは，120〜240kg/m^{2}である。特殊な荷重や大空間建築として発電所，原子力などの設備プラントなどの工作物では190〜600kg/m^{2}である。

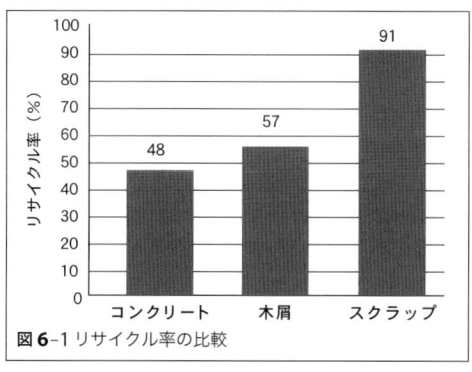

図6-1 リサイクル率の比較

写真6-1 鉄骨梁の耐火被覆（施工状況） 　　写真6-2 溶融亜鉛めっきの屋上構作物

第6講　鉄骨工事

工事の流れ

以下，軽量鉄骨を除き，普通鉄骨，重量鉄骨について説明する。

鉄骨工事は，図6-2に示すような一連の流れで工事工程が進む。構造形式とその規模を把握し，使用鋼材の購買方法を含めて鉄骨製作工場（ファブリケーターという）を選定して工事の進め方を計画する。この「計画→購買→ロール*→製作→搬入→建方」の流れは，施工の計画から鋼材の発注，材料の鉄鋼メーカーから製作工場への納入，製作・検査の後，現場搬入，建方が行われ，最終的な建築物に組み立てられるまでを示す。

鉄骨工事では，複数階（通常3層）分の柱を1本の部材として，鉄骨製作工場で製作する。この部材が基本単位（「節（セツ）」という）として，工事が進められることが多い。

＊鋼を熱いうちに薄く延ばして，H形鋼や鋼管などをつくる作業をいう。

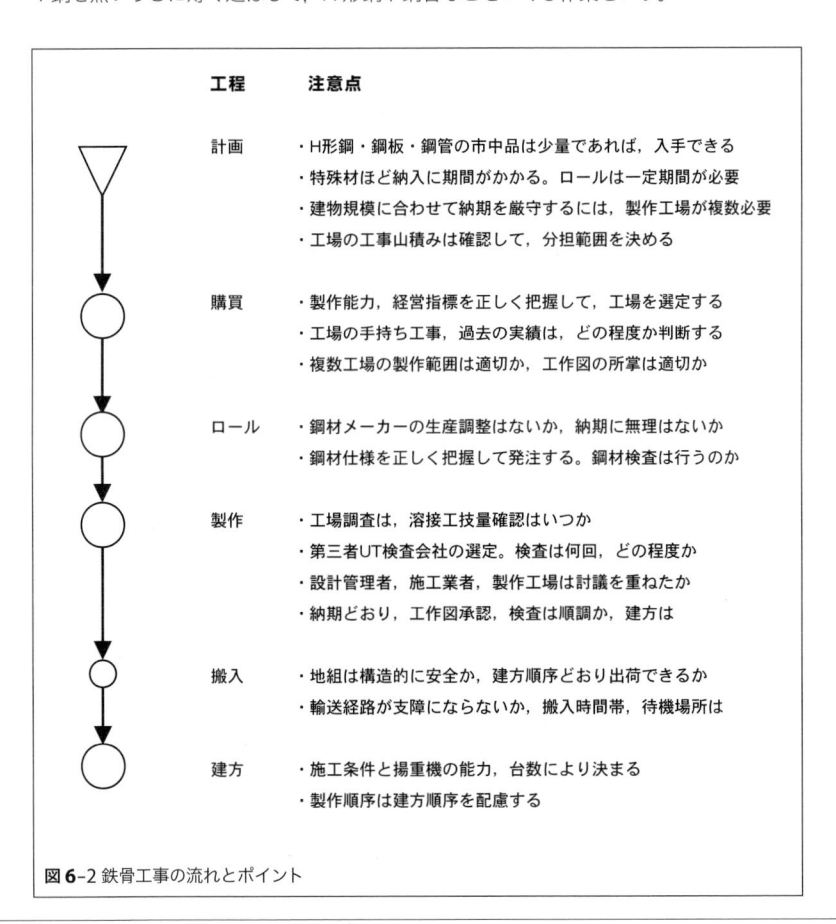

工程	注意点
計画	・H形鋼・鋼板・鋼管の市中品は少量であれば，入手できる ・特殊材ほど納入に期間がかかる。ロールは一定期間が必要 ・建物規模に合わせて納期を厳守するには，製作工場が複数必要 ・工場の工事山積みは確認して，分担範囲を決める
購買	・製作能力，経営指標を正しく把握して，工場を選定する ・工場の手持ち工事，過去の実績は，どの程度か判断する ・複数工場の製作範囲は適切か，工作図の所掌は適切か
ロール	・鋼材メーカーの生産調整はないか，納期に無理はないか ・鋼材仕様を正しく把握して発注する。鋼材検査は行うのか
製作	・工場調査は，溶接工技量確認はいつか ・第三者UT検査会社の選定。検査は何回，どの程度か ・設計管理者，施工業者，製作工場は討議を重ねたか ・納期どおり，工作図承認，検査は順調か，建方は
搬入	・地組は構造的に安全か，建方順序どおり出荷できるか ・輸送経路が支障にならないか，搬入時間帯，待機場所は
建方	・施工条件と揚重機の能力，台数により決まる ・製作順序は建方順序を配慮する

図6-2 鉄骨工事の流れとポイント

鉄骨の種類・特徴

　JISで規定する鋼材には、名称および記号がある。例えば、JIS G 3136には「建築構造用圧延鋼材（SN）」という「名称」の鋼材が規定されている。この「建築構造用圧延鋼材」には、「SN400A」「SN400B」「SN400C」「SN490B」「SN490C」という記号で表記される5つの「種類」がある。例えば、「SN」は鋼材の種類、「400」は機械的性質の引張強度下限値が $400N/mm^2$ であること、「A，B，C」は、それぞれ溶接性を保証する化学成分の制限値を意味している。このほか建築では、JISに適合する「SS400」「SM400A」「STK400」「STKR400」などが使用されている。

　超高層および大スパンの建築物には、厚さが40mm以上の厚鋼材または厚さを抑えて同等の性能を得るために、高張力鋼（SN490B，TMCP鋼，SA440）を使用することが多い。

　SNには、鋼板・形鋼・平鋼・鋼帯があり、厚さ6mm以上100mm以下がつくられている。「一般構造用圧延鋼材（SS）」は寸法上の制約はないが、溶接性は考慮されてはいない。一方、「溶接構造用圧延鋼材（SM）」は、橋、船舶、車両、容器などに用いられる。SMは、特に板厚が厚い場合には、適切な溶接施工管理が必要である。

　「建築構造用炭素鋼管（STKN）」は、SNに準拠した円形鋼管である。外径は21.7〜1,574.8mmで、「STKN400」および「STKN490」の2つの強度区分がある。

　「一般構造用角形鋼管（STKR）」にも、「STKR400」と「STKR490」の2つの強度区分がある。また、同じ角形鋼管で国土交通大臣の認定品の「BCR」は「冷間ロール成形角形鋼管」、「BCP」は「冷間プレス成形角形鋼管」のことである。このBCR，BCPという名称は、ボックスコラム（角形鋼管）＝Box Columnの頭文字のBCと、製造方法を表わすロール＝「R」Roll成形、およびプレス＝「P」Press成形を組み合わせたものである。BCRは引張強度が $400N/mm^2$ 鋼（BCR295）の1鋼種に対し、BCPでは $400N/mm^2$ 鋼（BCP235）、$490N/mm^2$ 鋼（BCP325）の2鋼種があり、構成が異なっている。「建築構造用圧延棒鋼（SNR）」は、延びのあるアンカーボルトとして使用される。機械的性質や成分は、SNと同様である。

鉄骨製作工場の選定

　　鉄骨製作工場の選定にあたっては，まず**表6-2**に示す工場認定＊グレードを確認する。グレードは5段階あり，工事内容の材種および板厚の作業が認定され，鉄骨製作会社の代表社名ではなく，工場ごとに認定されている。次に，工事現場からの輸送距離を勘案して，工場から出荷し現場に円滑に運搬できることを確認する。そのほか，保有機械，山積み状況，品質管理体制，過去の実績，経営状態などを確認し，鉄骨製作工場を選定し監理者の承認を受ける。

＊国交大臣認定のための（社）全国鉄構工業協会もしくは㈱日本鉄骨評価センターの工場性能評価

鋼材流通経路

　　鋼材の流通は，鋼材メーカー，商社，問屋，中間加工会社（シャーリングメーカー）など，複雑多岐にわたる。材料の品質を間違うことがないように，品質を証明する書類が発行される。「品質規格証明書」は，鋼材メーカーが製品の品質を証明するもので，「ミルシート」と呼ばれる。「製品証明書」は，製造者が発行する「規格品証明書」と加工者が規格品証明書の証明番号，溶鋼番号を転記した「原品証明書」の2種類がある。さらに，これら2証明書のいずれかをコピーし，製作の前工程の担当者が発行する「原品相当規格証明書」がある（Column 25）。

鋼材発注および購買の検討

　　発注前の明細提出から，実際の鉄骨製作工場納入までの期間には，鋼材によって差がある。ロール対応品の期間は長く，市中材庫品の期間は短い。鉄骨工事の着手日を決定するには，発注時にロール品目などの納入可能時期，量を調べることが重要である。板厚40mm以上の鋼材および降伏点385N/mm^{2}以上の鋼材は，納期が4.5～5.0か月と長期間に及ぶ。角型鋼管は2.5～3.0か月，ロールH形鋼は1.5～2.0か月，組立H形鋼＊は3.5か月になる。**図6-3**に鋼材の種類，条鋼・角形鋼管の種類，と**図6-4**に鋼材購買のスケジュール例を示す。

　　鋼材発注にあたっては，下記項目を調査，確認する。

❶ 設計仕様書の内容，指示事項
❷ 使用鋼材種類の確認（SS400，SN400A・B・C，SM490A，

SN490B・C など)

❸ メーカー指定の有無（高炉・電炉）
❹ 使用ボルトの種類
❺ 防錆塗装範囲とその種類（素地調整を含む），溶融亜鉛めっき範囲

＊組立 H 形鋼とは，フランジとウェブが鋼板で構成され，溶接で接合し製作する H 形鋼をいう

S グレード	すべての建築鉄骨溶接構造
H グレード	鉄骨溶接構造で板厚 60mm 以下の 400mpa，490mpa，520mpa の鋼材
M グレード	鉄骨溶接構造で板厚 40mm 以下の 400mpa，490mpa の鋼材
R グレード	鉄骨溶接構造の 5 階以下の建築物（延床面積 3,000m^2 以内，高さ 20m 以下）で，板厚 25mm 以下の 400mpa，490mpa の鋼材
J グレード	鉄骨溶接構造の 3 階以下の建築物（延床面積 500m^2 以内，高さ 13m 以下かつ軒高 10m 以下）で，板厚 16mm 以下の 400mpa の鋼材

表 6-2 鉄骨製作工場のグレード

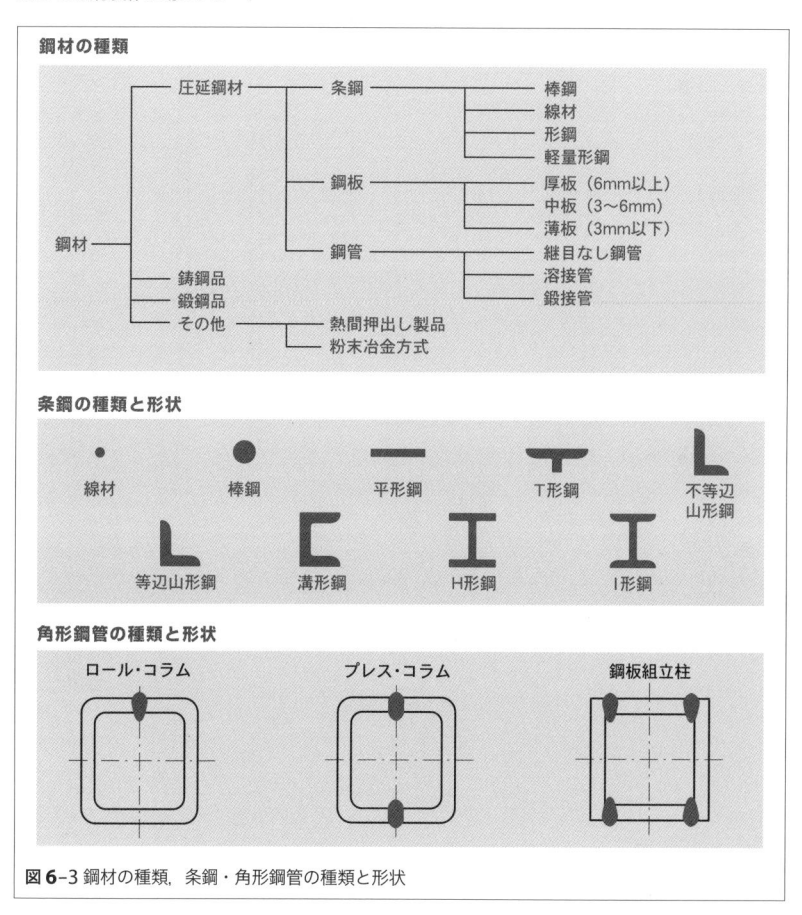

図 6-3 鋼材の種類，条鋼・角形鋼管の種類と形状

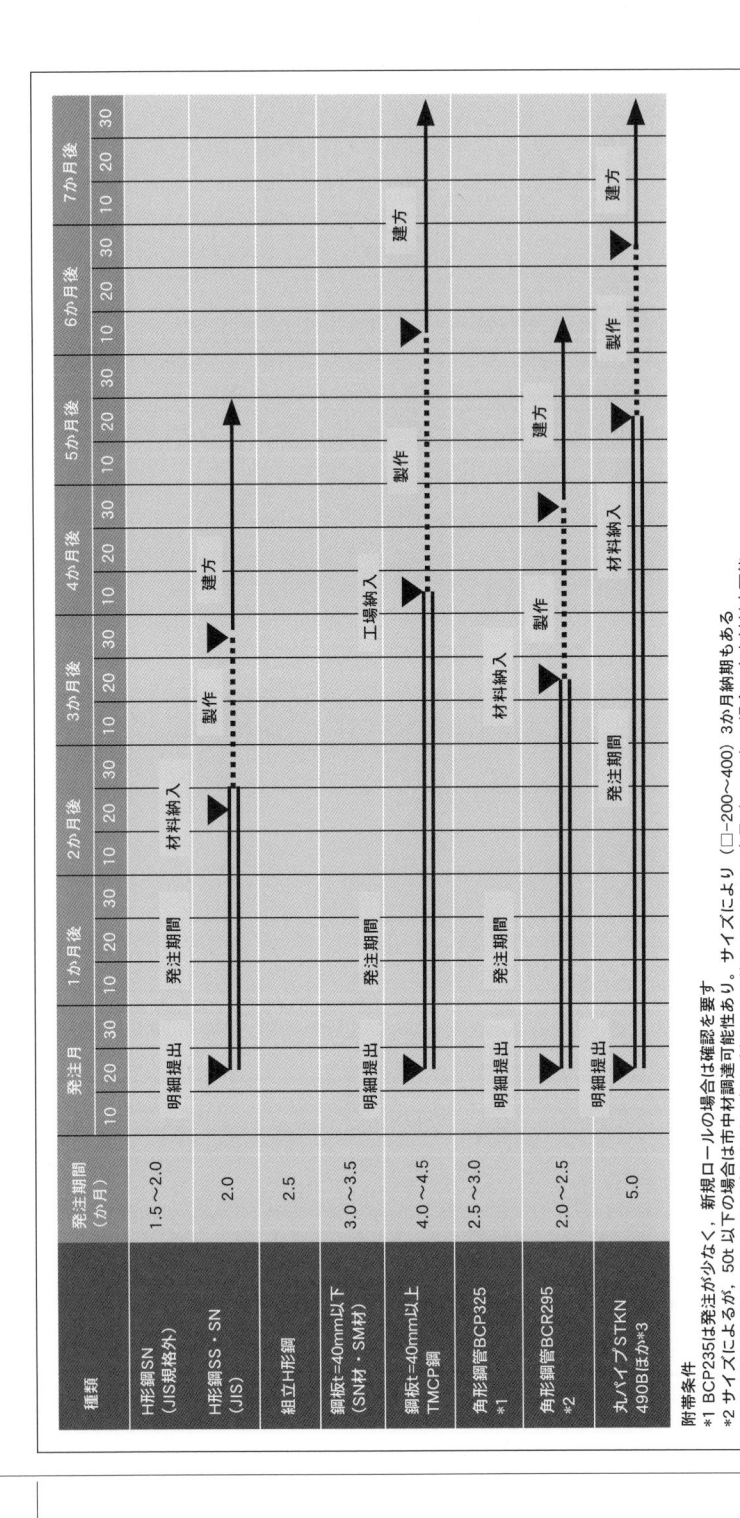

種類	発注期間 (か月)	発注月			1か月後			2か月後			3か月後			4か月後			5か月後			6か月後			7か月後		
		10	20	30	10	20	30	10	20	30	10	20	30	10	20	30	10	20	30	10	20	30	10	20	30
H形鋼SN (JIS規格外)	1.5～2.0	明細提出 ▶			発注期間			材料納入 ▶			製作			建方 →											
H形鋼SS・SN (JIS)	2.0																								
組立H形鋼	2.5																								
鋼板t=40mm以下 (SN材・SM材)	3.0～3.5	明細提出 ▶			発注期間						工場納入 ▶			製作			建方 →								
鋼板t=40mm以上 TMCP鋼	4.0～4.5																								
角形鋼管BCP325 *1	2.5～3.0																								
角形鋼管BCR295 *2	2.0～2.5	明細提出 ▶			発注期間					材料納入 ▶			製作			建方 →									
丸パイプSTKN 490Bほか*3	5.0	明細提出 ▶			発注期間									材料納入 ▶			製作			建方 →					

附帯条件
*1 BCP235は発注が少なく、新規ロールの場合は確認を要す
*2 サイズによるが、50t以下の場合は市中材調達可能性あり。サイズにより（□-200～400）3か月納期もある
*3 サイズ・量によるので、その都度の相談とする。新ロールは約5か月かかる。少量（5～10t）の場合、市中材対応可能

図6-4 鋼材購買のスケジュール例

Column 25

鋼材の規格証明書（ミルシート）って何？

　鋼材の品質は，写真のようなシートで照合して確認します。確認するとき，シートは写しではなく，必ず原本でなくてはなりません。流通経路の責任者が規格証明書（赤字が記入されたり捺印される前の状態）と現品との対応を行い，署名捺印および社名・社印との日付を記入します。裏書方式ともいいます。

ミルシートの一例

鉄骨の製作

鋼材材質の検査

鋼材材質の検査は、化学成分や機械的性質を確認し、ミルシート（JIS Z 3801および同 3841）と照合する。また、鋼材から試験片を切り出し、引張試験を実施して引張性状を確認し、ミルシートと照合し、降伏点や引張強度の値などが、鋼材規格どおりのものであることを確認する。**図6-5**に、鋼材の引張試験による応力度－ひずみ度の関係を示す。OA部分を弾性域、AB部分を降伏棚、Bから先をひずみ硬化域といい、最大値を引張強さσ_B、破断時のひずみを伸びε_fという。AからBに到る伸びが鋼構造の安全性を担保しているといえる。

引張試験のような破壊試験ではなく、サム・スチールチェッカーと呼ばれる非破壊鋼材識別装置を使って、鋼材表面の電気伝導率を計測し、鋼材材質の誤使用の有無を判定することもできる。特にSS400とSM490Aは、マンガンなどの化学成分含有量の差によって判別ができる。

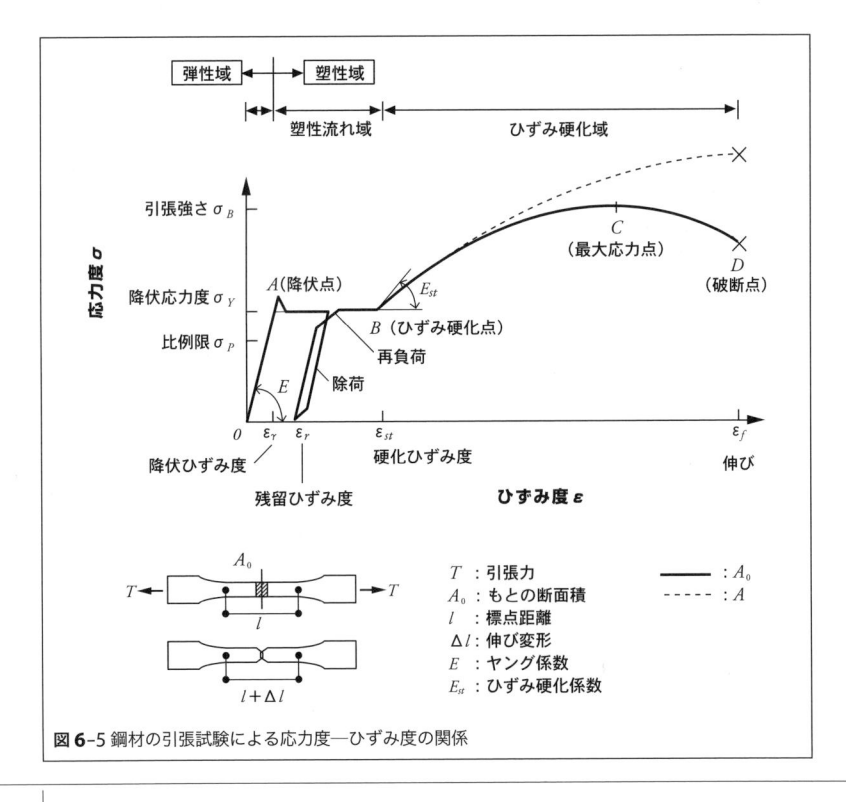

図6-5 鋼材の引張試験による応力度―ひずみ度の関係

部材の溶接接合

1）部材の溶接接合

　工場での接合に最も多く用いられる接合方法は、溶接接合である。溶接は、現場における接合にも用いられ、建築における鉄骨の接合方法として、一般的に用いられる接合方法である。

　溶接は電流のアーク（プラズマ状態で約6,000℃）によって鉄骨と接合用の鉄材を溶融化し、鉄骨を接合する方法である。建築分野では、主に以下の3つの方法が利用されている（**図6**-6）。

❶ 溶接の種類

a）被覆アーク溶接

　溶加材と電極棒を兼ねる心線の周囲を被覆剤で覆って、溶融金属を大気中の酸素、窒素から保護する。また被覆剤はアークを安定させる効果もあり、安定的に良質な溶接ができる。設備が簡便であり、工場あるいは現場において多用されている。

b）サブマージアーク溶接

　被覆剤の役目をする粒状のフラックスを先行して溶接開先の中に盛り、

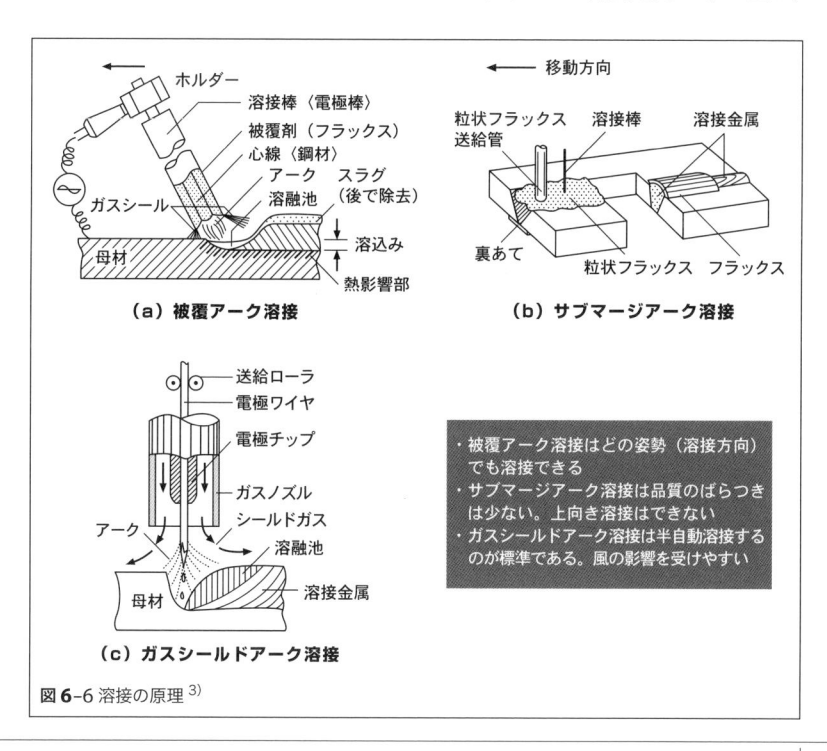

図**6**-6 溶接の原理[3]

その中にコイル状の溶接線材を突っ込み，移動しながら溶接をする。溶け込みが深いが，上向き溶接には適用できない。

c）ガスシールドアーク溶接

アルゴンや炭酸ガスでアークを大気から保護し，フラックス入りまたはソリッドのワイヤを自動供給して，トーチを手動で操りながら，半自動溶接するが，品質のばらつきは少ない。工場現場でも多用されているが，風速が2m/s以上の場合は作業を行うことができないため，防風設備が必要である。

❷ 溶接部の品質

溶接された継手部の断面は，溶加材が溶けた溶接金属部（ビード）と母材の溶かされた部分を合わせた溶接金属部，母材の熱影響部，および熱影響を受けなかった母材部からなる。溶接金属部と熱影響部の境界は溶接ボンドという。この部分は急熱急冷されているので，硬さの変化が著しく，割れ発生の原因や継手部の破壊の芽となりやすい。溶接継手部分の断面を，**図6**-7 に示す。

溶接は溶接管理技術者の管理下で行い，溶接電流，アーク電圧，溶接速度，ガス流量，パス間温度，入熱量などは，「JASS 6」に示されている適切な条件を選定して施工する。

❸ 溶接技能者

溶接技能者の技量は，JISには溶接方法，板厚，溶接姿勢（下向き，横向き，上向き）の作業内容によって，従事できる作業が定められている。また，建築特有の溶接継手には建築鉄骨溶接技能者資格*があり，期限付

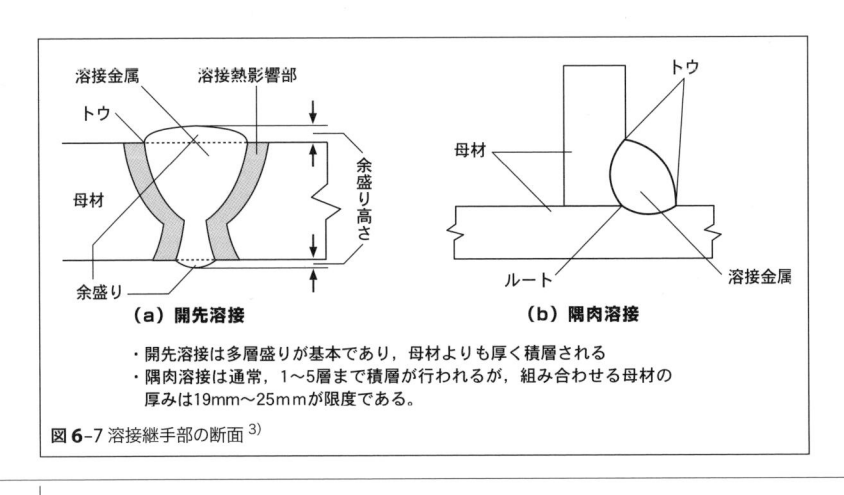

・開先溶接は多層盛りが基本であり，母材よりも厚く積層される
・隅肉溶接は通常，1〜5層まで積層が行われるが，組み合わせる母材の厚みは19mm〜25mmが限度である。

図**6**-7 溶接継手部の断面[3]

きの認定を行っている。表6-3にJIS各号の作業範囲と溶接技能者技量資格を示す。被覆アーク溶接はどの姿勢（溶接方向）でも溶接できる。基本級は下向きで行い，これに合格した後上級資格として，専門級の立向き（V），横向き（H），上向き（O），固定管（P），それぞれの資格を習得できるシステムになっている。

＊AW検定協議会が実施する建築鉄骨溶接技量検定で，「AW検定」と呼ばれる。

❹ スタッドボルト

鉄骨部材とコンクリートとの間にせん断力を伝えるために鉄骨部材にボルトを溶接する方法を，スタッド溶接という。スタッド溶接は，原則として

溶接方法	被覆アーク溶接	ガスシールドアーク溶接	サブマージアーク溶接	エレクトロスラグ溶接
	JIS Z 3801	JIS Z 3841	JIS Z 3801 または JIS Z 3841	JIS Z 3801 または JIS Z 3841
中板構造 4.5〜25mm	A−2F（下向き） A−2H（横向き） A−2V（立向き） A−2O（上向き）	S−2F（下向き） S−2H（横向き） S−2V（立向き） S−2O（上向き）	A−2F または SA−2F 以上	A−2F または SA−2F 以上
厚板構造 6〜50mm	A−3F（下向き） A−3H（横向き） A−3V（立向き） A−3O（上向き）	S−3F（下向き） S−3H（横向き） S−3V（立向き） S−3O（上向き）		
鋼管中肉 4.5〜19mm	A−2P（全周）	SA−2P（全周）		
鋼管厚肉 6〜32mm	A−3P（全周）	SA−3P（全周）		

表6-3 作業範囲と溶接技能者技量資格

Column 26
溶接の表し方

図は，溶接基準図の例です。溶接記号はJISに定められています。このコラムでは詳しくは述べませんが，矢印は溶接部を示し，第1折れ点の印は，○は全周。黒旗は現場溶接を，⌐は突合せ溶接を，△は隅肉溶接を示しています。矢印の尾は，特別な指示（ガウジング，裏当て金など）を示しています。

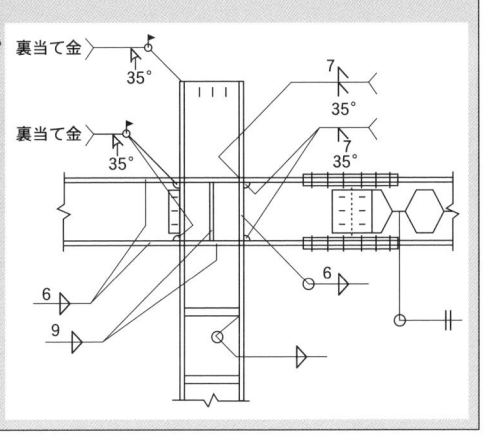

アークスタッド溶接の直接溶接とし，下向き姿勢で行う。スタッド溶接に従事できる溶接技能者は，スタッドの呼び名に応じた検定試験に合格した有資格者（スタッド溶接技能者，詳細は「JASS 6」参照）でなければならない。

❺ 溶接の検査

鋼材の溶接性の検査は，溶接部分から溶接金属と母材をまたぐ試験片を切り出して溶接継手の最弱点を調べるもので，最脆弱部分の性能を評価する。また，多層溶接による後続パスの熱サイクルの影響なども検査する。図6-8 に，溶接性試験の試験片採取位置の例を示す。

部材の高力ボルト接合

高力ボルト接合は，ボルト，ナット，座金で材を接合する点では，支圧ボルト接合と変わるところはないが，材間の接触面の摩擦力で応力を伝達する点で支圧ボルトと異なる。したがって，ボルトにせん断力や，材に支圧力が発生することはなく，ボルトによって材間に導入された摩擦力で接合する。図6-9 に高力ボルト接合の原理を示す。このため，高力ボルト接合は，支圧ボルトによる接合に比べ，剛性が高いが，図6-10 に示すように接合面の

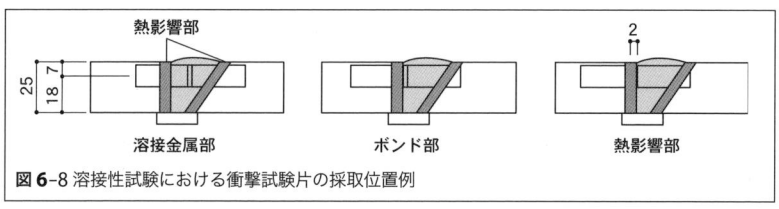

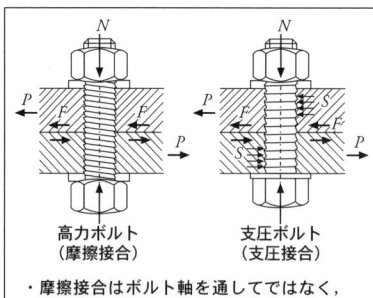

図6-8 溶接性試験における衝撃試験片の採取位置例

図6-9 ボルト接合の原理[3]

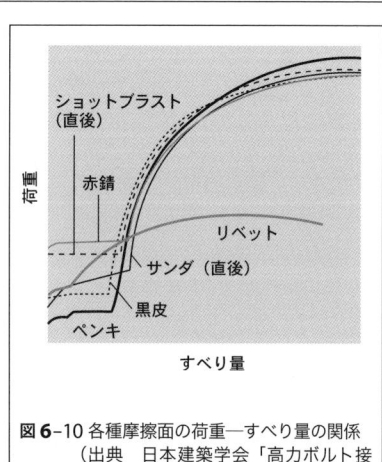

- 摩擦接合はボルト軸を通してではなく，接触面の摩擦力で外力を伝達するので，応力集中が少なく，疲労にも比較的強い
- 支圧接合はボルト軸部のせん断抵抗および材片孔壁とボルト軸部間の支圧抵抗によって外力を伝達するので，ボルト軸と孔の隙間は小さくしなければならない。打込み式ボルトが実用化されている

図6-10 各種摩擦面の荷重―すべり量の関係
（出典　日本建築学会「高力ボルト接合設計施工ガイドブック」，2003年）

状態によって、その剛性が異なるので、接合面の管理が重要である。

　高力ボルトには、JIS 形高力ボルト（JIS B 1186）、特殊高力ボルト（主にトルシア形高力ボルト、日本鋼構造協会規格 JSS II-09）、溶融亜鉛めっき高力ボルトの 3 種類がある。高力ボルトに用いる材料は、極めて強度の高い高張力鋼である。一般的には、F8T あるいは F10T が用いられる。

❶ 高力ボルトの締付け

　締付けは、一次締めと本締めの 2 回の施工によって行う。これは各ボルトに均等な軸力を導入するために行うものである。一次締めで部材の密着を図る。締付けの順序は、一次締め、本締めとも接合継手の中心から外側へ向かって順次締め付ける。一次締め後、ボルト、ナット、座金、部材表面にわたるマークを付ける。このマークにより、締め忘れの有無、ナットの回転量、共回りの有無の確認を行う。

　本締めは、トルシア形の場合、ピンテールがボルトの頭とは反対側にあり、所定のトルクで破断するようになっている。締付け後、ピンテールの破断の有無、マークのずれ（回転量は 60 〜 90°の範囲とする）によって確認する。

　JIS 形高力ボルトの場合、レンチによる一次締付け後、マーキングを行い、120 ± 30°の範囲でナットを締め付け、マークのずれによって確認する。**図 6**-11 に締付け機械およびトルクレンチの例、**図 6**-12 に高力ボルトのマーキング例およびトルシア型の締付け機構を示す。

❷ 高力ボルトの検査

　高力ボルトの検査は、工場出荷前にセットのトルク係数値試験により、ボルト導入軸力確認試験を行う。また、工事現場において高力ボルトの締付けの品質確認を行う。接合する材間の摩擦力は、作用する接合面が密着することが前提条件になっているので、ボルト穴明けはドリル穴明けを原則とする。周囲のまくれ、垂れ、変形は摩擦力に支障を与えるもので、接合前に修正しなければならない。部材接合面は、部材の公差、工場製作上の誤差、建方の誤差などにより「はだすき」が生じることがあり、その接合面の「はだすき」は、すべり耐力や剛性に大きな影響を与える。1mm を超える「はだすき」に対しては、フィラーを挿入する必要がある。

製品検査

　製品検査は，検査項目として，取合い部外観，溶接部の内部および補修状況などについて，契約内容どおり完成しているかを定めた仕様書，溶接基準，工作図などと参照し，検分する目的で行う。

　まず，工場において社内検査を行い，社内検査成績表（部材番号ごとに，外観，超音波探傷，寸法および補修状況が記録される）に基づいて，工事監理者・施工者が受入れ・立会い検査を行う。

　鉄骨製作用鋼製巻尺は，物件ごとに工事現場用鋼製巻尺と実長を一箇所に集めて長さの公差を調査し，誤差の量と適用するテープ番号を記録して照合する。この行為を「テープ合わせ」という。検査の項目と概略を，以下に示す。

❶ 寸法検査

- 柱：ベースプレート，全長・階高，ブラケットのせいおよび長さ，大曲り，柱幅など
- 梁：全長・梁せい，フランジの直角度，全体の曲りなどの基本寸法

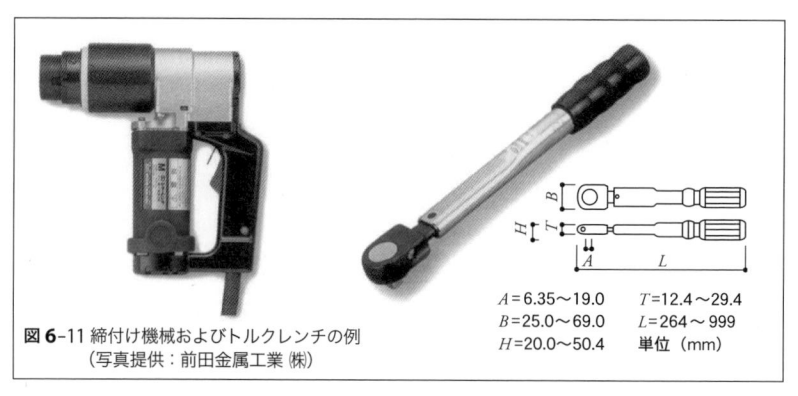

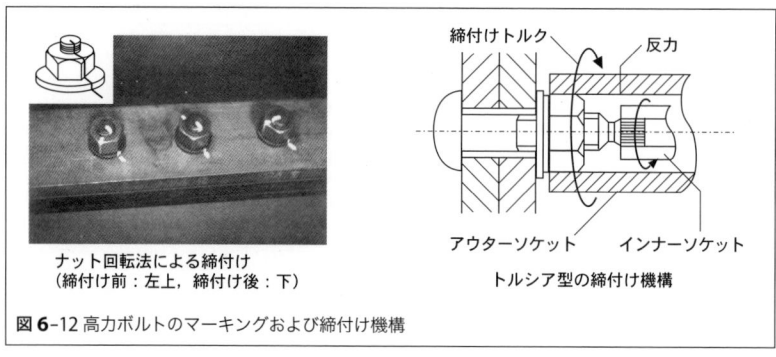

$A = 6.35 \sim 19.0$
$B = 25.0 \sim 69.0$
$H = 20.0 \sim 50.4$
$T = 12.4 \sim 29.4$
$L = 264 \sim 999$
単位（mm）

図6-11 締付け機械およびトルクレンチの例
（写真提供：前田金属工業㈱）

図6-12 高力ボルトのマーキングおよび締付け機構
ナット回転法による締付け
（締付け前：左上，締付け後：下）
トルシア型の締付け機構
締付けトルク　反力
アウターソケット　インナーソケット

❷ 外観検査
- 溶接部：溶接ビードの形状および寸法（隅肉溶接では脚長，突合せ溶接では余盛寸法，エンドタブの処理），アンダーカット，オーバーラップ，ピンホール切断面の品質，穴明け周辺部のまくれ，スカラップ部のビード重なりなど
- 取合部：接合部の角度，ボルト穴・鉄筋穴，開先形状，高力ボルト摩擦面処理

　写真6–3〜6に突合せ溶接部の欠陥の例を，写真6–7〜8に隅肉溶接の欠陥の例を示す。また，溶接を行うと温度変化により変形（ひずみ）が生じ，これを拘束すると内部に応力が残留する。図6–13に溶接部のひずみおよび熱変形の例を示す。

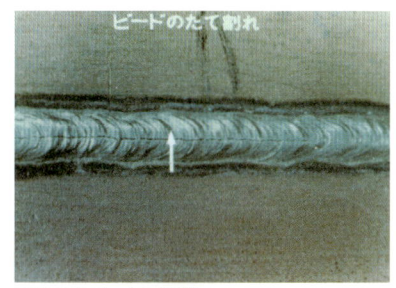

写真6–3 ブローホール

写真6–4 ビードの縦割れ

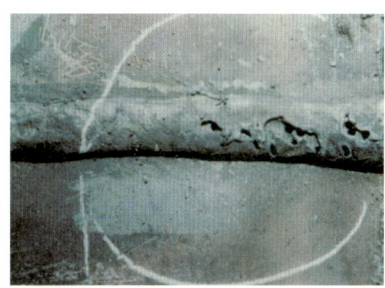

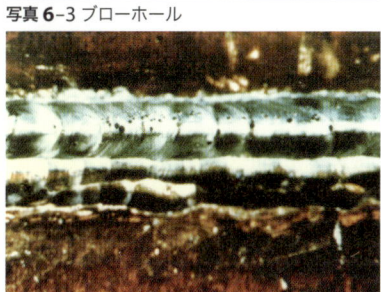

写真6–5 ピット

写真6–6 まわし溶接不良

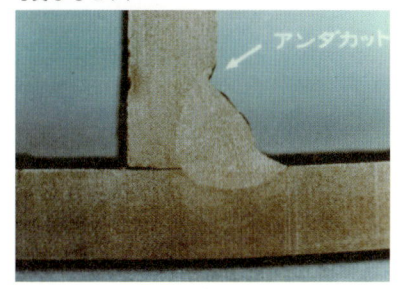

写真6–7 隅肉溶接アンダーカット

写真6–8 隅肉溶接脚長不足

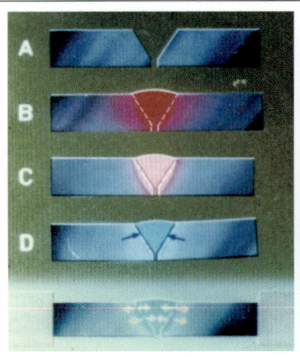

突合せ溶接部ひずみの原理
A（溶接前）→ B（溶接中）→
C（冷却中）→ D（両端自由）
反り上がる→ E（両端固定）
内部引張応力が残留する

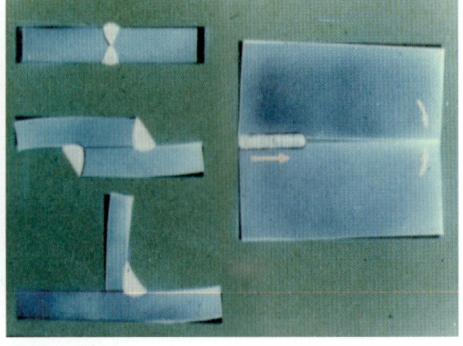

熱変形の原理
溶接ひずみは，縮んだり（上左）
曲がったり（中左，下左）する。
平面的には溶接していない方（右）が
開先間隔が狭くなる

図**6**-13 溶接部のひずみおよび熱変形の例

> # Column 27
> ## 5分（ぶ）のボルト　ヤードポンド単位の名残
>
> 　分（ぶ）とは，元々基本単位の1/10を表す補助単位で，金額や寸法，重量，容積などすべての単位で使われるものです。
>
> 　「5分のボルト」という場合は，ボルトの径を表す単位または名称として使われています。
>
> 　鋼材がわが国で製造され始めた頃，鋼材の規格は海外のインチ単位で定められていました。インチ単位では，インチ以下の長さ（径，厚さなど）は「2のベキ乗を分母とする分数」で表すのが慣例で，1/2インチ，あるいは 3/8in., 5/16" などと表現されます。
>
> 　5/8"は，25.4（mm）× 5/8 = 15.9（mm）です。一方，わが国の長さの単位である5分 [1分（3.03mm）= 1寸（約 30.3mm）の 1/10] は約 15.2mm で，5/8in. = 15.9mm に近い値です。したがって，これを「5分のボルト」と呼んでいたのです。同じものをメートル法で呼ぶ場合は「16ミリのボルト」といいます。「3分の鉄筋」は 3/8in. つまり 9.5mm の鉄筋で，丸鋼の「9ミリ筋」になります。
>
> 　この「分」という呼び方は，現在でもアンカーボルトなどの通称として使用されています。
>
> 　また，コンクリート圧送用の配管の径を表す「4A」，「5A」などの記号も，それぞれ 4in，5in. のサイズの名残です。

Column 28
今は使われない接合工法「リベット」って何？

　鉄骨のリベット(rivet)接合は,東京オリンピック(1965年)から大阪万博(1972年)の間に,高張力鋼,H形鋼の出現,リベット打ちの騒音などの理由で,溶接や高力ボルトへと転換しています。太平洋戦争時の戦艦大和もリベットでつくられ,魚雷を跳ね返すため300 mm厚まで重ねていたそうです。アングルとプレートの組合せであった時代には,リベットを配列するためのゲージラインがあり,5分のリベットは60ピッチ,6分は70ピッチなどと描き込んでいました。

　リベットは片側に頭をつくった棒鋼を700～800度で真っ赤に焼き,投げ上げて,継手位置で受け取り,鉄骨に明けられた穴に差し込んで,当盤で頭を押さえ,反対側からテッポー（リベットハンマー）で打って,もう1つの頭をつくります。

　「タンタンタン」が「カンカンカン」に変われば打上りで,棒鋼は穴いっぱいに充填され,冷えるとリベットはぎゅっと縮んで鉄骨をカシメます。リベット打ちは「かしめ」とも呼ばれ,鍛冶屋の花形でした。

　リベットは,複数枚の板状のものを束ねて固定する鋲の一種です。沈頭形の皿リベットなどは,その頭が鋼材の中に埋まるようにしますが,その部分は力の伝達では無効という計算をします。頭の部分の形状は各種あり,半球形のものは丸リベット,釘に似た平たい円錐形の皿リベット,円盤状の平リベットなどがあり,アルミニウムなど鋼材以外の材料では今も使われています。

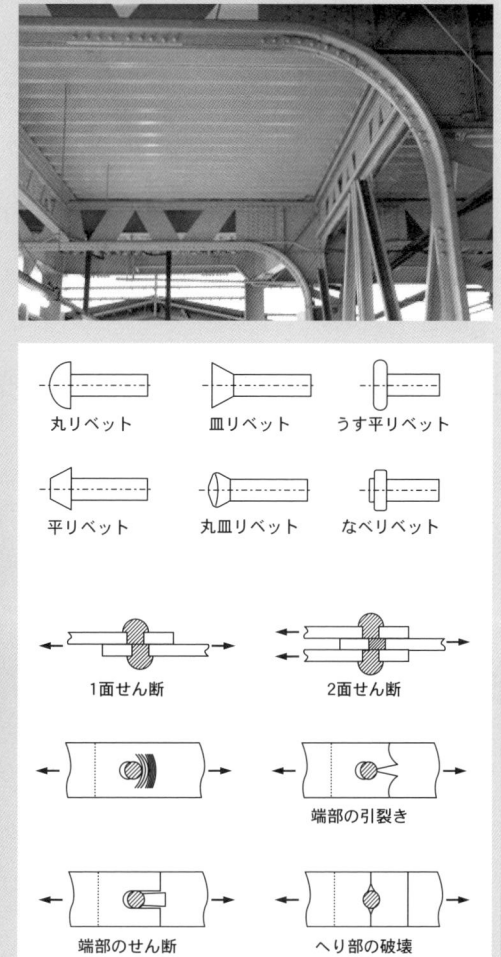

丸リベット　皿リベット　うす平リベット

平リベット　丸皿リベット　なべリベット

1面せん断　2面せん断

端部の引裂き

端部のせん断　へり部の破壊

第6講　鉄骨工事

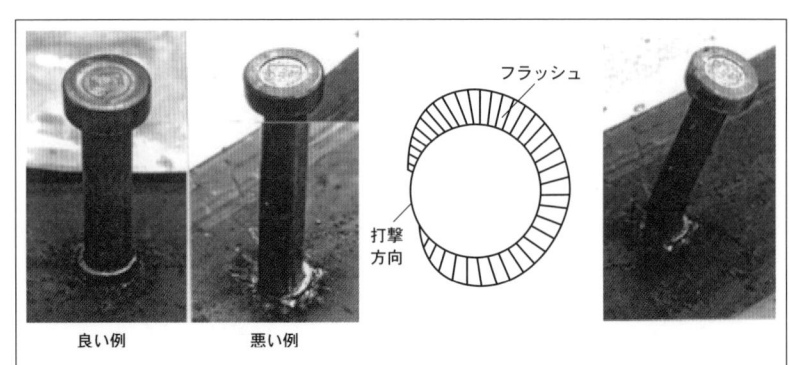

良い例　　　悪い例

・溶接されたスタッドは，全周余盛（フラッシュという）が必要である
・きっちりアースしないと磁気吹き現象により，フラッシュが欠ける
・曲げ試験はフラッシュ不足部分が引張られる方向に打撃を行う

図 6-14 スタッド溶接の検査

Column 29
超音波探傷試験って何？

超音波探傷試験は，高い周波数（1～5MHz）の音波（パルス）を鋼表面に探傷子（圧電材料の板にパルス電圧を作用させる部分）から被検材に投入し，内部に欠陥（分子的な不連続）があると，一部の反射波を探傷子が受信して，欠陥の位置および大きさの程度を調べる。**図1**は垂直探傷の場合のパルス反射法を，**図2**は溶接部の斜角探傷法を，**図3**はT継手およびかど継手の両面探傷法をしている状態である。**写真1**は探傷機です。

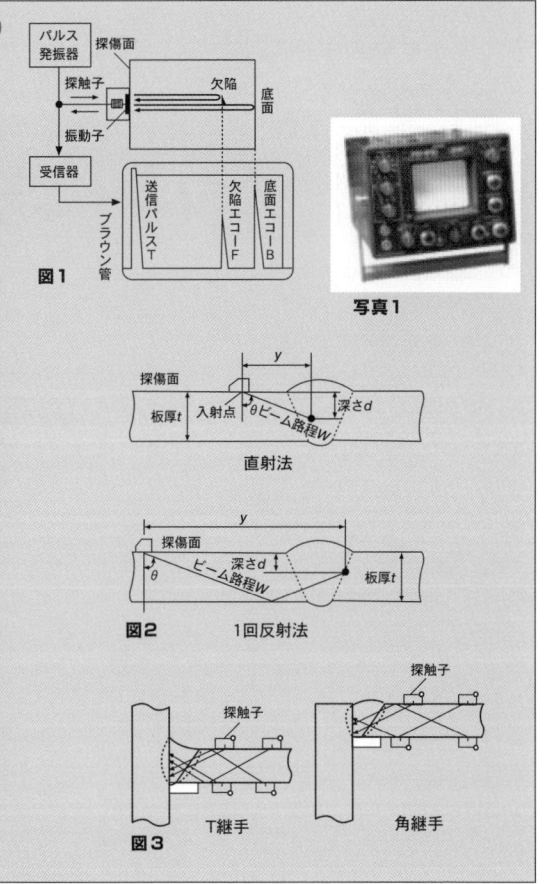

❸ **溶接部の検査**

　溶接部の検査方法は，超音波探傷による場合が多い。溶接内部の割れ，融合不良・ブローホールに起因する欠陥エコー部の長さ・深さ，その連続の有無を調査する。不合格の箇所はガウジング（炭素棒を電極として，酸素で溶かし，溶接金属を吹き飛ばす）処理で溶接欠陥を削除して再溶接し，再度超音波探傷を行い，溶接部の健全性を確認する。

❹ **その他の検査**

・塗装の検査： 　塗装の検査は，塗装仕様・色見本との照合，塗装しない部分，塗装面の外観，素地調整の程度，塗り厚を確認する。
・スタッド溶接部：スタッド溶接は，曲げ角度 15 度で，溶接部に割れなどの欠陥が生じない場合は合格とすることと，「JASS 6」に示されている。図 **6**-14 に，スタッド溶接の検査の例を示す。

鉄骨製作作業のチェック

　表 **6**-4 に鉄骨製作の QC 工程表の例を示す。縦の欄は，工事の詳細工程順の作業内容，横の欄は，誰が，いつ，どのような項目について，どのような方法と管理値によって管理するか，また不具合があったときの処理をどのようにするかを示している。管理した結果を記入する書式がチェックシートやデータシートである。鉄骨製作の品質に関する管理の基準や方法は，日本建築学会「鉄骨工事技術指針・工場製作編」で定められている。これに準拠して，品質管理責任者を定めて実施する。しかし，兵庫県南部地震においては，管理の実態は必ずしも適切でなかったことが明らかになった例も多い。

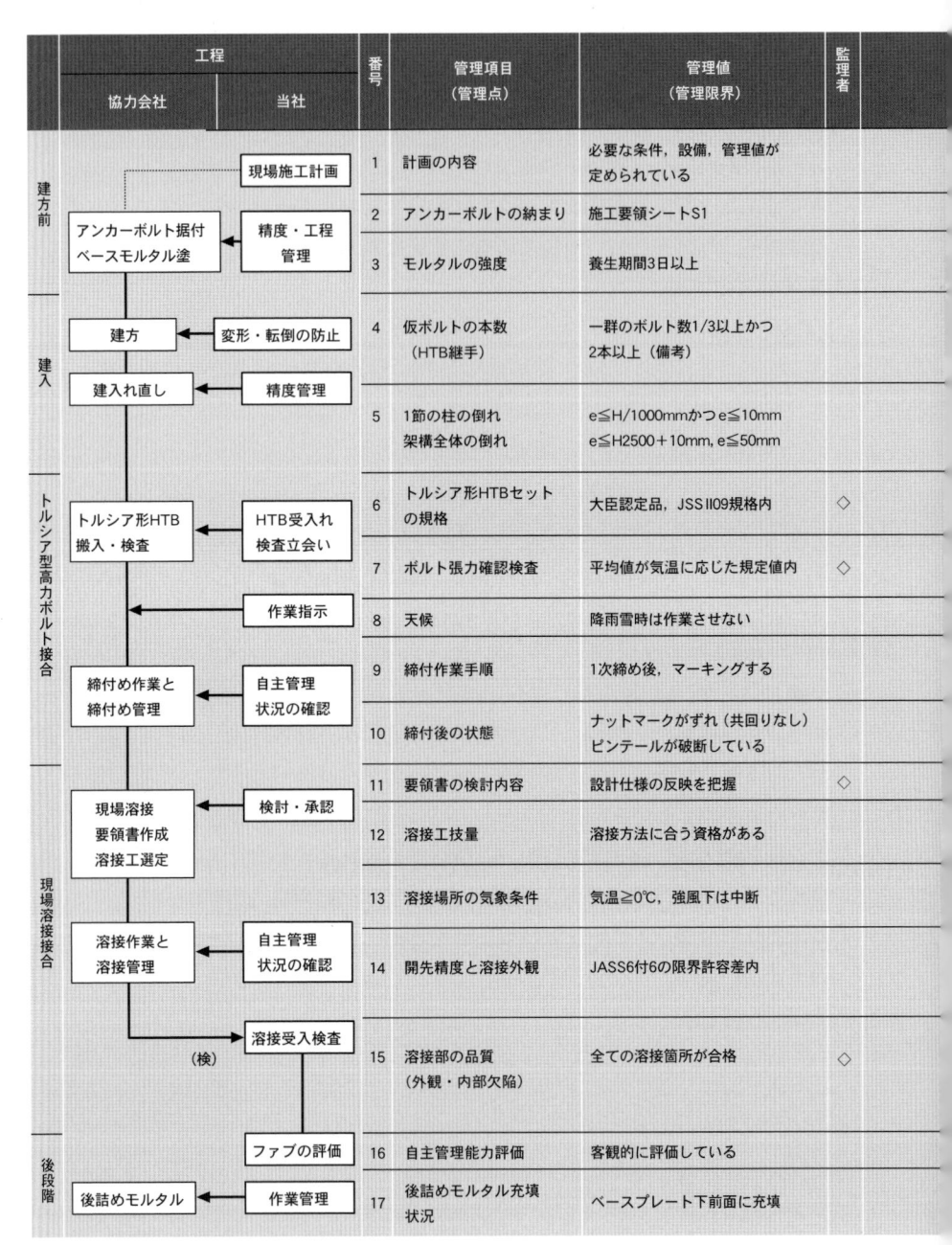

	工程		番号	管理項目（管理点）	管理値（管理限界）	監理者
	協力会社	当社				
建方前	現場施工計画		1	計画の内容	必要な条件，設備，管理値が定められている	
	アンカーボルト据付ベースモルタル塗	精度・工程管理	2	アンカーボルトの納まり	施工要領シートS1	
			3	モルタルの強度	養生期間3日以上	
建入	建方	変形・転倒の防止	4	仮ボルトの本数（HTB継手）	一群のボルト数1/3以上かつ2本以上（備考）	
	建入れ直し	精度管理	5	1節の柱の倒れ 架構全体の倒れ	$e≦H/1000mm$かつ$e≦10mm$ $e≦H/2500+10mm$，$e≦50mm$	
トルシア型高力ボルト接合	トルシア形HTB搬入・検査	HTB受入れ検査立会い	6	トルシア形HTBセットの規格	大臣認定品，JSS II09規格内	◇
			7	ボルト張力確認検査	平均値が気温に応じた規定値内	◇
		作業指示	8	天候	降雨雪時は作業させない	
	締付け作業と締付け管理	自主管理状況の確認	9	締付作業手順	1次締め後，マーキングする	
			10	締付後の状態	ナットマークがずれ（共回りなし）ピンテールが破断している	
現場溶接接合	現場溶接要領書作成溶接工選定	検討・承認	11	要領書の検討内容	設計仕様の反映を把握	◇
			12	溶接工技量	溶接方法に合う資格がある	
			13	溶接場所の気象条件	気温≧0℃，強風下は中断	
	溶接作業と溶接管理	自主管理状況の確認	14	開先精度と溶接外観	JASS6付6の限界許容差内	
		溶接受入検査（検）	15	溶接部の品質（外観・内部欠陥）	全ての溶接箇所が合格	◇
後段階		ファブの評価	16	自主管理能力評価	客観的に評価している	
	後詰めモルタル	作業管理	17	後詰めモルタル充填状況	ベースプレート下前面に充填	

適応範囲：中層以下の一般鉄骨。超高層などは必要な項目を付加する。
ベースモルタルは中心塗工法。高力ボルト接合はトルシア形HTB

表 6-4 鉄骨工場製作の QC 工程表の例

管理分担				時期	方法	頻度	管理値を外れた場合の処置	管理値の記録	備考
所長	工事長	係長	協力会社						
□	◎	○	△鳶 △ファ	施工計画の決定前			修正する	現場施工計画図（書）	
	◎	○	△カジ	ボルト据付時	目視（*）	全数	修正する		*鉄筋との干渉に留意
	◎	○		建方前	実施工程の検証	全数	建方を延期する	週間工程表	
□		◎	○鳶	建方中	目視	全数	仮ボルトを増す		*建方時の風荷重に対する安全性の検討により管理値を変更のこと
□		◎	○鳶 △大	建起し調整時	トランジット 下げ振り ピアノ線	全数	両端に誤差振分次節で調整	建入れ精度検査記録	
□	□	◎	○ファ	搬入時	ボルト社内検査成績書の検証	搬入毎	取り替える	管理記録表 ▲	ボルト社内検査成績書▲は別途ファイルする
□	□	◎	○カジ	締付け前	軸力導入試験	5本／径毎			
	◎	○	△カジ	締付け中	指示	そのつど	中断させる		
	◎	○	○カジ	締付け中	マーカー	全数	是正する	管理記録表 ▲	ボルト，ナット，座金，母材にマーク
□	◎	○	○カジ	締付け後	目視	全数	新しいボルトで締め直す		
□	◎	○	△ファ	着手前			修正させる		現場溶接要領書▲は別途ファイルする
□	◎	○	△カジ	溶接前	資格の照合	そのつど	技量附加試験	管理記録表 ▲	
□	◎	○	○カジ	溶接前・中	温度計	そのつど	中断し養生検討		
□	◎	○	○カジ	溶接前・中・後	目視，ゲージで測定，パス間温度チョーク	全数	補正する		
□	□	◎	○検	溶接完了して24時間経過後	目視，ゲージで測定，内部：超音波探傷試験，硬計測	全数または抜取検査	管理者と協議	管理記録表	溶接検査成績書▲は別途ファイルする
◎	○			工事中		工場ごと			
			○左官	鉄筋型枠工事前	目視	全数	是正する		

◇：監理者　　　　　　　○：管理担当者
□：報告受領者　　　　△：協力者（鳶：建方業者，ファ：鉄骨製作業者，カジ：鉄骨接合業者，
◎：管理責任者　　　　　　　　　　　　大：墨出し業者，検：当社と契約する第三者検査会社）
　　　　　　　　　　　▲：協力会社が作成する記録

事務所ビル

この章では，10階建程度の通常の事務所ビルを対象に，鉄骨造の施工法を説明する。

建方計画の概要

事務所ビル工事は，図6-15に示すような流れで詳細工程が進む。まず工事内容と制約条件を把握し，設計図書などから，施工範囲を確認し，建方を計画する。鉄骨の建方には，積上げ（層建）方式，建逃げ（屏風建）方式，輪切り建方式などがある（図6-16）。

積上げ（層建）方式は，クライミング式タワークレーンを使う比較的大型の市街地のビル工事で採用されることが多い。建逃げ方式あるいは輪切り建方式は，移動式クレーンを用いる。建逃げ方式は市街地のビルなど狭小な敷地に建てられるビル工事，輪切り建方式は，水平に長い工場などの工

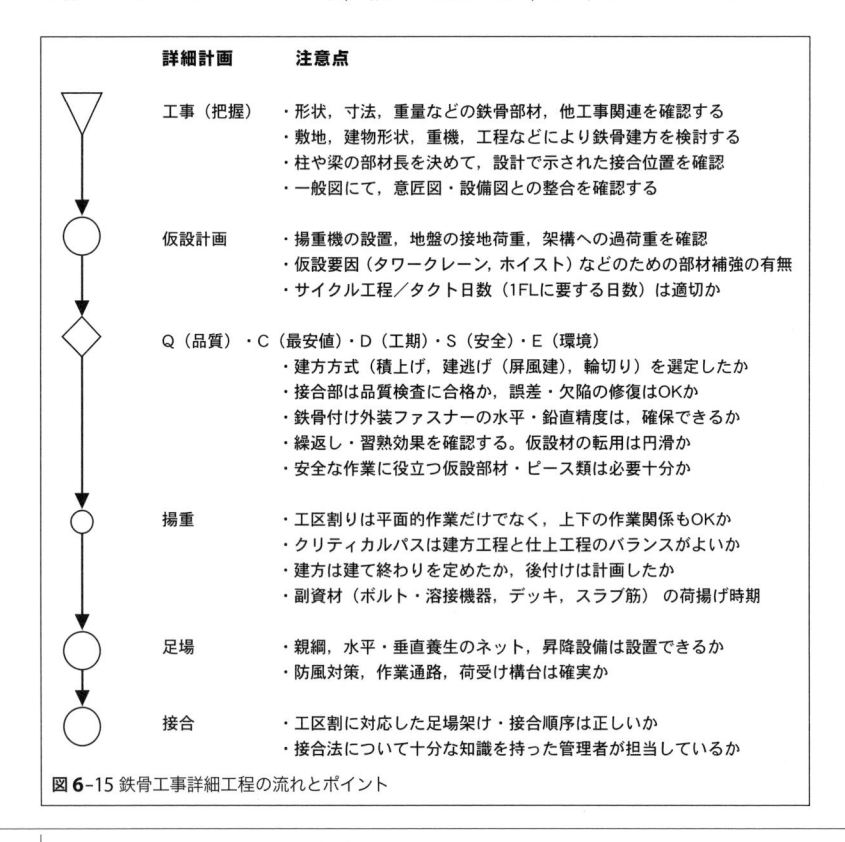

詳細計画	注意点
工事（把握）	・形状，寸法，重量などの鉄骨部材，他工事関連を確認する ・敷地，建物形状，重機，工程などにより鉄骨建方を検討する ・柱や梁の部材長を決めて，設計で示された接合位置を確認 ・一般図にて，意匠図・設備図との整合を確認する
仮設計画	・揚重機の設置，地盤の接地荷重，架構への過荷重を確認 ・仮設要因（タワークレーン，ホイスト）などのための部材補強の有無 ・サイクル工程／タクト日数（1FLに要する日数）は適切か
Q（品質）・C（最安値）・D（工期）・S（安全）・E（環境）	・建方方式（積上げ，建逃げ（屏風建），輪切り）を選定したか ・接合部は品質検査に合格か，誤差・欠陥の修復はOKか ・鉄骨付け外装ファスナーの水平・鉛直精度は，確保できるか ・繰返し・習熟効果を確認する。仮設材の転用は円滑か ・安全な作業に役立つ仮設部材・ピース類は必要十分か
揚重	・工区割りは平面的作業だけでなく，上下の作業関係もOKか ・クリティカルパスは建方工程と仕上工程のバランスがよいか ・建方は建て終わりを定めたか，後付けは計画したか ・副資材（ボルト・溶接機器，デッキ，スラブ筋）の荷揚げ時期
足場	・親綱，水平・垂直養生のネット，昇降設備は設置できるか ・防風対策，作業通路，荷受け構台は確実か
接合	・工区割に対応した足場架け・接合順序は正しいか ・接合法について十分な知識を持った管理者が担当しているか

図6-15 鉄骨工事詳細工程の流れとポイント

事に採用されることが多い。後述する大空間建築の建方工法のトラベリング工法や移動式ベント工法も輪切り建方式の例である。建方に使用する重機は，関連する工事（鉄筋コンクリート工事，内・外装工事，屋上仕上工事など）との関連を十分把握して計画する。建方工事では，構造体の軸を確実に形成し，変形の制限を守り，設計で想定している部材や仕口・接合部での力学特性が確保されるように，骨組架構を構築することが重要である。

昨今の事務所ビルは，よりフレキシブルな無柱空間が求められ，執務スペースは大スパン化の傾向にある。このため，❶梁端部をプレキャスト鉄骨鉄筋コンクリート造として，水平荷重時の剛性を高める，❷梁にむくりをつけて，中央たわみを抑制する，❸床歩行振動を制御する制振装置を設置する，❹メガストラクチャーとして，地震時の架構の剛性・変形を意図的にコントロールする，などの対策を施している。

工事内容の把握

まず，鉄骨工事の範囲数量など，以下のような基本的な情報を把握する。
❶ 設計図により鉄骨の範囲，数量（重量，ピース数など）
❷ 鉄骨の長さ，現場接合位置・溶接継手の種類，断面形状など

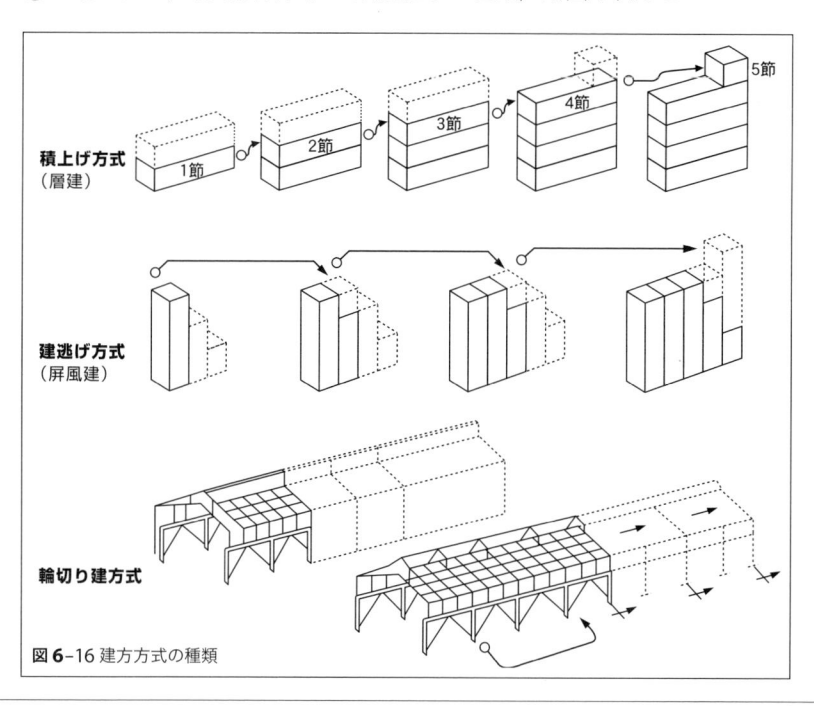

図6-16 建方方式の種類

❸ 開口補強用鉄骨，屋上工作物用鉄骨および庇鉄骨の有無
❹ 鉄骨建方方法，手順および建方重機の種類，台数，据付位置

　次に，他工事との関連を確認し，仮設工事にかかわる項目を検討する。他工事および仮設を考慮して，鉄骨部材に取り付けておく製作物，あるいは鉄骨を加工しておくべき項目を，**表6**-5 に示す。**図6**-17 には，事務所ビル鉄骨工事のチェックポイントを示す。

　安全設備としては，主として物の飛来落下および人の墜落防止用に親綱，水平養生，垂直養生，手摺などを設ける。仮設備には，足場，構台，昇降機などがある。足場には，全面足場，梁ジョイント部の足場，柱回り足場があり，各々の部材の接合作業などに使用する。足場は，柱・梁部材などにあらかじめ取付け（地組）しておき，部材とともに吊上げ，所定の位置に設置することも多い。**図6**-18 に鉄骨事務所ビル仮設金物の例を示す。

他工事関連	仮設工事関連
・胴縁，母屋 ・エレベータファスナ ・鉄筋貫通穴，カンザシ ・設備スリーブ梁貫通孔 ・シャッターなどの下地金物 ・PC，CW 用ファスナーおよび補強 ・デッキ受	・柱・梁吊ピース，建起こしピース，エレクションピース ・建入れ直し用ピース ・セパレータ貫通孔 ・仮設柱，梁 ・柱昇降設備用ピース ・かご足場，吊足場用ピース ・親綱，ネット用ピース ・クレーン等水平つなぎ，外部足場用ブラケット ・タワークレーン用等梁補強，荷受け構台補強

表6-5 鉄骨工事と関連する他工事および仮設工事に役立てる製作物

1．総則 　1－1 適用範囲 　1－2 適用図書 　1－3 変更及び追加 2．工事概要 3．鉄骨工事概要 　3－1 設計仕様・数量 　3－2 工区・節 　3－3 建方工法 　3－4 現場施工方針 4．組織 5．工程 　5－1 全体工事工程 　5－2 基準階サイクル工程 6．材料 7．施工手順 8．柱脚部の施工 　8－1 アンカーボルトの据付け 　8－2 ベース下モルタル 9．搬入	10．建方 　10－1 一般事項 　10－2 荷卸し 　10－3 吊り上げ 　10－4 仮ボルト 　10－5 建入れ直し 11．高力ボルト接合 　11－1 受入検査 　11－2 高力ボルトの保管 　11－3 締付け準備 　11－4 本締め 　11－5 締付け検査 12．現場溶接 　12－1 溶接方法 　12－2 溶接工 　12－3 溶接設備 　12－4 溶接施工 　12－5 検査 　12－6 溶接の補正 　12－7 開先不良に対する補正	13．品質管理 　13－1 監理者へ提出する書類 　13－2 品質管理 14．安全管理 　14－1 作業一般 　14－2 鉄骨工事の安全管理 15．環境保全 ＜添付資料＞ 1．部材リスト 2．鉄骨建方計画図 　(1) 鉄骨建方計画図 　(2) 建方ブロック計画図 3．吊治具強度計算書 4．各施工要領書 　(1) デッキプレート施工要領書 　(2) スタッド溶接施工要領書 　(3) アンカー施工要領書 　(4) 現場溶接部検査要領書

表6-6 鉄骨工事施工計画書目次の例

建方方法の決定

建方方法の決定にあたっては鉄骨材料，重機の搬入および建方作業における事故防止や近隣とのトラブル防止を考慮して計画する。特に，上空障害物，地盤，道路状況および近隣の状況は重要である。電線，マイクロウェーブ，航空障害，隣家の庇など障害の有無を調べ，支障とならない工法，重機を選択しなければならない。移動式クレーンなどを使用するときは，地盤を調査し，状況により重機の転倒防止対策を施す。運搬経路の道路幅員，高さ制限，大型車輌規制などを調べ，柱・梁の接合位置および重機選定に

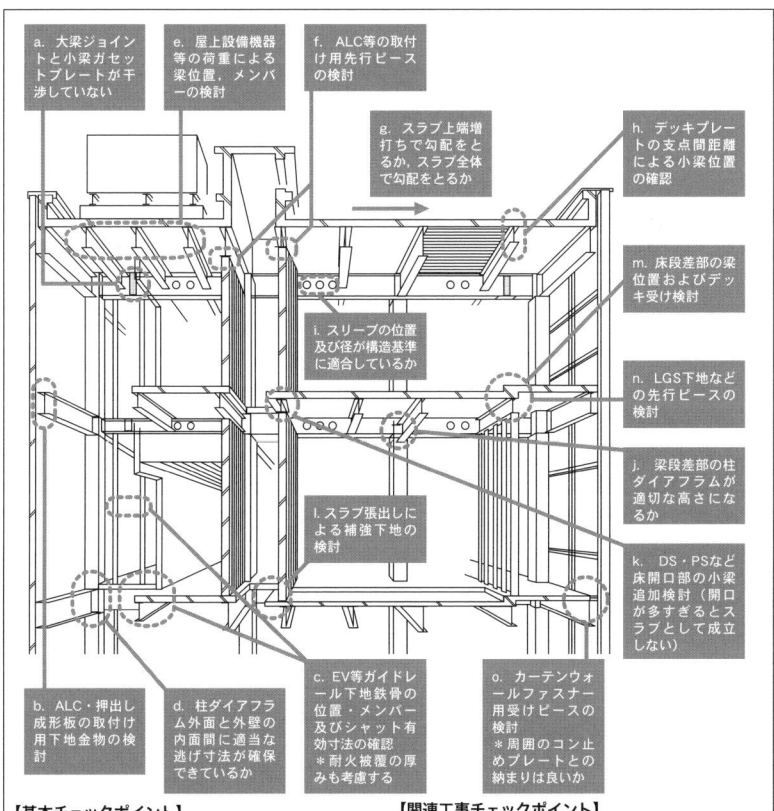

- a. 大梁ジョイントと小梁ガセットプレートが干渉していない
- b. ALC・押出し成形板の取付け用下地金物の検討
- c. EV等ガイドレール下地鉄骨の位置・メンバー及びシャット有効寸法の確認
  ＊耐火被覆の厚みも考慮する
- d. 柱ダイアフラム外面と外壁の内面間に適当な逃げ寸法が確保できているか
- e. 屋上設備機器等の荷重による梁位置，メンバーの検討
- f. ALC等の取付け用先行ピースの検討
- g. スラブ上端増打ちで勾配をとるか，スラブ全体で勾配をとるか
- h. デッキプレートの支点間距離による小梁位置の確認
- i. スリーブの位置及び径が構造基準に適合しているか
- j. 梁段差部の柱ダイアフラムが適切な高さになるか
- k. DS・PSなど床開口部の小梁追加検討（開口が多すぎるとスラブとして成立しない）
- l. スラブ張出しによる補強下地の検討
- m. 床段差部の梁位置およびデッキ受け検討
- n. LGS下地などの先行ピースの検討
- o. カーテンウォールファスナー用受けピースの検討
  ＊周囲のコン止めプレートとの納まりは良いか

【基本チェックポイント】
- 構造図を照合し，鉄骨工作図（一般図という）とその符号などのほかに，鉄骨自体の材質を確認する
- 柱や梁部材の長さを決めて，設計で示された接合位置を確認する
- 一般図で意匠図・設備図との整合を確認する。不一致がないようにする
- 床レベルを確認する。細かい段差は低い方のレベルで統一する

【関連工事チェックポイント】
- 仮設要因（タワークレーン，ジブクレーン）などの補強で，現設計以上の荷重が作用しないように部材断面を増加させたり，仮設支保工取付部に新たな接合継手を設けたりする
- 階段室の踊り場などの中間部の納まりや室内の耐火被覆の有無を確認する
- シャッター工事との工事区分を確認し，シャッター下地および防火区画の形成方法を検討する

図 6-17 鉄骨工事におけるチェックポイント

反映させる。作業時間制限がある場合は，工程計画に反映させる。**表6**-6に，鉄骨工事施工計画書の目次例を示す。

　鉄骨の工場から現場への運搬は，現場の環境要因に左右されることが大きい。例えば，一方通行，スクールゾーン，駐車制限，待機場所，入場時間制限，信号変更，作業時間制限（日曜日，土曜日の搬入時間制限，近隣

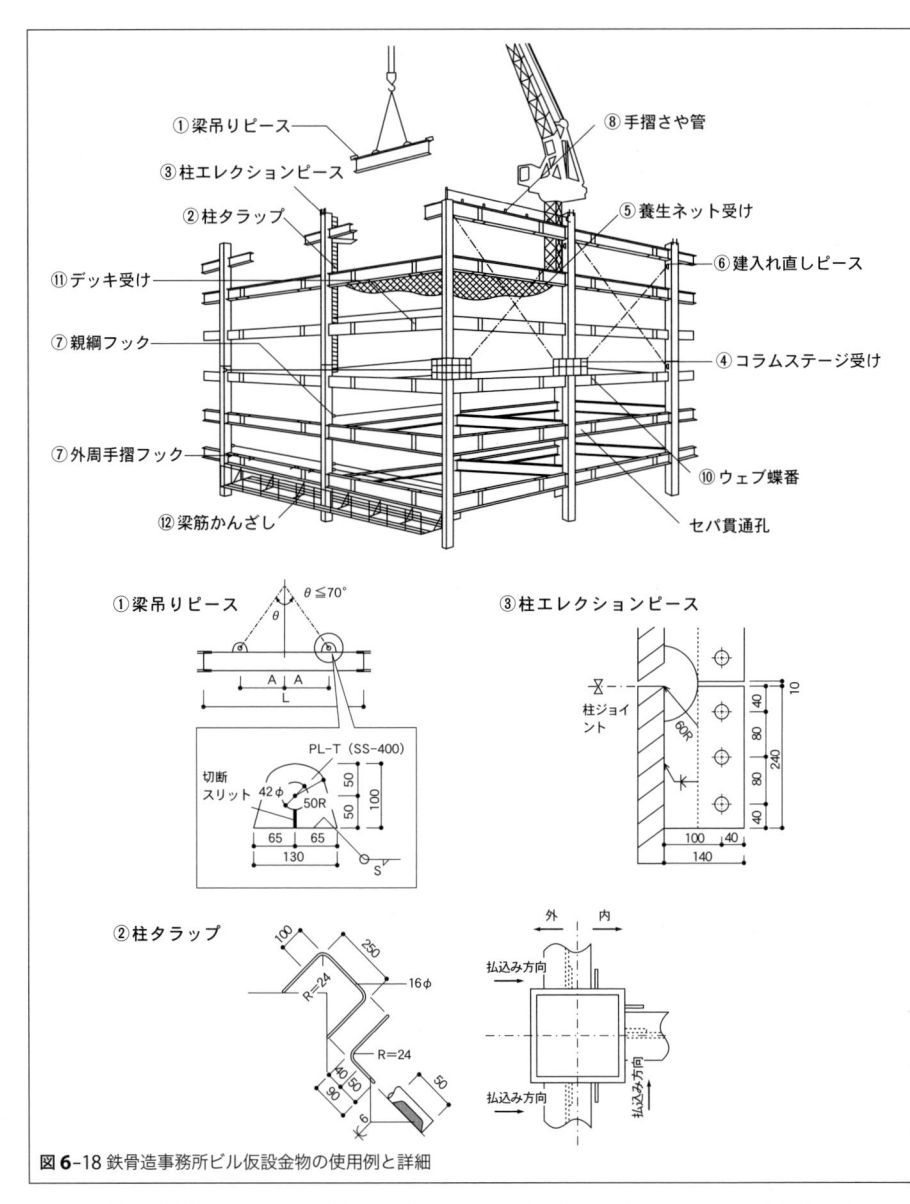

図6-18 鉄骨造事務所ビル仮設金物の使用例と詳細

協定）などである。また，鉄骨部材は長さ 12m 以内，ブラケットの出寸法は 1.5m 以内とすることが望ましい。運搬は原則として，出発地点の道路管理者（警察署）に申請し，許可を得て行う。**図6**-19 に，鉄骨部材の荷姿と部材長さを示す。

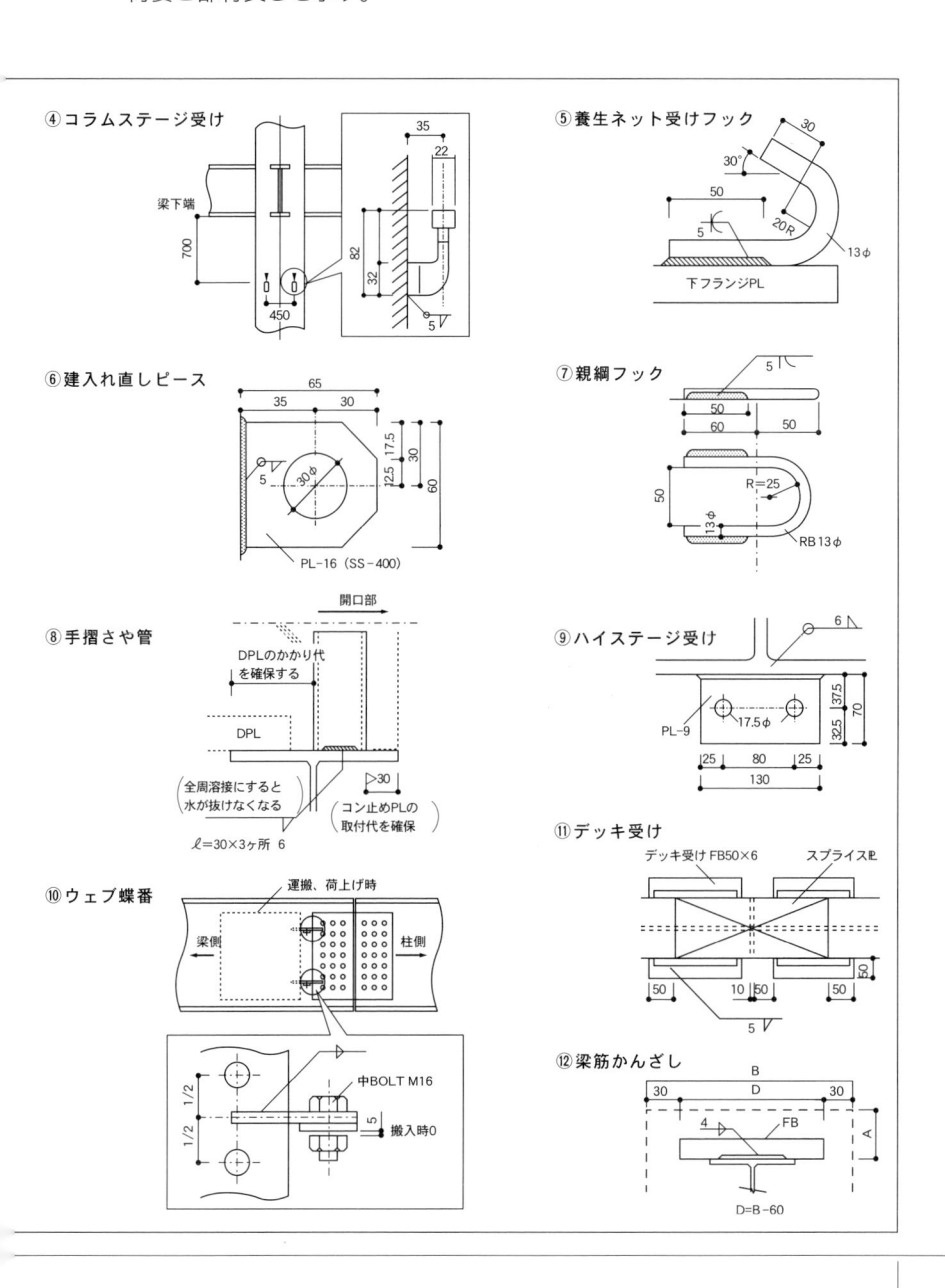

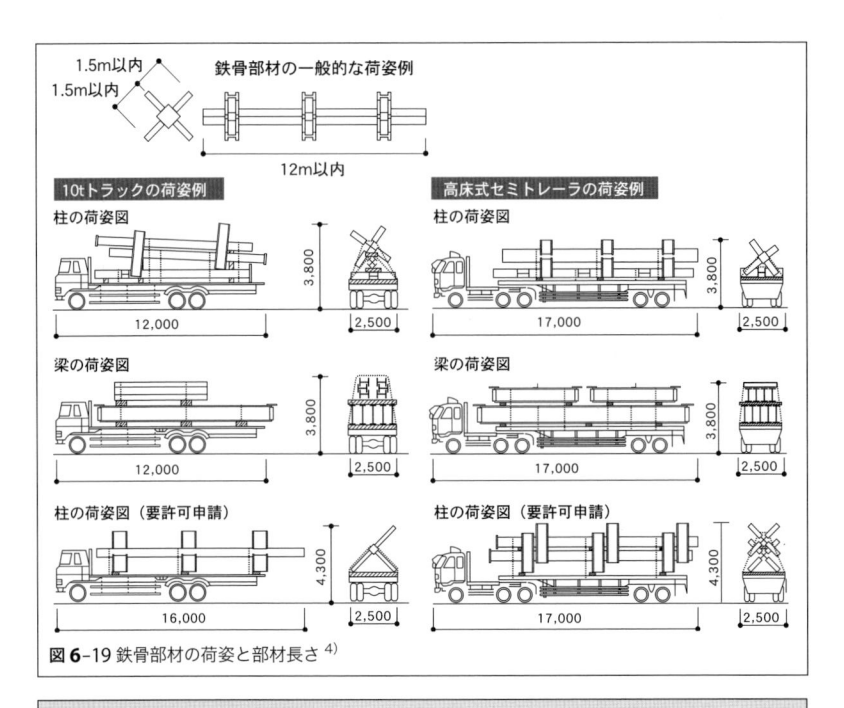

図6-19 鉄骨部材の荷姿と部材長さ[4]

Column 30
兵庫県南部地震の教訓

　兵庫県南部地震で被害を受けた鉄骨構造建築物について分析をすると，不良施工による中小規模の建築物，新耐震設計法以前の建築物，座屈現象によるもの，溶接部や極厚部材の脆性破断などの被害があることがわかります。

　日本建築学会の被害調査報告書は，被害を受けた鉄骨造建築物988件の被害レベルは，大破・倒壊43％，中破27％，小破30％と報告しています。また，構造形式ではラーメン構造44％，ブレース付きラーメン構造17％，その他不明39％でした。これらの被害から得られる教訓として，柱・梁接合部の仕口の改善，既存の鉄骨造建築物の耐震補強および不良鉄骨の防止が挙げられます。さらに鋼材については，溶接性に優れたSN鋼への移行，冷間成形角形鋼管の適切な設計・施工方法の普及，溶接部の品質管理を徹底することが必要です。

　当時は，軽量鉄骨を使用した軽微な小規模の建築物は別として，重量鉄骨を使用した建築物は，地震被害とはまったく無縁の存在であるという考え方が建築界に広く浸透していました。構造技術者や工事担当者が適切な設計・施工を常に果たしているから安全であると信じ込まれていたのです。兵庫県南部地震による建築物の被害は，この考え方を根本から打ち砕き，惨めな現象を市民の目の前にさらけ出しました。この惨禍を教訓として，鉄骨工事のあり方を見直し，根本から再構築する努力がなされています。

行政への届出内容

鉄骨工事に関する官公庁への届出を，**表6-7**に示す。届出は自治体によって不要であったり，下記以外にも届出が必要な事項もある。また，施工会社の審査のための期間を必要とし，早期に提出しなければならない書類もある。

鉄骨工事では，資格を持つ者が施工し，建築主事または，指定確認検査機関による中間検査で，品質管理状態および施工品質（溶接部の性能・品質）などが確認されなければならない。

届出書類	提出先	期限	届出内容
建築基準法（12条3項）に基づく報告書	建築主事または指定確認検査機関	工事前	確認通知書受領時に指示のあるもの ・鉄骨工事施工計画報告書 ・鋼材の材料試験成績表 ・高力ボルト摩擦接合工事の施工計画 ・溶接工事施工計画　など ※1階の鉄骨建方完了後，建築主事などによる中間検査がある
建設機械等・設置・移転・変更届	労働基準監督署長	工事30日前	・吊り足場，はり出し足場で設置期間が60日以上のもの ・架設通路で高さおよび長さがそれぞれ10m以上で設置期間が60日以上のもの
クレーン設置届	労働基準監督署長	工事30日前	・吊り上げ荷重3t以上のクレーンを設置する場合
クレーン設置報告書	労働基準監督署長	あらかじめ（1週間前程度）	・吊り上げ荷重3t未満のクレーンを設置する場合
建設工事計画届（鉄骨建方計画書）	労働基準監督署長	工事開始14日前	・高さが31mを越える建築物又は工作物の建設する場合
道路使用許可申請書	所轄警察署	10日前	・道路上にトラックを駐車して鉄骨などを荷降しするなど，道路を一時的に使用する場合
航空障害標識の設置届出書	航空局	工事前	・地表または水面から60m以上の高さの物件に（鉄骨・クレーンブームなど）航空障害灯および航空障害標識を設置する場合

表6-7　行政への届出内容の例

> ## Column 31
> ### 「むくり」とは
> 　水平あるいは斜材が，上方に凸に変形している状態を「起（むく）り」といいます。反対に，下方に凸に変形している状態を「反（そ）り」といいます。建物の水平部材である梁や床などを施工する際，施工時やその後の上載荷重などによって部材に「反り（たわみ）」が生じないように，あらかじめ型枠や部材に上方に凸に変形させておくことがあります。このようなとき「むくりをとる」「むくりをつける」などといいます。また，このような手法を「上げ越し」といいます。

工事施工における工事の流れ

　ここでは，アンカーボルト→鉄骨部材の輸送および搬入→柱の建方→梁の建方→足場の組立て・解体→建入れ直し→高力ボルトの締付け→現場継手の溶接の一連の流れについて，注意点を列挙する。

1）アンカーボルト

　柱脚の定着機能を満足させるため，据付け位置の精度確保，ベース下モルタルの充塡，ナットの締付けなど管理すべき要点は多い。しかもその作業の良否は，その後の建方精度を大きく左右する。柱ごとの通り芯，鉄骨ベース小口へのマーキング，ボルトの定着長さとねじ部の納まり，ナット締め後に残るねじの余長，梁配筋とボルトの干渉などのボルトの固定方法について十分に考慮する。

2）鉄骨部材の輸送および搬入

　施工現場と製作工場の密接な連携を保ち，製品の養生・集積，運搬車の手配・誘導，部材の荷姿，待機場所の指定，特殊車両の運行時間帯について，十分な打合せを行わなければならない。

3）柱の建方

　部材の建方工程の基本となる作業であり，柱越し時の吊上げ方および使用する治具，やわら（ワイヤが直接擦れることを防ぐ当てカバー），先付けの仮設部材，接合部の取付方，介錯ロープは，建方作業の能率および建方精度を大きく左右する。図 **6**-20 にコラムステージ（作業用足場）などを取り付けた柱部材の建方準備の例を示す。また，接合部のクリアランスや部材の製作精度（特に，柱の全長，ねじれなど）に十分な管理が必要である。

4）梁の建方

　鉄骨架構を形づくる作業であり，柱に比べ数量も多い。大梁・小梁・ブレー

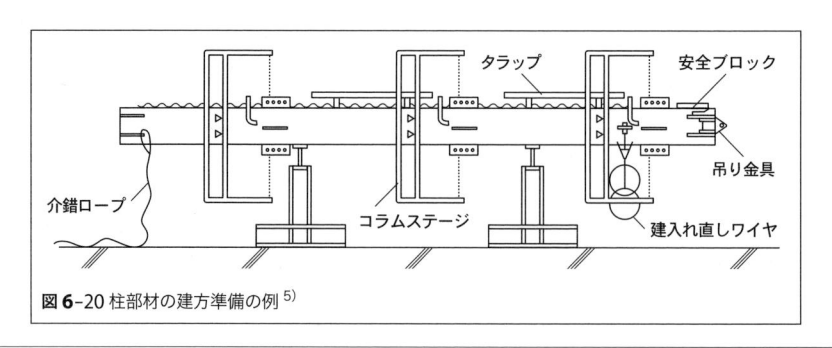

図 **6**-20 柱部材の建方準備の例[5]

Column 32

柱脚って何？

　このコラムでは，柱の足元"柱脚"を考えるうえでのポイントを紹介します。

　アンカーボルトには，構造用と建方用の2通りがあります。柱芯に対するずれの許容値が違います。構造用アンカーボルトの埋込み長さは，構造性能の引抜き耐力によって決定しますが，長い場合にはアンカーフレームタイプ，短い場合にはさや管埋込みタイプを採用します。

　建方用アンカーボルトは，構造用のものよりも引抜き耐力が大きく要求されないので，簡易なものでもよい場合が多いのですが，柱の自立検討の際，施工不良や強度不足にならないような配慮が必要です。

　ベースモルタルの大きさは，鉄骨重量やコンクリートの種類・積算温度・材齢による圧縮強度によって決定します。

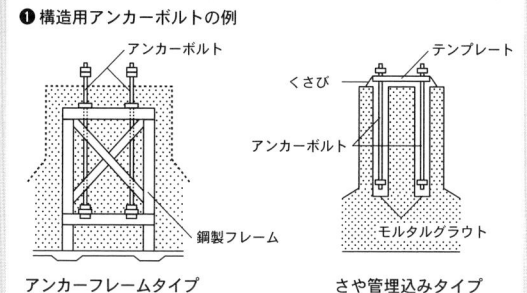

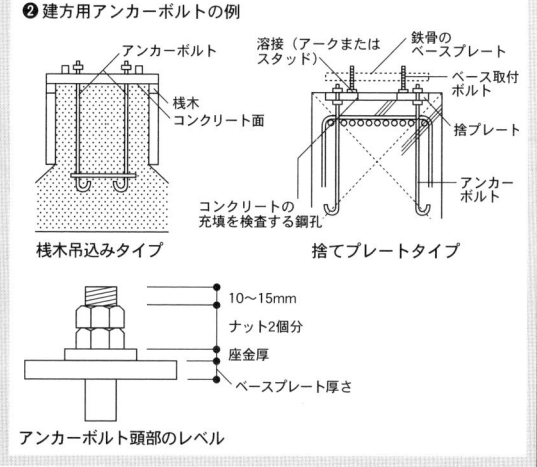

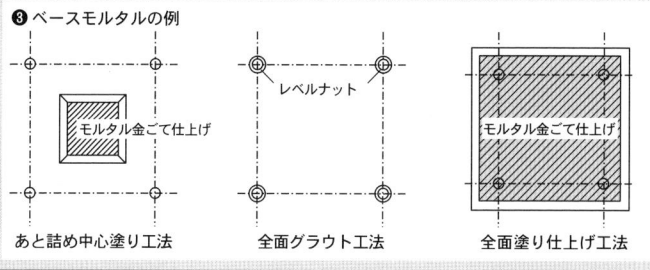

❶ 構造用アンカーボルトの例

アンカーフレームタイプ　　さや管埋込みタイプ

❷ 建方用アンカーボルトの例

桟木吊込みタイプ　　捨てプレートタイプ

アンカーボルト頭部のレベル（10〜15mm／ナット2個分／座金厚／ベースプレート厚さ）

❸ ベースモルタルの例

あと詰め中心塗り工法　　全面グラウト工法　　全面塗り仕上げ工法

スなどの継手は種類も多く，繰返し作業となるため，吊上げ時の工夫（複合吊り，吊上げ間隔，ブレースなどの同時吊り），接合部の工夫（梁の払込み方向，スプライスプレートの仮締付けの仕方，仮設ボルトの本数・位置，ボルト袋）は，事前に十分検討しておかなければならない。**図**6-21 に，梁部材の建方準備の例を示す。

5）足場の組立て・解体

建方工程にかかわる足場の組立て・解体は，とび作業の典型であり，作業の標準化を図る。簡素で有用な足場を確保するため，足場上での各種作業（建入れ直し，ボルト締め，溶接，超音波探傷検査，配筋，型枠）に適したものとする。足場は労働安全衛生規則に則り，正しく計画・管理しなければならない。また，解体・盛替え用資材の搬入・移設の計画も重要である。**図**6-22 に，ビル鉄骨用ユニット足場の例を示す。

6）建入れ直し，レベル調整

建入れ直し，レベル調整は鉄骨の精度確保のために行う。詳細は後述する。

7）高力ボルトの締付け

鉄骨を接合する代表的な工法である。218 頁の「部材の高力ボルト接合」

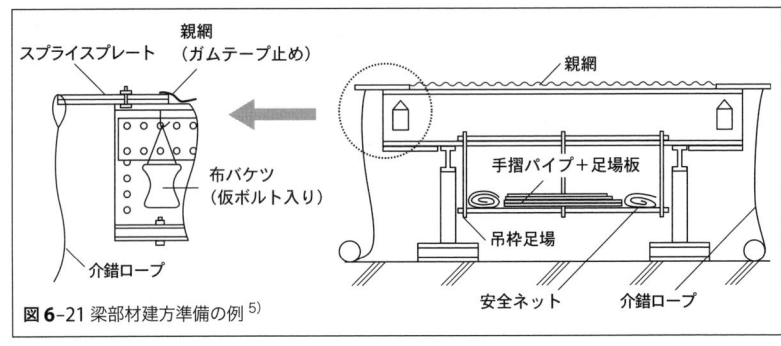

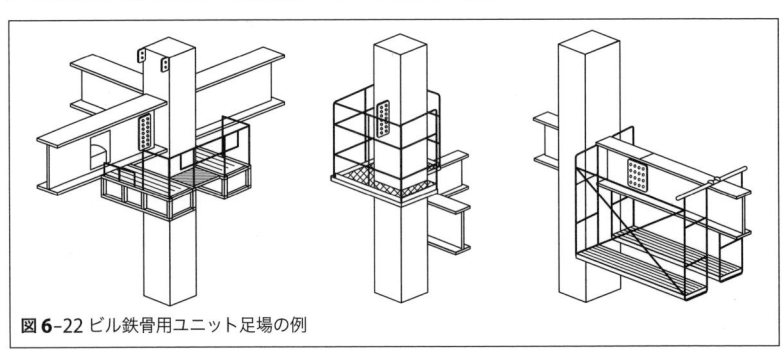

図6-21 梁部材建方準備の例[5]

図6-22 ビル鉄骨用ユニット足場の例

で説明したように，工場における締付けと同様の手順で締め付ける。この作業によって，半製品部分が構造体として永久的な性能を付与される。接合する部材（本体・スプライスプレート）と高力ボルトが満足な継手性能を確保するために，梱包・保管，接合・組立て，締付け，接合面など，各作業別に管理すべき項目は多い。特に，仕上げがある場合は，接合面へのペンキの汚れ，油の付着は厳禁である。

8）現場継手の溶接

施工現場において215頁の「部材の溶接接合」で述べたような工場溶接と同一の溶接条件，環境条件（温度，湿度，風速）を確保するためには，十分な知識と経験をもつ技術者による管理が必要である。溶接工の技量確認，電源の準備（電圧・電流の安定など），溶接機器・副資材・供給ガスの準備，工作・組立て，溶接作業，品質検査など，作業および技術管理上の要点が多い。特に，溶接作業の前・中・後の各工程において，管理を徹底する必要がある。図6-23に，風防設備の例を示す。

事務所ビル鉄骨の建入れ直し

建入れ直しとは，建方時の誤差（柱の倒れ，出入りなど）を調整し，建方精度と現場接合部の精度を確保するために行うもので，面積が広く，スパンの数が多い場合は，工区分けして建入れ直しを行う。建入れ直し後は，すみやかに本締めを行う。図6-24に建入れ直しの例を示し，以下にワイヤ使用の場合と建入れ直し専用の治具を用いる場合を比較する。

1）ワイヤ使用の場合

コラムステージが取り付く場合は，建入れ直しピースの位置を下げる。部材の剛性が小さい鉄骨では，部材が弾性変形しやすく修正されない場合もある。また，無理な建入れ直しは部材にねじれなどの二次変形を発生させ，危険な場合がある。

2）治具使用の場合

建入れ直しワイヤの代わりに，専用の治具をあらかじめ前節の

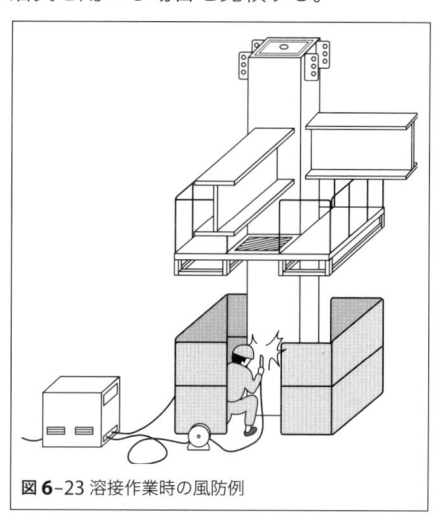

図6-23 溶接作業時の風防例

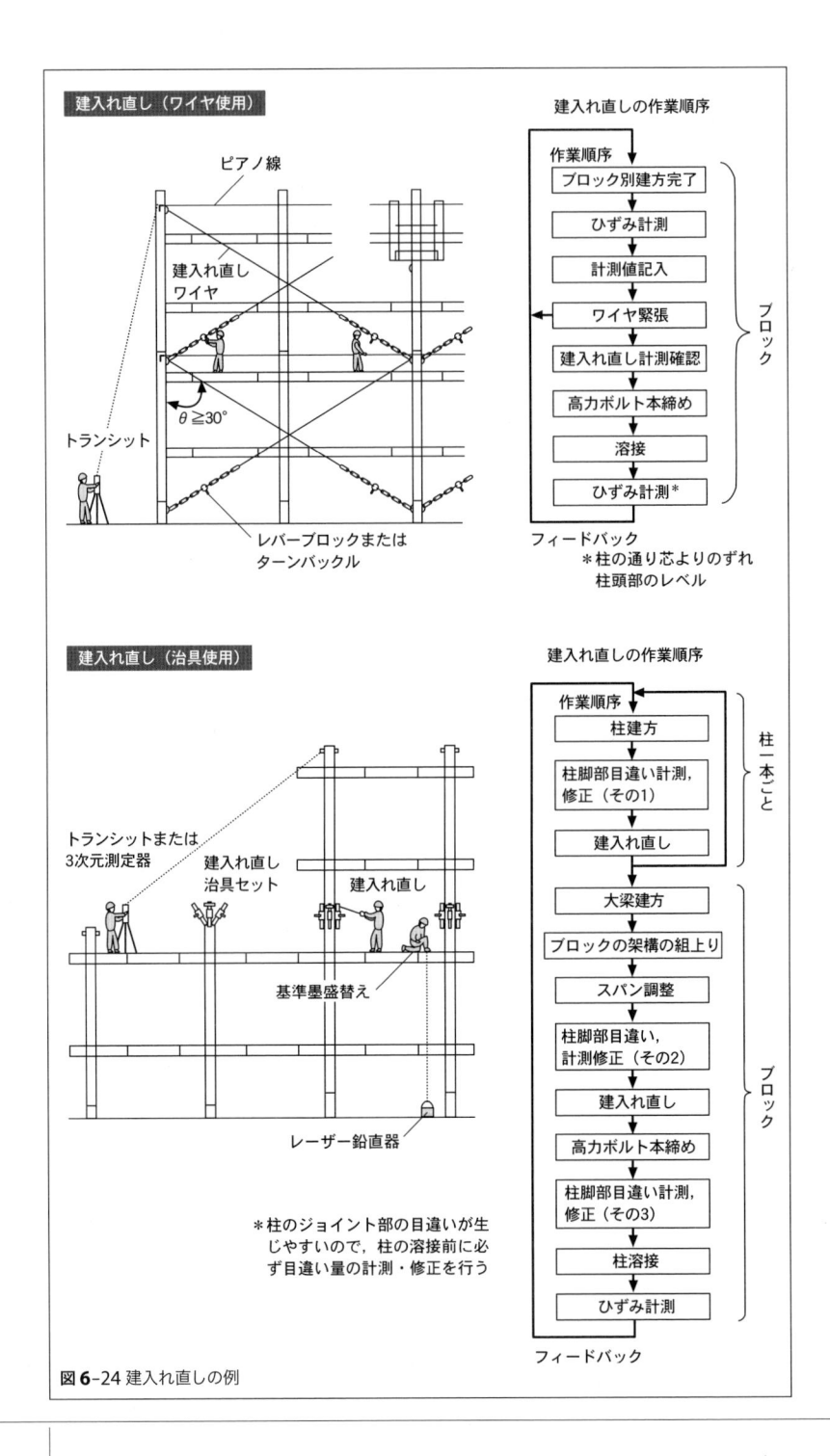

建入れ直し（ワイヤ使用）

- ピアノ線
- 建入れ直しワイヤ
- トランシット
- θ≧30°
- レバーブロックまたはターンバックル

建入れ直しの作業順序

作業順序
- ブロック別建方完了
- ひずみ計測
- 計測値記入
- ワイヤ緊張 ←
- 建入れ直し計測確認
- 高力ボルト本締め
- 溶接
- ひずみ計測*

｝ブロック

フィードバック
＊柱の通り芯よりのずれ
　柱頭部のレベル

建入れ直し（治具使用）

- トランシットまたは3次元測定器
- 建入れ直し治具セット
- 建入れ直し
- 基準墨盛替え
- レーザー鉛直器

＊柱のジョイント部の目違いが生じやすいので，柱の溶接前に必ず目違い量の計測・修正を行う

建入れ直しの作業順序

作業順序
- 柱建方
- 柱脚部目違い計測，修正（その1）
- 建入れ直し

｝柱一本ごと

- 大梁建方
- ブロックの架構の組上り
- スパン調整
- 柱脚部目違い，計測修正（その2）
- 建入れ直し
- 高力ボルト本締め
- 柱脚部目違い計測，修正（その3）
- 柱溶接
- ひずみ計測

｝ブロック

フィードバック

図6-24 建入れ直しの例

柱頭にセットしておき，柱の建方後，上下の柱を固定する。主に水平積上げ工法で使用する。屏風建には向かない。図6-25に，エレクションピース・自立設備・建入れ調整設備を兼用する治具の例を示す。

事務所ビル鉄骨のレベル調整

工事途中の鉛直荷重による各柱の弾性収縮量の差や，現場溶接の溶接収縮量など，製品誤差が累積すると現場でのレベル調整は難しくなる。事前にこれらの誤差を部材長に反映させておく。レベル調査階を設けて実測後，階高を調整する方法もある。表6-8に，1スパン当たりの収縮量見込みを示す。高層建物ほど正規なレベル，また，スパン数の多い空間ほど芯墨に対するずれが大きくなりやすい，次の節や次のスパンで修正しなければならない。また，高層ビルでは階高が高く，1節に層数が多いほど，各節柱頭の水平変位量は大きくなる傾向があるので，収縮量を見込む必要がある。

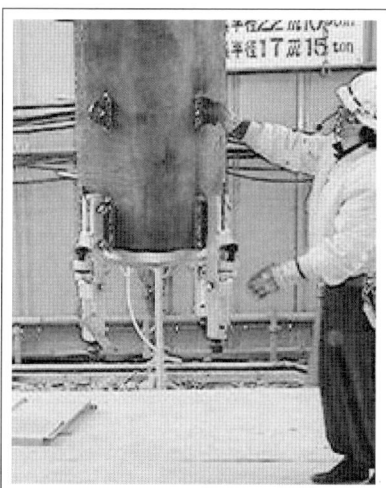

- 治具をかませ，ボルトを手締めするだけでクレーン解放ができ，建方能率が向上する
- 柱を立てた後，建入れワイヤなしに治具単独で建入れ調整を行うことができ，大梁の納まりも改善され，溶接ジョイント箇所が増える
- 採用に関しては，柱の自立検討を行い，治具の必要本数を決定する

図6-25 エレクションピース・自立設備・建入れ調整設備を兼用する治具例

階高	収縮量見込み
2,700mm（1節2層）	1.5mm程度
3,600mm（1節3層）	2〜3mm程度

表6-8 1スパン当たりの収縮量見込み[6]

事務所ビルの工程検討

　第1講「建設工事と現場運営」（22頁）で説明したように，コンクリート造建物は立上りを基本工程として工事を進めるが，鉄骨造の事務所ビルでは，208頁「共通事項 工事の流れ」で説明したように，柱1節（通常3階）を基本に工事を進める。超高層事務所ビルのように多数回にわたって1節の工程を繰り返し施工する場合，1節の工程を細分化して工程を管理する。この手法を，さまざまな楽器（工程・工種）の集まりのオーケストラとタクト（指揮棒）1本で指揮（管理）する指揮者になぞらえて，「タクト管理」という。また，1節の工程内の工程の細目を「タクト」という。表6-9に，タクト工程表の例を示す。

　事務所ビル工程を検討する場合，鉄骨建方サイクルと仕上工事サイクルの関係を検討する。建物の層数が多ければ多いほど，このバランスは重要であり，投入資源（吊上げ揚重機の台数，種類，荷揚げヤードなど）の制限内で，かつ工期を満足できる方法を検討しなければならない。

表6-9 フロアタクト日数の比較

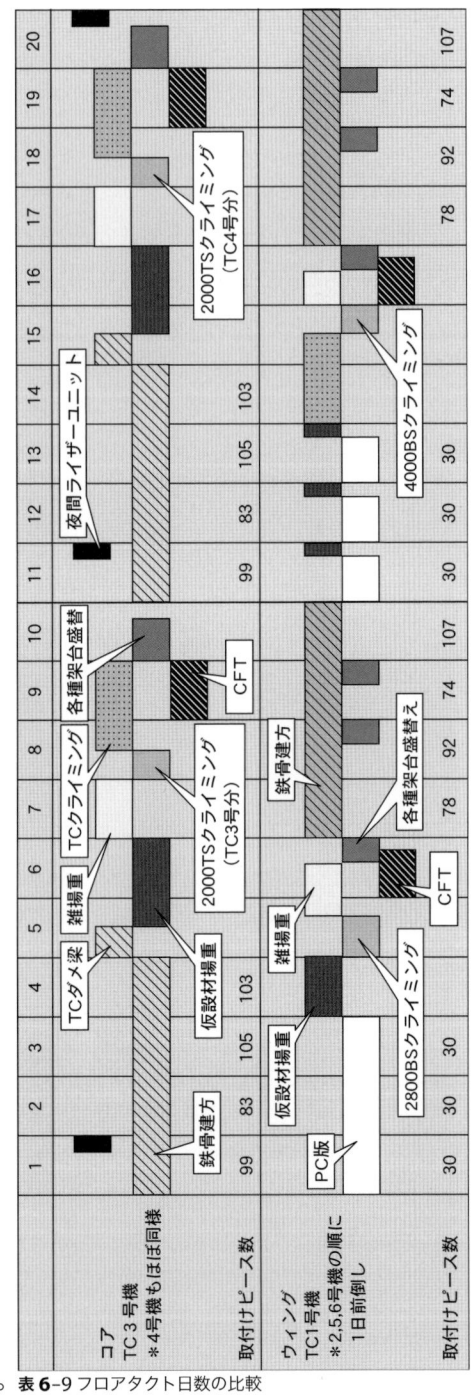

超高層事務所ビルの検討例および結果を，規模および工程（工事速度）の異なる3件で比較したものを，**表6**-10に示す。工程の検討には，以下の点が重要である。

❶ 鉄骨工事工程は，日程を規則正しく繰り返すようにタクトを定める。
❷ 工程を，5M＋1E（人(Man)・方法(Method)・測定(Measurement)・材料(Material)・機械(Machine)と環境(Environment)）で，バラ

		Aビル	Bビル	Cビル
施工の条件	地上階数（階）	54	48	37
	延床面積（m²）	380,105	219,211	159,681
	基準階面積（m²）	5,500	3,300	3,100
	建物高さ(m)	242	210	179
	外装種類	アルミカーテンウォール，PCaカーテンウォール	アルミカーテンウォール，PCaカーテンウォール	PCaカーテンウォール（単層，縦連窓）
	工期　全体	34.0	37.0	39.5
	地上	23.0	28.2	23.5
	延床面積/全体工期（m²/月）	11,180	5,920	4,040
	環境・その他	夜間作業可能，クレーン支配面積の縮小	外装専用揚重，(タワークレーンの解放)，外周PC床版による取合い，作業の短縮	逆打用の作業動線確保，揚重エリアの限定
検討内容	クレーン数（基）	6	3	2
	クレーン支配面積（m²/基）	917	1,100	1,550
	外装揚重	タワークレーン	ホイスト（中間階吊出し）	タワークレーン
	内装揚重	リフト6基	—	リフト3基
	工区区分	センターコア（1500-2工区）ウィング（900-4工区）	センターコア（900HP）ウィング（900-2工区）	南北分割
	タクト対象	建方, CFT, PC, ライザーユニット, 資材, クライミング	建方, PC, ライザーユニット, 資材, クライミング	建方, PC, ライザーユニット, 資材, クライミング
タクト工程	タクト工程（T日）	10=4+3+1.5+1.5	20.5=13.5+1+1+2+3	17.5=7.5+3.5+1.5+0.5+2+2.5
	代表タクトの節フロア数N（FL）	3	3	3
	フロアタクト(TFL)	3.3=10/3	6.8=20.5/3	5.8=17.5/3
	建方工事（t1）	4	14	8
	外装工事（t2）	3	1	4
	資材揚重（t3）	—		2
	設備工事（t4）	0	1	1
	クライミング（t5）	2	2	2
	その他（t6）	2	3	3
	クレーン1基当たりの延床面積（m²/基）	278=917/3.3	162=1,100/6.8	267=1,550/5.8

表6-10 フロアタクト日数の比較

ンスのとれたものにする。

❸ 基準階の施工量(荷揚回数，取付け枚数)，投入人工(とび工，溶接工，外装工)が平準化できるように工種を区分する。

工期を考慮すると，工事に投入するクレーンの数はA，B，C各ビルそれぞれ6，3，2基必要となる。1フロア（FL）分のタワークレーン1基当たりの作業床面積（AT）はA，B，C各ビル順に，900m^2/基FL，1,100m^2/基FL，1,550 m^2/基FLである。タクト工程は，A，C，Bビルの順に，フロアタクト（TFL）は3.3日/FL，5.8日/FL，6.8日/FLである。

これは地上階のボリュームの比率に一致する。全体工期，地上階工期ともに，ほぼ同一にするための必要設備である。

写真6-9 Aビルの鉄骨工事建方状況

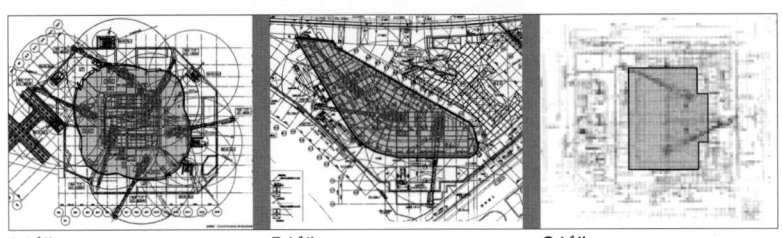

Aビル　　　　　　Bビル　　　　　　Cビル
図6-26 フロアタクト日数比較表の各棟

Column 33
梁溶接部の食違い

1995年兵庫県南部地震以後，鉄骨造建築の鉄骨における溶接接合部の安全性確保の観点から，2002年に旧建設省告示第1464号が制定されています。この告示は，次の点が新しくなっています。

❶ 鉄骨製品の精度に関して「柱と梁の仕口のダイアフラムとフランジのずれ」「突合せ継手の食違い」および「アンダーカット」の許容差が規定された。

❷ 仕口のずれ・食違いの検査方法，補強方法の例，計算による安全性の検討方法，適切な溶接施工方法および設計上の注意事項などが検討され，2003年に鉄骨製作管理技術者登録機構から食違いずれの検査・補強マニュアル作成委員会編集の「突合せ継手の食違い仕口のずれの検査・補強マニュアル」が発刊された。

❸ 下図は，震災後に定められた梁溶接部の食違いについて行政指導の例。取り合う梁せいとフランジ厚から相対差を求め，その食違い量を計算し，通しダイアフラムと梁フランジの合わせ位置を3mmダイアフラム板厚内の位置とする。なお，ダイアフラム板厚のサイズアップに対しては設計図書で示すことがある。

通しダイアフラム標準納まり図（案）
（建設省告示第1464号に適合なディテール）

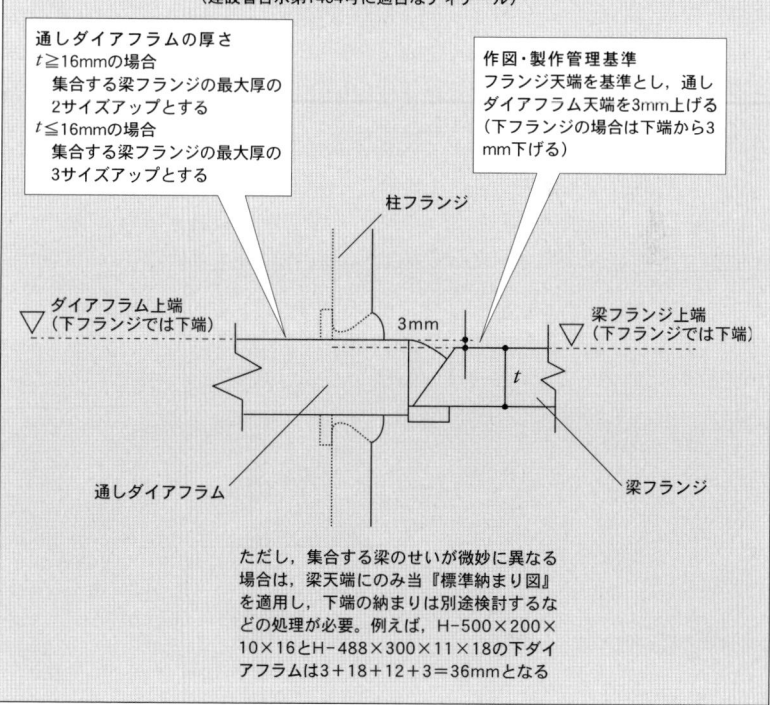

通しダイアフラムの厚さ
　$t \geq 16mm$の場合
　　集合する梁フランジの最大厚の2サイズアップとする
　$t \leq 16mm$の場合
　　集合する梁フランジの最大厚の3サイズアップとする

作図・製作管理基準
フランジ天端を基準とし，通しダイアフラム天端を3mm上げる（下フランジの場合は下端から3mm下げる）

▽ダイアフラム上端（下フランジでは下端）
柱フランジ
3mm
▽梁フランジ上端（下フランジでは下端）
t
通しダイアフラム
梁フランジ

ただし，集合する梁のせいが微妙に異なる場合は，梁天端にのみ当『標準納まり図』を適用し，下端の納まりは別途検討するなどの処理が必要。例えば，H-500×200×10×16とH-488×300×11×18の下ダイアフラムは3＋18＋12＋3＝36mmとなる

大空間建築

　高層ビルの施工に携わるものは，階が高くなるにつれて，目の前の景色が広がっていくときにつくる喜びを感じる。大空間建築は，施工ステップごとにダイナミックにさまざまに形を変えていく様子，鉄骨の建方が終わり，鉄骨を支えていた仮設材が撤去され，突如大空間が現れるとき，その喜びを実感する。自然界には存在し得ない大きな空間を構築する仕事，夢を形にする仕事に是非積極的に関わり，その喜びを感じていただきたい。

概説

　大空間構造は，体育館から屋根付き野球スタジアムやサッカー場規模のものまで，さまざまな規模の建築物が存在する。これらに共通しているのは，柱がない空間を大スパンの架構で構成していることである。大空間建築は，大空間を構成する大スパン架構と，それを支える下部構造で成立している（**写真6-10，6-11**）。大スパンの架構形式は，その平面形状や立面形状によって，さまざまな架構形式が採用される。**表6-11**に，代表的な屋根の形式と架構形式を示す。これらにケーブルなどのテンション材を合理的に組み合わせた架構形式（例えば張弦梁構造）を採用したり，屋根の一部もしくは全体を移動させる開閉式屋根構造などが採用される場合もある。大空間の架構はほとんどが重量に対する強度が高く，コスト的に有利な鉄骨造が採用される。また，空気膜構造（東京ドームなど）や，木造の大スパン架構も数例存在する。

　通常，ビルの鉄骨建方は前述のように，架構を揚重機で吊り込み，下から上へと組み立てていくが，大空間の架構は主に横方向に組み立てていく。また，重機で運べる部材のサイズ・重量の制約により，スパンの数箇所で仮設の支柱で一時的に架構を支えながら繋いでいく工法が採られることが

写真6-10 体育館

写真6-11 多目的アリーナ

多い。この鉄骨建方の際に，構造が不安定になる場合が多いので，安全な鉄骨建方を行うには設計，作業所，ファブリケーターおよび建方の担当者が，一体となって施工計画を進めていく必要がある。ここでは，大規模な空間構造を対象として，話を進めるが，小規模な体育館などの空間構造においても，共通する部分が多いので参考にしてほしい。

建方計画

1）屋根鉄骨建方工法

大空間の鉄骨の建方には，**図6**-27に示すように以下の6つの工法に大別できる。これらは，単独で行う場合もあるが組み合わせる場合もある。

❶ ベント工法

最も一般的に採用されている工法である。屋根架構を複数のブロックに

平面形	架構形式		架構の名称	用途	断面形
方形	1方向に梁を連続して架け渡す	トラス構造	梁	体育館 講堂 倉庫 格納庫	山形
			トラス		片流れ
			張弦梁		
	2方向に剛性を持ち周辺全体で屋根を支持	立体トラス構造	立体トラス（スペースフレーム構造）	体育館 講堂 大型格納庫	アーチ型
円形	ドーム形状架構	単層トラスドーム	単層トラスドーム	体育館	ドーム
		複層トラスドーム	複層トラスドーム	スタジアム	

表6-11 代表的な屋根の形状と架構形式

ベント工法　　リフトアップ工法　　プッシュアップ工法

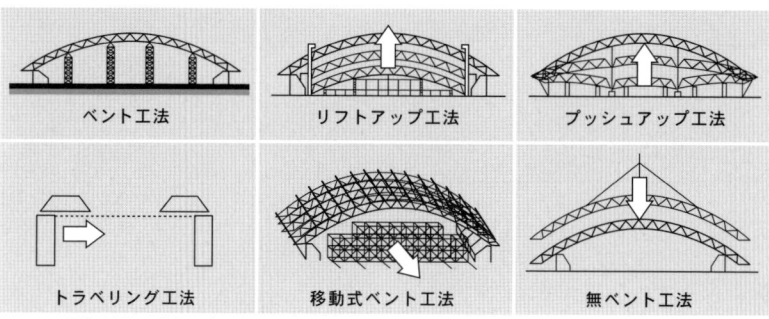

トラベリング工法　　移動式ベント工法　　無ベント工法

図6-27 屋根鉄骨の建方工法の種類

分割した状態で、支保工（ベント）と呼ばれる仮設の支柱に載せながら順次ブロック同士を接合・組立てを行い、屋根全体の形状を構築していく工法である。ベントは、支える荷重と高さによって、軽微なものからラチス構造の大型な物までさまざまなタイプがある。ベントの配置は、揚重機の能力とブロックサイズ・形状によって決定される。

例えば、「福岡ドーム」（建設時の名称）では**写真6-12**および**図6-28**、**図6-29**に示すような開閉屋根構造式であるため、3枚の屋根を重ねた状態（全開状態）をベントで

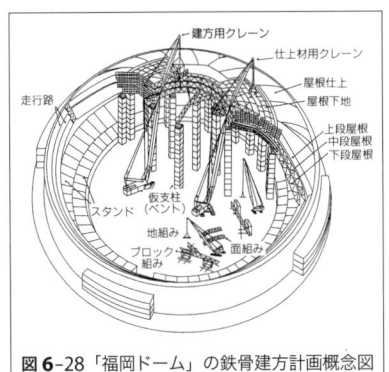

図6-28 「福岡ドーム」の鉄骨建方計画概念図

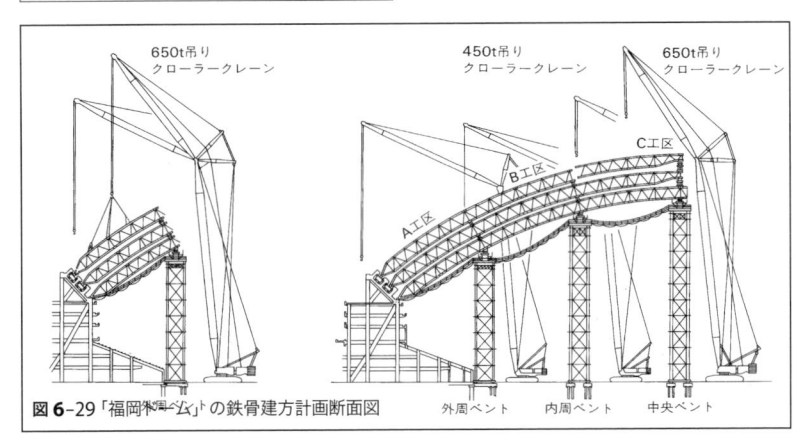

図6-29 「福岡ドーム」の鉄骨建方計画断面図

写真6-12 「福岡ドーム」の鉄骨建方状況（撮影：Techni Staff）

支えながら下方の屋根から建方を行った。

❷ リフトアップ工法

　この工法は，高所作業の低減を目的に考えられた工法で，屋根架構をそのまま下に落とした平面位置のグラウンドレベルで建方（地組）と仕上げを行い，**表6**-12に示す4つの方法のいずれかで，屋根架構を所定の高さまで引き上げる工法である。「大阪ドーム」では，**写真6**-13，**図6**-30に示すように，屋根架構の外周部を所定の位置で建方し，ここに取り付けた18台のジャッキで地組されたドーム中央部をリフトアップして外周部鉄骨と接続する工法が採られた。

写真6-13 「大阪ドーム」のジャッキアップ前

図6-30 「大阪ドーム」のジャッキアップ計画図

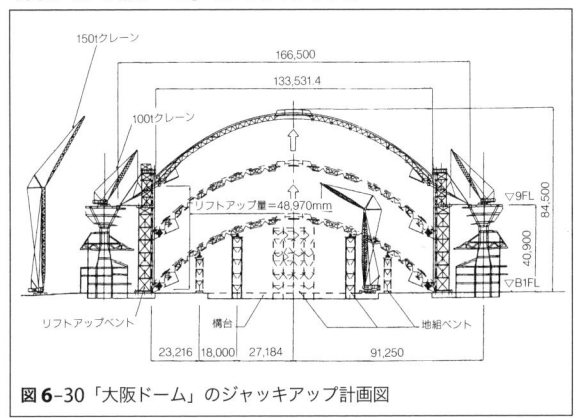

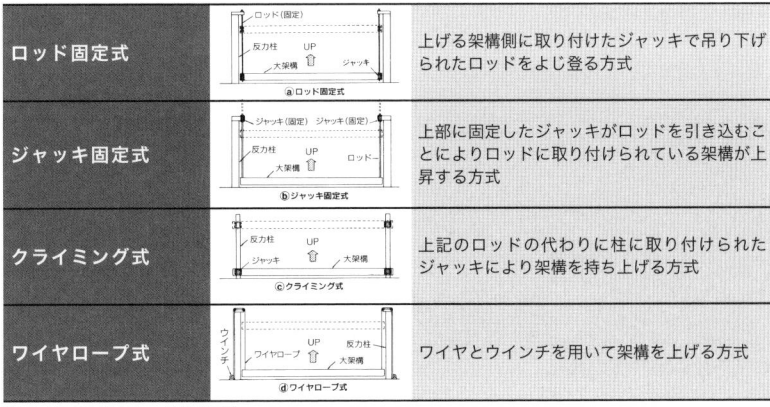

ロッド固定式	ⓐロッド固定式	上げる架構側に取り付けたジャッキで吊り下げられたロッドをよじ登る方式
ジャッキ固定式	ⓑジャッキ固定式	上部に固定したジャッキがロッドを引き込むことによりロッドに取り付けられている架構が上昇する方式
クライミング式	ⓒクライミング式	上記のロッドの代わりに柱に取り付けられたジャッキにより架構を持ち上げる方式
ワイヤロープ式	ⓓワイヤロープ式	ワイヤとウインチを用いて架構を上げる方式

表6-12 リフトアップ装置の例

第6講　鉄骨工事

❸ プッシュアップ工法

　プッシュアップ工法も，高所作業を低減することを目的として考えられた工法である。プッシュアップ工法では，より低い位置で地組された屋根架構を，特殊なジャッキで所定の位置に持ち上げる。大規模なものは，リフトアップの場合と違い，持ち上げた状態は非常に不安定になる。そこで考案されたのがパンタドーム工法（川口衛法政大学名誉教授の特許工法）である。外周部を下部構造などに接続したまま，架構の一部をヒンジ状態にして中央を押し上げることでドームを構成する工法である。**図6**-31に，パンタドーム工法により鉄骨建方が行われた「サンドーム福井」の建方手順概念図を示す。また，**写真6**-14に，プッシュアップの中間状態を示す。

図6-31「サンドーム福井」建方手順概念図

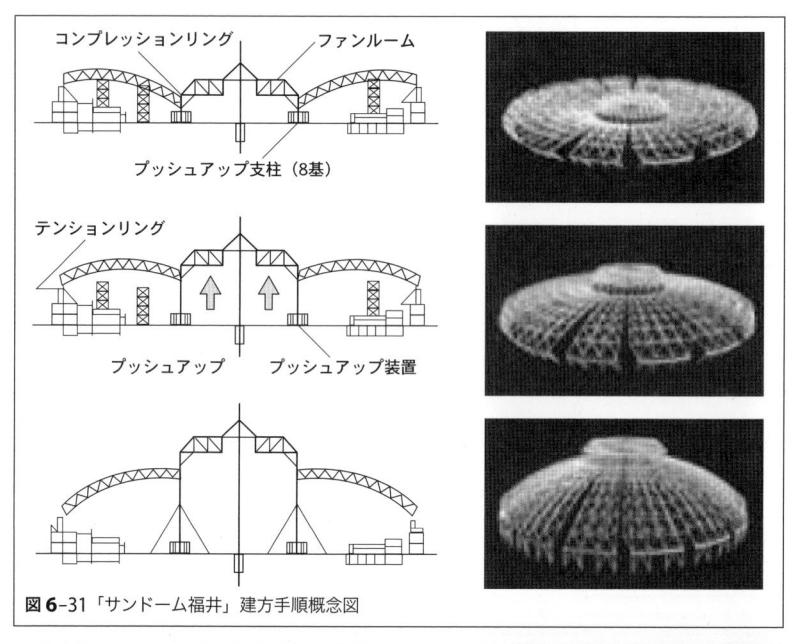

写真6-14 プッシュアップ工事
（揚程50％の状態）

写真6-15 プッシュアップ工事（内部のジャッキ）

写真 6-15 には，ドーム内部のプッシュアップ用の特殊なジャッキが見える。

❹ トラベリング工法

トラベリング工法は，同一架構が長手方向に連続するような形式で，ベントを内部に建てられないなどの制約がある場合に有効な工法である。リフトアップ工法やプッシュアップ工法が構造物を垂直移動させて形づくるのに対して，トラベリング工法は水平移動により形づくる。

この工法は，屋根の端の位置で架構をいくつかのブロックに分割して，1ブロックを1つずつ組み立て，横方向に移動させながら所定の場所に送り出し架設する工法である。構造的にはブロックが移動時においても自立しているか，もしくは多少の補強で自立する必要がある。トラベリング工法の動力としては，ジャッキが用いられるが，取付箇所やメカニズムはさまざまな方法が考案されている。図 6-32 は，下を列車が通る駅ビルをトラベリング工法で施工した例である。写真 6-16 は，コンベンションセンターのトラベリング工法の例である。

図 6-32 駅ビルのトラベリング工事概要

❺ 移動式ベント工法

移動式ベント工法は，トラベリング工法と同様に，同一架構が連続する形式の建物に適している。この場合は，ベント自体

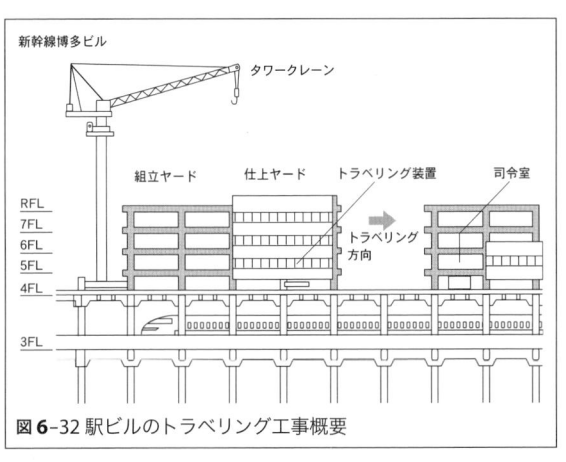

写真 6-16 コンベンションセンターのトラベリング工事

がレール上を移動することにより，順次建方を行っていく。トラベリング工法では，移動した架構を奥から手前に向けて構築していくのに対して，移動式ベント工法は手前から架構が形成される。特徴としては，仮設機材の低減と繰返し作業による標準化が図れる。また，場合によっては，建方後に，ベント形状を変更（低くする）することにより，天井工事用の移動式足場としても転用することができる。**写真 6**-17 に，アーチトラス骨組膜構造の屋内運動場の例，**写真 6**-18 に移動式ベントの足元を示す。

❻ 無支保工吊りこみ工法

比較的スパンが小さい場合には，トラスもしくは梁を地組して揚重機で一気に吊り込むことができる。吊り位置をよく検討して，吊込み時に部材に発生する応力・変形を計算する必要がある。

写真 6-19 は，学校の体育館の例で，吊込み時に安定させるため，2 本の梁を小梁で繋いだ状態で地組を行い，**写真 6**-20 に示すように一気に吊り上げて体育館の下部構造に載せて接合している。

これらの代表的な 6 つの建方工法の屋根構造形式との適用性を，**表 6**-13 に示す。また，参考のために日本を代表する大規模ドームの建方工法と諸元について**表 6**-14 に示す。

写真 6-17 アーチトラス骨組膜構造の屋内運動場の例

写真 6-18 移動式ベントの足元とレール

写真 6-19 地組状態

写真 6-20 吊込み状態

	ベント工法	リフトアップ工法	プッシュアップ工法	トラベリング工法	移動式ベント工法	無ベント工法
トラス構造	○			○	○	○
スペースフレーム構造	○		○			○
アーチ構造	○			○	○	○
単層ラチス構造	○	○				
複層ラチス構造	○	○	○			

表6-13 屋根の構造システムと建方工法の適用性

ドーム名称	東京ドーム	北九州メディアドーム	福岡ドーム	サンドーム福井	なみはやドーム
平面形状	211m	200m	222m	116m	110m / 126m
竣工年月	1988年3月	1998	1993年3月	1993年3月	1996年3月
構造	低ライズケーブル補強空気膜構造	鉄骨スペースフレーム	割球型鉄骨造ラメラトラス構造	鉄骨スペースフレーム構造	立体鉄骨トラス構造
採用工法	エアーアップ工法(インフレート)	ベント工法	ベント工法	パンタドーム構法によるプッシュアップ工法	パンタドーム構法によるプッシュアップ工法
設計	日建設計 竹中工務店	菊竹清訓建築設計事務所	竹中工務店 前田建設工業	岡崎甚幸・川口衛 福井県建築設計監理協会	大阪府建築部営繕室 昭和設計
施工	竹中工務店	不動・前田JV	竹中工務店他JV	熊谷組他JV	竹中工務店他JV

ドーム名称	大阪ドーム	ナゴヤドーム	パークドーム熊本	こまつドーム	大館樹海ドーム
平面形状	206m	230m	125m	148m / 162m	157m / 178m
竣工年月	1997年2月	1997年2月	1997年3月	1997年4月	1997年6月
構造	鉄骨造ラメラトラス構造	鉄骨造単層ラチス構造	ハイブリッド重空気膜構造	鉄骨骨組開閉膜構造	秋田杉大断面集成材アーチ構造
採用工法	リフトアップ工法	リフトアップ工法	リフトアップ工法	ベント工法	ベント斜梁工法
設計	日建設計	第一工房 フジタ	山下設計 大成建設	伊東豊雄建築設計事務所 竹中工務店
施工	大林組他VJ	竹中工務店他JV	フジタ	大成建設	竹中工務店

表6-14 日本を代表する大規模ドームの建方工法

第6講 鉄骨工事

2) 建方計画の留意点

大空間の鉄骨建方を計画する場合，特に施工者が留意する点として以下の3つが挙げられる。

❶ 設計で想定している所定の性能（剛性，形状および反力など）を把握する。
❷ 施工中においても常に構造体が安全であること。
❸ 目標とするコストおよび工期を厳守し，労務者の安全を確保する。

❶については，施工に取り掛かる準備段階で，設計コンセプトを施工者が理解することが必要である。計画の大きな方針決定には，設計者から設計主旨について説明を受け，施工者は**表6-15**に示した項目について設計者から確認する。

		チェック内容	検証事項
構造諸性能	形状	製作形状か設計形状か（完成形状は設計形状と異なる） 建方形状＝設計形状 完成形状	・勾配の緩い屋根は排水性の確認必要（設計より勾配が緩くなる） ・隣り合う架構でたわみが大きき違う場合（壁が取り付く妻面の架構と隣のスパンなど）積雪時などでの仕上材の追従性の確認
		製作形状か設計形状か 建方形状　完成形状＝設計形状	製作形状は完成時の自重による変形状を考慮して設定する必要がある（キャンバーなど）
	たわみ	各荷重状態でのたわみ量	上記に関連
	屋根反力	下部構造に与える鉛直力・スラスト（屋根が横方向に突張る力）	・下部構造の施工をどの状態まで行えば，屋根架構を受けきれるかの確認（下部躯体は完成していることが望ましいが） ・屋根鉄骨段階もしくは仕上状態まで，屋根架構の支承部（下部構造に載るところ）の片側を横方向に滑る（外に広がる）ことで，完成時のスラストを小さくする構造計画が成されている場合もある
	温度応力	温度応力（建方時期からの外気温の変化により屋根架構に発生する力）を考慮した設計を行っているか ＋α℃ －α℃	100mの長さの鉄骨は，10℃の温度差で12mm伸び縮みする。鉄骨の拘束力が大きければ部材に応力が発生するし，下部構造に大きな反力が発生する。設計で温度能力を考慮していない場合，予想外の補強が必要になる場合がある
部材の接合	接合方法	接合方法は図示されているか	溶接の施工性の検討
	接合位置	ジョイント位置は図示されているか	部材の輸送計画，揚重計画
施工法	建方	設計で想定されている建方工法があるか	建方工法は，工事費に大きな要因を占めるので，設計者が予め想定して図化している場合がある

表6-15 設計の把握項目と検証事項

❷については，構造設計は完成形の架構に対して安全なように，長期（自重）荷重や，風，地震および積雪などの外力に対して応力解析を行う。しかし，支保工上にいったん鉄骨を預けながら建方を行っていく状態では，架構形状が未完成な状態で境界条件（支持条件）も異なるため，荷重の伝達経路も完成形とは異なる。長期状態でも補強を施さないと自立できない場合もある。さらに地震や風などの外力が働く場合を想定した安全性の検証を行わなければならない。

例えば，単純に架けられたトラス梁において，トラスのスパンの中間をベントで支えた場合に，完成形状ではほとんど軸力が入らない中央部の斜材に，スパン中央で支えることによって，半スパン分の鉄骨自重のせん断力を負担するようになることがある（**図6**-33）。こういった場合は，応力計算を行い，斜材を断面性能を上げたものに変更したり，仮設の補強をするなどの対策が必要となる。

図6-33 建方時の軸力負担増の例

❸については，目標とするコストを定め，工期を満足する施工を行うために万全な計画が必要となる。特に安全については，多くの場合にかなりの高さの高所作業が発生するので，建方工法の選定の際には，選定基準の1つとして考慮する。

3）屋根鉄骨建方工法の選定

工法選定の際には，QCDSの各項目により比較検討を行い，最適な工法を選定する。**表6**-16に，リフトアップ工法と

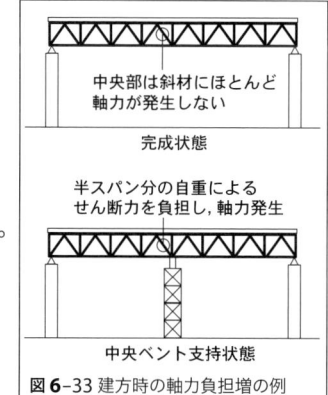

	内容	重要度	リフトアップ工事	ベント工法
Q：品質	建方精度の確保	3	△	◎
	架設時の変形	3	×	◎
	揚体時の変形	2	△	◎
C：コスト	建方揚重機	3	○	△
	ベント組立て重機	3	○	○
	ベント数，仕様	3	×	○
	地組設備	2	○	○
	架設構造補強	2	○	○
	揚重設備	3	△	◎
D：工程	ベント組立て	3	×	×
	屋根鉄骨地組	3	△	○
	搬送	2	×	○
	架設	3	×	○
	ダメ工事	3	×	△
	ベント解体	2	△	△
	ジャッキダウン工事	3	○	○
S：安全	高所作業	3	○	△
	上下作業	3	△	○
	重機作業	3	△	◎
	建方時の安全性	2	△	△
	合計点数		53	91
	判定		×	◎

凡例　◎…3点　○…2点　△…1点　×…0点

表6-16 屋根架構建方工法選定マトリックス

ベント工法を比較検討した例を示す。

4）施工時解析

　建方の各段階において，自重での安定性，地震，風などに対する架構の安定性を検討するために，施工時解析が必要となる場合が多い。一般のビル形式の構造では，スパンが小さく自重による変形の影響は少ないため，無視して取り扱われる場合が多い。しかし，大空間建築では，施工途中（ベント支持状態）でも大変形が生じ，力の流れも変化していく。施工の進捗で形（構造）が変化するために，数パターンの構造解析モデルを作成，構造計算を行う場合が多く，大変な労力が必要とされる。これらの解析は，設計者が行うのがベストであるが，施工者もしくは建方業者が実施をし，設計者の承認を受ける場合が多い。施工時解析では，ベント工法の場合では，以下の5点について検討を行う。

❶ 合理的なベントの配置の検証
❷ 施工中の架構の安全性検証（自重，地震，風などに対して応力・変形）
❸ ❶の解析結果によるベントなどの仮設資材の計算およびベント基礎の検討
❹ 形状管理（完成形状が設計形状の場合は特に必要）
❺ ジャッキダウン時のシミュレーション解析

施工概要

1）施工手順

　一般的なベント工法を採用したドームの施工手順を説明する。例として取り上げたこの建物は，長手方向200m，短手方向140mの楕円形状の大屋根を有する多目的施設で，屋根架構は外周部に境界トラスと呼ばれる屋根構造と下部構造を繋ぐための剛性の高いトラスで囲まれている。屋根面は，3mのせい（トラスの上弦材と下弦材の間隔）を持つ立体トラスで構成されている。**図6-34**に，建方のフロー図を示す。下部構造の建方が完了した後（**写真6-21**）に，

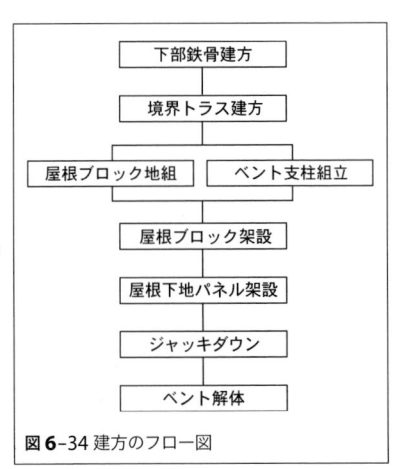

図6-34 建方のフロー図

下部鉄骨建方
↓
境界トラス建方
↓
屋根ブロック地組 ／ ベント支柱組立
↓
屋根ブロック架設
↓
屋根下地パネル架設
↓
ジャッキダウン
↓
ベント解体

屋根の外周を構成する境界トラスの建方を先行し，屋根面の架構は，地組ヤードで分割されたブロックで組み立てられる。同時に，このブロックを受けるベントが設置され，屋根ブロックの架設が行われる（**写真6-22，6-23**）。屋根の仕上げを受けるパネルを取付ける工事が行われた後（**写真6-24**）に，ジャッキダウン工事が行われる（ジャッキダウンについては後述する）。ジャッキダウンが終わり，ベントと屋根架構の縁が切れたら（地切りという），ベントを解体し仕上工事（**写真6-25**）に入る。

図6-35 建方断面図

写真6-21 下部構造の建方完了（屋根の建方をしながら重機が逃げる下部構造の一部が空いている）

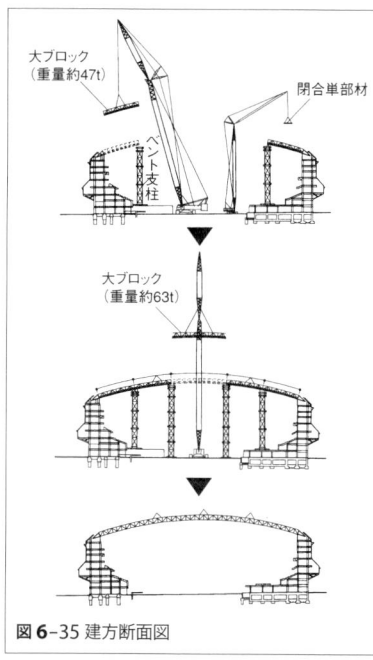

写真6-22 屋根面のブロックが順次ベント上に置かれている

写真6-23 ブロック建方を終わりに近づいている様子

写真6-24 屋根面の外装工事が進んでいる様子

写真6-25 完成

第6講 鉄骨工事

2) 計測管理

　鉄骨の組立精度を確保するには，計測管理が必要となる。工場での製作精度の確保，地組を行う場合は，地組ヤードでの組立精度の確保，また，建方の精度確保が必要となる。精度管理は，建方によるベントの変形（ベントの弾性変形や基礎の沈み込み）が発生するので，随時計測を行い，ベント上部に仕込んだジャッキにより屋根鉄骨を正規の位置に保つ修正を行なわなければならない。また，大スパンであることから気温による部材の伸び縮みの影響が，一日の中でも発生するので，計測には気温の比較的安定している朝方などの時間帯で行うなどの配慮も必要となる。計測は，通常使用するトランシットやスケールおよび下げ振りが用いられる他，規模が大きな場合には，**写真6–26**に示すような三次元光波測量器が使われる。計測したいポイントに反射板（ターゲットと呼ばれる）を取り付け，反射板までの水平，垂直の角度および斜距離を測定することにより三次元の位置測定を高精度に行うものである。

3) ジャッキダウン工事

　ジャッキダウン工事は，屋根架構を受けているベントと屋根の縁を切るために行われる。大空間建築のいわばメインイベントである。ジャッキダウン前には，すべての部材の接合が完了していることを確認する。高力ボルトはすべての本締めが完了していること，溶接接合の場合はUT検査，補修までがすべて完了していることを確認しなければならない。

　ジャッキダウンは，数回のステップを踏んで行われる。1ステップで行われる手順を**図6–36**に示す。このステップを数回繰り返しながら，

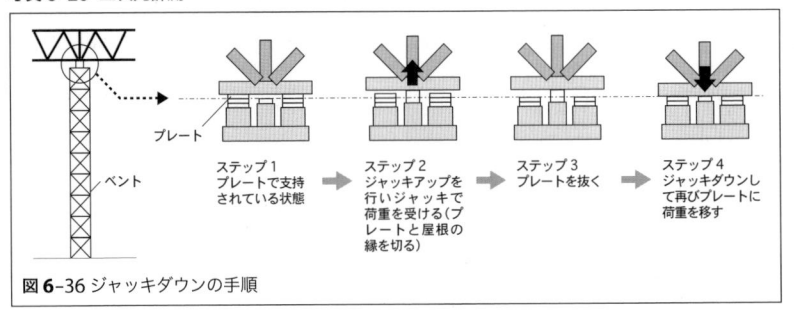

写真6-26 三次元計測 [8]

図6-36 ジャッキダウンの手順

ステップ1　プレートで支持されている状態
ステップ2　ジャッキアップを行いジャッキで荷重を受ける（プレートと屋根の縁を切る）
ステップ3　プレートを抜く
ステップ4　ジャッキダウンして再びプレートに荷重を移す

最終的には屋根が自立するようになる。ジャッキダウン量は，スパンの中央付近のベント部分が最も大きく，端部のベントほど小さくなる。つまり，ジャッキダウンした後の屋根の鉛直方向の変形量に対応したジャッキダウン量を解析で想定しておき，各ステップとも一斉にジャッキダウンを行いながら，変形量に応じた枚数もしくは厚みのプレートを抜くことにより，ベントが受ける反力を徐々に開放し，ソフトにかつスムーズに，屋根全体の荷重を周囲の下部構造に移し変えることが可能となる。ジャッキダウン量のバランスが崩れると，あるベントに想定以上の荷重がかかり，危険な状態になる場合がある。

ジャッキダウン時の管理項目は，ジャッキが受けている荷重と鉛直および水平の変形量である。ジャッキの操作は，**写真6-28**に示す手動式ポンプで行われる場合や，**写真6-29**に示すように全ジャッキを電動ポンプで一箇所で集中制御して行う方式もある。

特殊な屋根構造の施工

1）システムトラス構造

スペースフレーム（空間骨組構造）は，立体的な骨組で面を構成することにより，局部的な集中荷重や偏在荷重に対しても面全体で抵抗し，力を支持部に伝達することができる構造形式である。そのスペースフレームに最適な骨組形式が，システムトラスである。**写真6-30**に，展示施設で

写真6-27 ベント上に設置された油圧ジャッキ

写真6-28 手動式ポンプ

写真6-29 電動ポンプによる集中制御

写真6-30 システムトラス構造（展示施設）

の実施例を示す。システムトラスは球体を接合部の中核にして、接合機構として1本のボルトにより鋼管部材を結びつけて構成される構造体である（図6-37）。以下に特徴を示す。

❶ 部材が鋼管部材であることにより、断面に方向性がなく、三次元空間にあるシステムトラスの部材として最適である。鋼管部材は軽量で剛性が高く、かつ座屈に対して安全性が高い。鋼管部材は、鋼管に端部金物を溶接して製作する。

❷ 接合部中核は球体であることにより、接合部に集まるいくつかの鋼管部材の狙い点は互いに偏心することがなく、部材に二次応力としての曲げモーメントが生じにくい。また、部材の長さおよび接合角度を変えることにより、容易に多様な形状の構造が得られる。

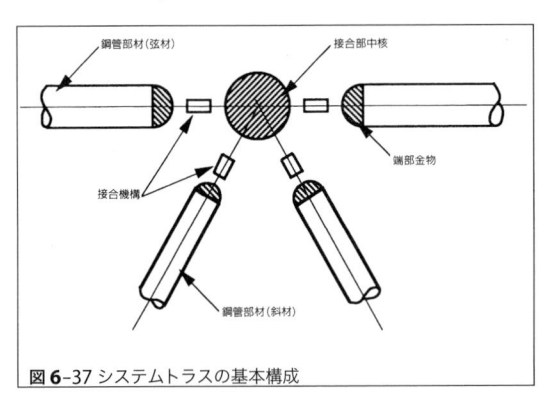

❸ ボルト接合であることにより、他の接合方法に比べて、品質が安定しており、また現場において熟練労働者を必要としない。

システムトラスの部材はすべてコンピュータによるNC（数値制

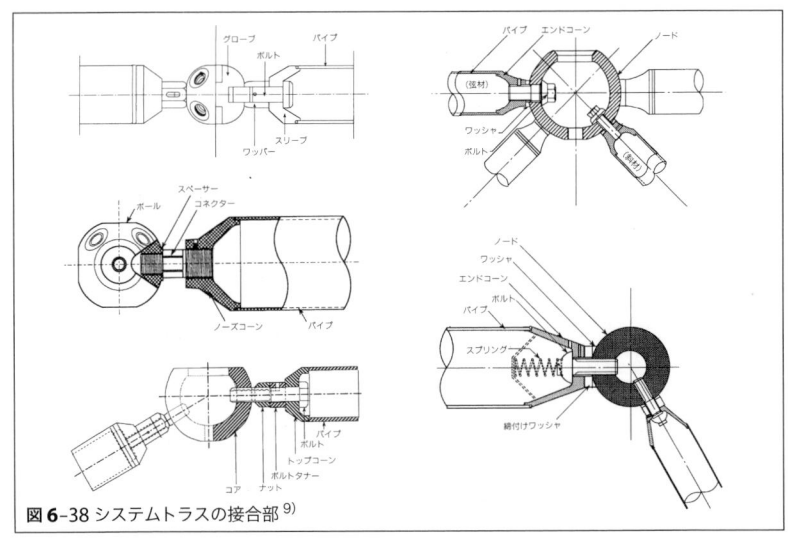

図6-37 システムトラスの基本構成

図6-38 システムトラスの接合部[9]

御）加工により工場で製作される．図6-38に，国内の代表的なシステムトラス製作メーカーのトラス接合部納まり例を示す．それぞれ施工性を考慮したさまざまな工夫がなされている．

システムトラスの建方は，前述したとおり規模の大きいものでは，ベント工法やトラベリング工法，リフトアップ工法およびプッシュアップ工法などの実施例がある．システムトラスは荷重が軽いので，通常は枠組足場などを用いて建方を行う場合が多い．部材の組立手順を，図6-39に示す．下弦材に斜材を取り付け，上弦材を順に取り付けていく．

2）張弦梁構造（BSS：Beam String Structure）

張弦梁構造は，大スパンを軽くとばす構造として，スポーツ施設や展示施設で張弦梁構造が採用される例が多い．写真6-31は展示施設の例である．張弦梁構造は，図6-40に示すように，H形鋼などの梁部材に，ケーブルやロッド材を用いたテンション材（弦材）を取り付け，テンション材の張力により梁の応力が緩和できるように梁を突き上げる構造形式である．施工においては，所定の張力をいかに精度よく合理的に導入するかがポイントとなる．

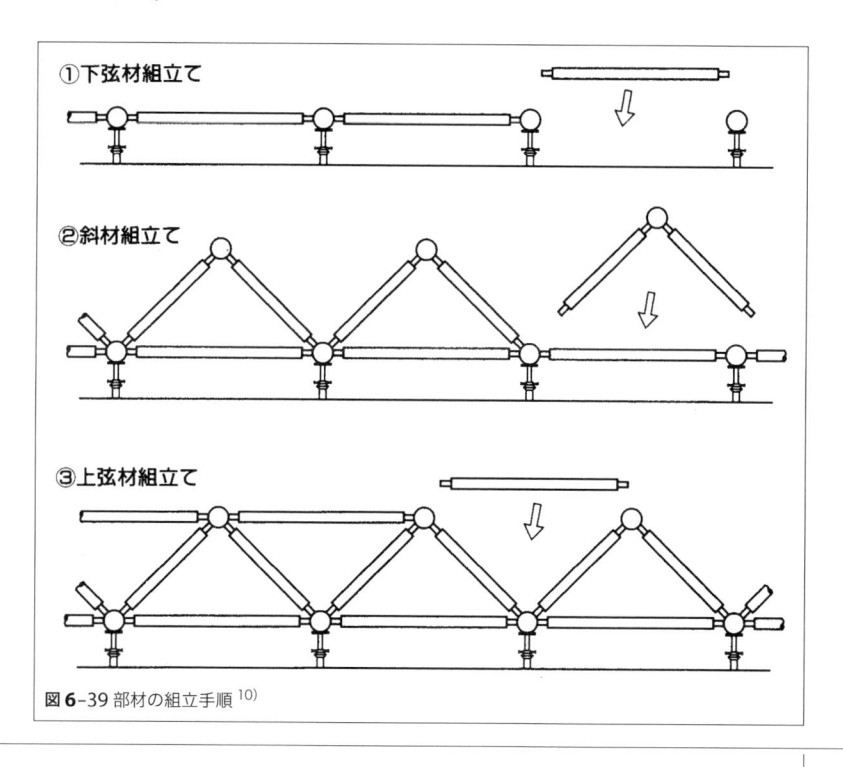

図6-39 部材の組立手順 [10]

写真 6-31 張弦梁構造（展示施設）

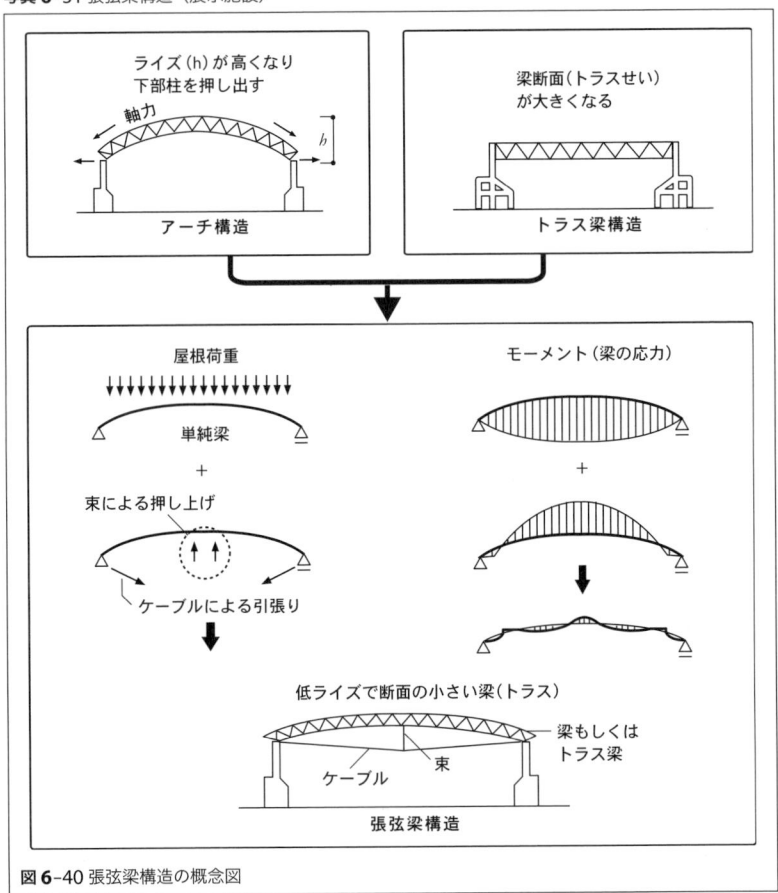

アーチ構造
ライズ（h）が高くなり
下部柱を押し出す
軸力

トラス梁構造
梁断面（トラスせい）
が大きくなる

張弦梁構造

屋根荷重
単純梁
＋
束による押し上げ
ケーブルによる引張り

モーメント（梁の応力）
＋

低ライズで断面の小さい梁（トラス）
梁もしくはトラス梁
ケーブル　束

図 6-40 張弦梁構造の概念図

Column 34

張弦梁構造の張力導入工法

　張弦梁構造において，設計者もしくは施工者が最も知恵を絞る点は，張力の導入方法です。張力の導入方法は，さまざまな方法が考案，採用されていますが代表的には以下に示す方法が知られています。張弦梁の張力導入は，弓矢を引く状態を頭に思い浮かべるとわかりやすいでしょう。

❶ 矢（束材）を伸ばす方法

a) 束材をメカニカルに伸ばすことにより張力を導入する工法

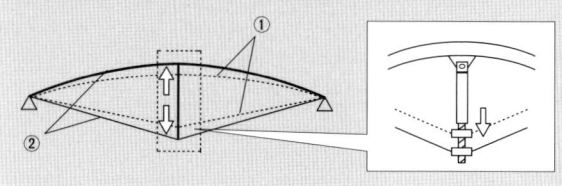

b) 弦の中央部を下方に下げ，束材の下端に引っ掛ける工法

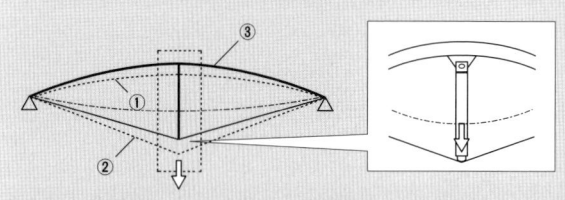

c) 梁をジャッキで強制的に突き上げ，むくらせた後に束材・弦を取り付け，張力を入れる工法

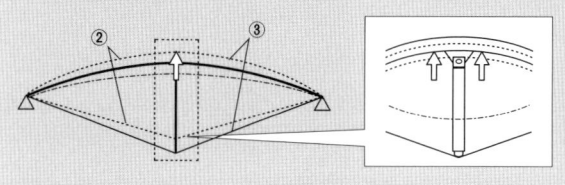

❷ 弓の弦を引く方法
直接，ケーブルやロッド材などの弦材をジャッキを用いて引き込む方法

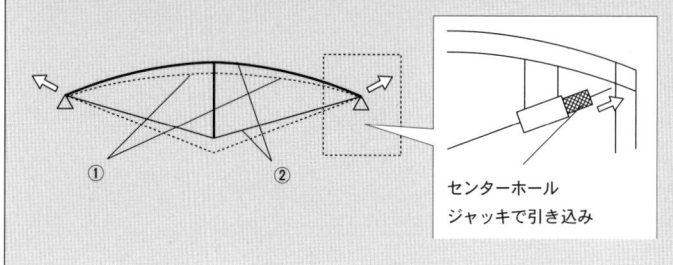

センターホール
ジャッキで引き込み

【引用文献】

1) 日本建築学会編「建築構造用鋼材および金属系素材に関する技術資料」
2) 「基本から構造デザインまで鉄骨造スーパー略算ハンドブック」建築知識 1994年1月号
3) 伊藤学ほか編著「土木系大学講義シリーズ　鋼構造学」コロナ社
4) 日本鋼構造協会編「実例でわかる工作しやすい鉄骨設計」技報堂出版
5) 日本建築学会編「鉄骨工事技術指針　工場製作編　第4版」
6) 日本建築学会「建築工事標準仕様書　JASS 6　鉄骨工事」
7) 日本建築学会編「鉄骨工事技術指針・同解説　第2版」
8) 「ドームの計画」建築技術 1997年12月号
9) 「搬送合理化と建築生産」建築技術 1996年3月号
10) 「高断熱高気密住宅の実践講座」建築技術 1996年7月号

【参考になる本】

● 斎藤公男「空間 構造 物語」彰国社，2003年
● 川口衞，阿部優，松谷宥彦ほか「建築の絵本　建築構造のしくみ」彰国社，1990年
● 岩田衛「はじめてのシステムトラス」建築技術，1996年
● H.Engel著，JSCA関西翻訳グループ訳「ストラクチュア・システム」技報堂出版，2006年
● 日本建築学会編「空間構造の耐震設計と設計例」日本建築学会，2001年
● 日本建築学会編「ドーム構造の技術レビュー」日本建築学会，2004年
● 日経アーキテクチュア編集部編「ドーム建築のすべて」日経BP社，1997年

監修者略歴

江口 清（えぐち　きよし）
1970 年　早稲田大学理工学部建築学科卒業
石川工業高等専門学校建築学科教授
著作：「フライアッシュを使用するコンクリートの調合設計・施工指針（案）・同解説」（共著）日本建築学会、「建築工事標準仕様書・同解説 JASS 5 鉄筋コンクリート工事」（共著）日本建築学会、「シリカフュームを用いたコンクリートの調合設計・施工ガイドライン」（共著）日本建築学会、「コンクリート技士試験問題と解説」（共著）技報堂出版、「コンクリート主任技士試験問題と解説」（共著）技報堂出版

執筆者略歴（50音順）

石井雄輔（いしい　ゆうすけ）
1979 年　東京工業大学大学院修士課程修了
株式会社大林組技術研究所建築基礎研究室／建築生産システム研究室室長
著作：「建築基礎構造設計指針」（共著）日本建築学会、「山留め設計施工指針」（共著）日本建築学会、「入門シリーズ29　知っておきたい根切り山留めの基本」（共著）地盤工学会

角陸純一（かどりく　じゅんいち）
1980 年　神戸大学大学院工学研究科建築学専攻修了
清水建設株式会社生産技術本部建築技術部グループ長
著作：「鉄筋継手マニュアル」（共著）日本圧接協会、「建築施工管理チェックリスト」（共著）彰国社、「鉄筋コンクリート造建築物等の解体工事施工指針（案）・同解説」（共著）日本建築学会

小早川 敏（こばやかわ　さとし）
1968 年　早稲田大学理工学部建築学科卒業
早稲田大学理工学総合研究センター客員研究員
著作：「建築工事標準仕様書・同解説 JASS 10 プレキャスト鉄筋コンクリート工事」（共著）日本建築学会、「プレキャスト複合コンクリート施工指針（案）・同解説」（共著）日本建築学会、「イラストによる建築施工実務入門」（共著）彰国社

佐々木晴夫（ささき　はるお）
1977 年　早稲田大学理工学部建築学科卒業
大成建設株式会社建築本部技術部建築技術部部長
著作＝「型枠の設計・施工指針案」（共著）日本建築学会、「プレキャスト複合コンクリート施工指針（案）・同解説」（共著）日本建築学会、「建築型枠の設計・施工ノウハウ」（共著）近代図書、「コンクリート技士試験　最短完全攻略」（共著）彰国社、「コンクリート工事ハンドブック」（共著）建設産業調査会

佐藤孝一（さとう　こういち）
1975 年　東京電機大学工学部建築学科卒業
株式会社熊谷組技術研究所副所長
著作：「図解 型枠工事」（共著）東洋書店、「コンクリート診断士試験　合格のポイント」（共著）セメント新聞社

杉本浩一（すぎもと　ひろかず）
1978 年　早稲田大学大学院理工学専攻前期博士課程修了
株式会社大林組東京本社建築事業部購買部専任役
著作：「第 2 版 建築施工法 工事計画と管理」（共著）丸善、「建築工事標準仕様書・同解説 JASS 6 鉄骨工事」（共著）日本建築学会、「鋼構造接合部設計指針」（共著）日本建築学会

宗　永芳（そう　ながよし）
1987 年　日本大学理工学部建築学科卒業
前田建設工業株式会社建築本部技術支援グループ副部長
著作：「図解 型枠工事」（共著）東洋書店、「建築技術別冊 9 コンクリートのひび割れ　原因と防止対策」（共著）建築技術

中込　昭（なかごめ　あきら）
1978 年　東北大学大学院工学研究科建築学専攻修士課程修了
前田建設工業株式会社技術本部ものづくりセンター建築生産技術グループ担当部長
著作：「図解 型枠工事」（共著）東洋書店、「Japanese Architectual Standard Specification for Reinforced Concrete Work JASS 5 (1993)」（共著）日本建築学会、「建築仕上材料の性能試験方法」（共著）日本建築学会関東支部

藤原　智（ふじわら　さとし）
1982 年　筑波大学第三学群基礎工学類構造工学主専攻卒業
前田建設工業株式会社建築本部建築部技術支援グループ副部長

持田　悟（もちだ　さとる）
1971 年　早稲田大学理工学部建築学科卒業
株式会社東京ソイルリサーチ営業本部取締役
著作：「建築地盤アンカー設計施工指針・同解説」（共著）日本建築学会、「基礎構造の設計」（共著）日本建築学会関東支部

現場技術者が教える「施工」の本〈躯体編〉

発行	2006年 9月21日　第1版
	2007年10月31日　第2版
	2009年 3月24日　第3版
	2012年 5月 1日　第4版
	2015年 4月27日　第5版
	2021年 2月22日　第6版

監修　江口清

共著　石井雄輔，角陸純一，小早川 敏，佐々木晴夫，佐藤孝一，
杉本浩一，宗 永芳，中込 昭，藤原 智，持田 悟

発行者　橋戸幹彦

発行所　株式会社建築技術
〒101-0061 東京都千代田区三崎町 3-10-4　千代田ビル
TEL 03-3222-5951
FAX 03-3222-5957
http://www.k-gijutsu.co.jp
振替口座 00100-7-72417

デザイン　赤崎正一

印刷・製本　三報社印刷株式会社

落丁・乱丁本はお取り替えいたします。
ISBN978-4-7677-0114-1　C3052

©2006　K. EGUCHI